厦大新闻学茶座

毛章清 曹立新 吕艳宏 编著

中国社会科学出版社

图书在版编目（CIP）数据

厦大新闻学茶座／毛章清，曹立新，吕艳宏编著 . —北京：中国社会科学出版社，2021.4
ISBN 978 – 7 – 5203 – 8089 – 8

Ⅰ.①厦⋯　Ⅱ.①毛⋯②曹⋯③吕⋯　Ⅲ.①新闻学—文集　Ⅳ.①G210 – 53

中国版本图书馆 CIP 数据核字（2021）第 047359 号

出 版 人	赵剑英
责任编辑	田　文
特约编辑	程春雨
责任校对	张爱华
责任印制	王　超

出　　版	中国社会科学出版社
社　　址	北京鼓楼西大街甲 158 号
邮　　编	100720
网　　址	http://www.csspw.cn
发 行 部	010 – 84083685
门 市 部	010 – 84029450
经　　销	新华书店及其他书店
印　　刷	北京君升印刷有限公司
装　　订	廊坊市广阳区广增装订厂
版　　次	2021 年 4 月第 1 版
印　　次	2021 年 4 月第 1 次印刷
开　　本	710×1000　1/16
印　　张	17
插　　页	2
字　　数	283 千字
定　　价	96.00 元

凡购买中国社会科学出版社图书，如有质量问题请与本社营销中心联系调换
电话：010 – 84083683
版权所有　侵权必究

目 录

代序　从"自强不息""新闻学教育摇篮"到探索
　　　学术传承之道
　　　——《厦大新闻学茶座》出版有感 ……………… 卓南生 / 1

第一部分　纪要篇

【1】张铭清：两岸的新闻交流 ……………………………………… 3
【2】卓南生：甲午年谈纪念甲午战争的意义 …………………… 7
【3】曹立新：苏联新闻模式与 20 世纪中国新闻事业 ………… 11
【4】陈建国：漫谈美国汉学研究的意识形态 …………………… 15
【5】黄合水：解读新闻中的新闻 ………………………………… 17
【6】林鸿亦："酷日本"政策中的虚无主义 ……………………… 20
【7】陈培爱：广告史研究与新闻传播学科建设 ………………… 23
【8】薛凤旋：全球第二次经济大转移与中国未来经济发展 …… 28
【9】刘永华："新媒体"与"乡下人"：明清时代的文字下乡问题 …… 33
【10】李泉佃：媒体融合的国家战略 ……………………………… 37
【11】俞力工：从维也纳看欧洲媒体的亚洲报道 ………………… 42
【12】卓南生：呼之欲出的"安倍谈话"与战后日本 70 年 ……… 46
【13】陈孔立：两岸媒体的"同"与"异" …………………………… 52
【14】卓南生、吴廷俊：中国近代新闻史研究方法的再思考 …… 59
【15】林顺忠："一带一路"热议声中的中国形象变化
　　　——一名东南亚华人来华从商 40 余年的观察和体验 ……… 65

【16】胡翼青：重新发现传播学
　　——从海德格尔的技术哲学谈起 ……………………………… 70
【17】吴光辉：日本媒体视野下的"中国威胁论" ………………… 75
【18】卓南生：战后日本的知识分子与舆论界
　　——以20世纪六七十年代为中心 ……………………………… 80
【19】孙立川：文学、历史与新闻的跨界写作
　　——漫谈金庸的文笔生涯 ……………………………………… 86
【20】单　波：跨文化传播的基本问题 …………………………… 89
【21】赵　鹏：如何讲述中国故事 ………………………………… 95
【22】卓南生：战后日本传媒亚洲报道的变迁与特征 …………… 97
【23】郑学檬：东方想象：海上丝绸之路的边际效应 …………… 103
【24】卓南生：如何看待"新报"与"古代报纸"的
　　区分与关系 …………………………………………………… 107
【25】洪诗鸿：从日本传媒看中日经济走向 ……………………… 112
【26】程曼丽：中国对外话语体系的建设 ………………………… 115
【27】夏春祥：文人论政再思考
　　——台湾地区20世纪70年代《大学杂志》之研究 ………… 121
【28】年　月：两岸新闻报道的技与道 …………………………… 128
【29】卓南生：明治维新150周年看日本近代化模式 …………… 132
【30】杨仁飞：当前台海热点问题的若干思考 …………………… 137
【31】洪诗鸿：日本媒体怎样看待"华为事件" ………………… 142
【32】苏俊斌：新闻算法伦理权衡的两个尺度 …………………… 147
【33】林念生：纪录片的真实性
　　——从历史角度探讨 …………………………………………… 151
【34】周昌乐、苏俊斌：人工智能与新闻业的未来
　　——从媒介史的视角探讨信息技术在新闻业变迁中的
　　角色 …………………………………………………………… 155
【35】余清楚：正能量、主旋律的声音如何唱响网络 …………… 161

第二部分　论文篇

中国近代新闻史研究的虚像与实像 …………………… 卓南生 / 171
战后冷战与东南亚华文报的生存空间与嬗变 ………… 卓南生 / 181
日本近代化模式及其官制"舆情"走向 ……… 卓南生　杜海怀 / 187
卓南生教授谈甲午年纪念甲午战争的
　　意义与误区 ………………………………… 毛章清　张肇祺 / 199
"东方影响了西方"：8至14世纪海上丝绸
　　之路的跨文化传播考察 ………………… 毛章清　郑学檬 / 208
世间宁有公言？从"萍水相逢"悲剧到新记
　　《大公报》的新生
　　——以林白水的办报与言论为中心 …………………… 曹立新 / 222
《教育敕语》复活声中看日本走向 ……………………… 吕艳宏 / 238
用马克思主义新闻观讲好"中国故事" ……… 蒋升阳　赵　鹏 / 243

后　记 …………………………………………………………… 251

代 序

从"自强不息""新闻学教育摇篮"到探索学术传承之道

——《厦大新闻学茶座》出版有感

卓南生[*]

新闻研究所成立迄今匆匆已过五年,作为研究所例常学术交流活动的"厦大新闻学茶座"也已连续举办了五载。藉此纪念小册子付梓之际,谈谈当初倡议定期举办"茶座"的构思、参考模式与契机,也谈谈个人与厦大、新闻所和茶座结缘的心路与感想。

为方便叙述,先从后者谈起。

厦门大学——对于我们新(新加坡)马(1963年9月16日之前指马来半岛或马来亚【包括新加坡】,之后指马来西亚)接受华文教育者来说,一点儿也不陌生;特别是对于我们出身新加坡南洋华侨中学(简称华中)的校友来说,一提起厦大,很自然地就有一种与生俱有的亲近感。这不仅因为两校的大操场一模一样,更重要的是我们有共同的校主——陈嘉庚先生(1874—1961)和共同的校训:自强不息!

陈嘉庚精神与"华中的蔡元培"校长

正是在陈嘉庚先生精神与"自强不息"校训的引导下,比厦大还早创办两年(1919年)的华中在创立后的较早年代,特别是20世纪30

---

[*] 新加坡旅华学者,厦门大学新闻研究所所长、北京大学客座教授、日本龙谷大学名誉教授。

年代，迎来了不少厦大精锐的老师，奠下了华中美好的校风和校誉。掌管华中 11 年（按：实际上是 8 年，即 1937—1942、1945—1948）、对华中贡献殊大、被称为"华中的蔡元培"的薛永黍校长（1890—1951），在赴任华中之前，是厦大历史系教授。1939 年，为华中校歌另作新词的邵庆元老师（1895—1950），曾任厦门鼓浪屿毓德女中校长，也是薛校长在厦大的同事。歌词中"猗与华中/南方之强/我中华之光/雄立狮岛/式是炎荒/万世其无疆"，充分反映了校歌新词填词人对雄立于狮岛的"华中"子弟存有与对"厦大"学生力争"南方之强"的同样胸怀与期待！

我到华中念初中一年级是 1956 年，当时来自厦大的名校长薛先生已经离校且逝世，因此无缘直接体会与感受其治校的开明方针与魄力，但据不久前出版的《百年华中情 1919—2019》有关华中校史的记载①，让我留下深刻印象的有下列几段相关文字：

- 他可以说是华中转折点的灵魂人物。
- 原是厦门大学历史系教授的薛校长上任以后，治校方针注重课内和课外生活的调剂，注重人格感化，但是管理严格。
- 薛校长的胸襟广阔，宽以待人，思想开通，兼容并包，这成为他治校的特点。任何身份、背景、思想的教师，只要在课堂上不谈论政治，不作任何与政治相关的活动，且教学态度认真，教课质量高，他都一概予以任用。故此，他被誉为"华中的蔡元培"。

1938 年 10 月 10 日东南亚各地筹赈会在华中召开大会，并成立"南洋华侨筹赈祖国难民总会"（简称"南侨总会"或"南侨筹赈会"，主席是陈嘉庚先生），更带动了华中子弟对局势的关心，他们时常要求老师讲中国的时事。时逢乱世的薛校长则引导学生参加救亡工作。

尤其难能可贵的是，在新加坡沦陷之后，薛校长以身作则，与以"曲线救国"为名、实则充当日本傀儡的"维持会"（"昭南华侨协

---

① 有关薛永黍校长的介绍与评价，详见新加坡华中董事部，华中校友会出版、寒川主编《百年华中情 1919—2019》（2019）的"百年校史沧桑路"（第 28—35 页）及同书华中文物馆的《华中的蔡元培——薛永黍校长其人其事》（第 205—206 页）。

会"）人士划清界限，体现了厦大人与华中人"吾猗当自强"的骨气与精神。华中文物馆对此有如下的评述：

> 当时，曾有人介绍薛校长到《昭南日报》（按：日本占领新加坡之后创办的华文傀儡报章）或日军机要部工作，他都严辞拒绝，并且愤然表示：做人要有起码的道德品格，宁可饿死，也不愿事敌为生。铮铮铁骨，于此可鉴。①

战后冷战体制断绝正常交往

不仅如此，对于二战后东南亚各国蓬勃发展的民族独立运动，薛校长也予以理解和支持。他认为这是历史的必然规律，主张教育的发展必须相应地朝着自治独立的道路前进。为此，"在遵照教育法令的前提下，采取更开明的教育方针，着眼于启发学生的自动、自发、自治精神……"。薛校长不顾英国殖民当局的压力，赞同1948年华中学生自治会纪念五四运动而被迫离开华中，虽属无奈，也为华中百年史写下了威武不屈的一页。在薛校长的引导下，战后复办的华中（即薛校长治校的1946年至1948年），被誉为"华中迈入自建校以来的首个全盛时期"。②

在往后的中国与东南亚交流史里，由于战后冷战体制的关系，东南亚华裔别说是到中国升学，就连观光旅游或探亲的机会与权利都被限制或剥夺。以新马而言，45岁以上华籍人士方可申请赴华特批。否则，一旦踏上中国大陆的土地，就不能回返新马；从事文教的工作者即使已达到退休年龄，特批审查严格。至于从中国大陆南下，从事文教工作的更被一律禁止入境。时任新加坡福建会馆会长、也是陈嘉庚集美同乡的陈六使先生（1897—1972）之所以登高一呼，倡议创办中国海外唯一的华文大学——南洋大学（1955—1980），首要的目的，就是为了解决当时新马华校师资不足的问题。

---

① 见新加坡华中董事部，华中校友会出版、寒川主编《百年华中情1919—2019》（2019）的华中文物馆《华中的蔡元培——薛永黍校长其人其事》（第206页）。
② 见新加坡华中董事部，华中校友会出版、寒川主编《百年华中情1919—2019》（2019）的华中文物馆《华中的蔡元培——薛永黍校长其人其事》（第206页）。

在这样的背景下,东南亚的华文教育者与中国大陆可以说是处在近乎完全隔离的状态。中国大陆50多家出版社和两家香港出版社的出版物一律被禁止进入与流通,就是明显的例子。自此,哪怕是"雄立于狮岛",歌唱"猗与华中/南方之强"的华中学生,对于厦大的印象也日益淡薄和模糊。记忆里,到了20世纪六七十年代,除了偶尔听到厦大有开办面向海外人士的函授班中文进修课程(但碍于当局的取缔,苦于无法就读)之外,就再未有厦大的话题与信息。

厦门大学——离我们是越来越远了!

"九七"香港回归萌发厦大访学契机

东南亚各国放松国民对华交流的政策,是在20世纪80年代中国改革开放,也是战后冷战体制濒临结束时逐步实施的。以新加坡而言,则在1990年新中建交的前几年才开始启动。

1987年夏天,我出任新加坡《联合早报》驻日特派员之前在香港临时办了往返北京的签证,并幸运地获得新加坡驻港专署当局的迅速批准。借这机会,我拜访了神交已久的中国人民大学新闻学院的方汉奇教授和甘惜分教授。这是我的第一次北京之旅,也是我与中国学界交往的第一页。至于与厦门大学的交流,则始自1996年我与内人蔡史君教授(东南亚史学家)参加中国华侨历史学会主办、厦大南洋研究院承办的国际华侨、华人研究学术大会"世纪之交的海外华人"。通过这次研讨会,我们结识了时任南洋研究院副院长庄国土教授等诸多厦大师友,对厦大留下了深刻的印象。

1997年是香港回归中国的重要年头。当时我虽已离开报界,但出自昔日的职业病与对"临场感"的渴望,我在7月1日前夕抵达香港并办了记者证,出入于新闻发布会中心,全程感受这具有重大历史意义的中英主权移交的仪式,目睹港人热情欢呼回归中国的各种动人场面。

第二天,我在报摊购买了数十份大大小小、不同语言、立场相异的港台报刊,并拖着这些沉重的报刊去和几位旅日厦门人、厦大人一起用餐。

无独有偶,厦大出身、获日本京都大学文学博士、时任香港天地图书有限公司副总编辑的孙立川兄也拖着和我近乎相同重量的报刊赴约。

"我是念和教新闻学的,我买这些报刊要作为研究和教学的用途。你怎么也购买了这么多香港回归的纪念刊?"

"哦!我的一位好友,也是中文系的前同事陈培爱老师不久前当了厦大新闻传播系系主任,我想将这批'文物'送给他们。"

紧接着,立川兄侃侃而谈,力倡陈嘉庚精神,鼓励我们多到厦大新闻传播系交流。他表示,同样受恩于嘉庚先生的学子应相互支援。当时尚未留日,也是厦大出身(日文系)的林少阳兄(后获东京大学博士学位并在东大任教,现任香港城市大学教授)及厦门人的大阪阪南大学洪诗鸿教授也发出同样的声音。这应该说是我萌发到厦大新闻传播系交流念头的契机。

2001年初,我和内人在结束北京大学国际关系学院为期一年的访学之前,曾到厦大南洋研究院访问。当时我便向庄国土院长透露想拜访新闻传播系系主任陈培爱教授的心意。在庄院长的安排下,我们见了立川兄介绍的陈主任,交谈甚欢,一见如故。次日,培爱教授为我们安排了一个交流会。正是在这个交流会及会后的聚餐中,我们结识了新闻传播系许清茂、黄星民、黄合水等老师和曾留学日本且获京都立命馆大学新闻学博士学位、时任厦门晚报老总朱家麟等师友,并与对新闻史情有独钟,大家都称他为"毛委员"的"小毛老师"(毛章清)建立了牢固的友谊。

2001年冬天,陈培爱老师利用学术假,到我任教的京都龙谷大学访学半年,我们对厦大,特别是厦大新闻传播系的情况有了进一步的了解。

自2002年始,我和内人都常分别为厦大新闻传播学系(院)和南洋研究院不定期开课或做学术报告。厦门大学——对我们来说,不再是那么遥远!

全面参与北大新闻学研究会活动

前面提及,我与中国学界交往始自1987年夏天的北京之旅。因为在这之前,我们受制于当时亚洲的冷战体制,既不能前往中国大陆访问或旅游,就连其出版物也一概被拒于国门之外。在当时东南亚的华文世界里,我们所能获得的中国信息,除了当地报刊取自欧美通讯社的外电之外,就只能依靠港台地区的出版物了。从这个角度来看,我对中国情况有进一步的了解，应该是在 20 世纪 60 年代后半期留学日本期间，通过日本传媒及东京的内山书店、大安书店等中文书局的途径获取的。

我的研究分野是中国新闻史，但在漫长的留日期间（包括回返星洲后一边就职一边撰写博士论文）基本上都处在十分孤立和孤独的环境。因为，当时的日本学界对中国新闻史感兴趣或从事相关课题的研究者近乎于零。1992 年，我参加中国新闻史学会在北京广播学院（现中国传媒大学）召开的首届国际学术研讨会，惊见近百名中国新闻史研究者赴会。现在回想，仍掩不住当时"吾道不孤"之喜悦。

1998 年我出席北京大学国际关系学院为庆祝北大百年校庆举行的国际研讨会，首次走进北大校园，并于 2000 年利用学术年假为北大国际关系学院日本研究方向及新闻传播学方向的研究生分别开课。

以华语面向中国大学生讲课和讨论，对我而言，是十分新鲜的乐事。因为自从 20 世纪 60 年代离开以华语作为教学媒介语的母校南洋大学之后，就再也没有接触这样的教学语言环境和机会。对于我们这一代的华裔来说，北大是我们景仰的五四新文化运动的发祥地。能在五四精神发祥地和朝气蓬勃的年轻人以华语直接交流与对话，别有一番风味。更何况当时的中国青年求知欲异常高昂，与我在东瀛长年相处、正在沉迷于漫画、动漫、不爱思索的日本大学生（包括不少东大生）恰成了强烈对照。

2008 年，在时任北京大学新闻与传播学院副院长程曼丽教授的积极推动下，成立于 1918 年、由蔡元培校长亲自担任会长、被认为是"中国新闻学教育摇篮"的北京大学新闻学研究会宣告复会。我有幸被聘为导师兼副会长，参与复会后的会务活动。

2010 年，我提前从日本龙谷大学退休，搬迁至北京，以北大新闻学研究会和北京大学世界华文传媒研究中心为平台，全力协助这两大机构的核心人物曼丽教授（现任北大新闻学研究会执行会长），推动相关的新闻传播学教育、研究与出版的活动。具体内容包括一连举办五届的"新闻史论师资特训班"（毕业学员共达一百名）、定期或不定期主办"北大新闻学茶座""北大华媒读书会"和持续出版"北京大学新闻学研究会学术文库"等。①

通过上述学术活动，我和前面提及的厦大"小毛老师"加强联系与合作。毛章清老师不仅是北大新闻史论师资特训班首届学员并赢得该届学员"男一号"的美誉，还在特训班课程结束后与其他毕业学员共同发起组织同窗会并成为同窗会创会会长。

同窗会的毛会长对我们北大新闻学研究会推行的各项活动是极力支持并积极参与的。几经探讨和筹划，我们觉得北大模式其实也可以在厦大实验与推行。2014年5月，在时任厦门大学新闻传播学院院长张铭清教授、常务副院长黄合水教授和学院党委书记郑树东先生的支持下，我们的新闻研究所正式成立，并于7月14日举办了第一期"厦大新闻学茶座"。

"北大茶座"的范式与实践

我们之所以认为北大模式可以在厦大尝试和推行，一来是因为新闻研究所之成立，不仅获得厦大新闻传播学院诸领导的支持，也得到学院陈培爱教授、黄星民教授和许清茂教授诸元老和朱家麟老总等老友的赞许；二来是除了毛老师，厦大新闻传播学院有方汉奇先生的高足、治史严谨的曹立新副教授可以成为研究所的主干，和毛老师共同肩负起副所长的任务。此外，厦门还有好几位北大师资特训班的校友，包括学院的谢清果教授等。我们同时也邀请留日归来，也是北大新闻学研究会新闻史论师资特训班首届毕业学员、研究会积极成员吕艳宏为特约研究员，协助毛、曹开展研究所的学术活动。

限于主客观条件，我们当然无法全面复制北大的模式。在起步时，我们首项可行的活动，就是定期举办与"北大新闻学茶座"近似的"厦大新闻学茶座"。

在开展"北大新闻学茶座"时，我和程曼丽教授及秘书处团队对茶座的性质和定位，达到如下的共识：

---

① 有关该会复会后的活动，详见刘扬、李杰琼、崔远航编著《北大新闻学研究会复会新篇章》，清华大学出版社2018年版。

- 茶座以从事新闻学研究，特别是新闻史论研究的中青年研究者为主要对象，也向感兴趣的新闻工作者、新闻与传播学专业的高年级本科生开放。我们之所以重视史论，原因是这是任何学科最重要但却经常受忽视且欠缺交流平台的基本课题。
- 茶座的主题并不囿于狭义的新闻学范畴，而是涉及历史学、政治学、传播学、文学等多个学科领域。
- 茶座有别于专题讲座，我们虽广邀名家主讲并提出其论点与大家分享，但更为重视互动环节的讨论。

换句话说，茶座旨在提供一个平台，促使新闻学研究者或新闻从业员和学界各领域的专家直接坦诚对话、互动，从而提高其史论素养和更为开阔的观察视野。从表面上看，茶座的形式似乎很随意和散漫，但在实际上，我们对每期的茶座都十分重视。从主讲者人选、内容的敲定到新闻稿的撰写乃至全文的整理都由研究会导师和秘书处团队精心策划和跟进。茶座的内容，除了每期以学术动态报告的方式刊载于茶座的协办单位《国际新闻界》之外，部分专题也以比较完整、扎实的内容在《世界知识》《北大新闻与传播评论》、新加坡《联合早报》《怡和世纪》等海内外园地发表，以期扩大其影响力。这些学术动态报告或完整稿的整理，基本上都由秘书处年轻成员或茶座常客负责，再经研究会导师细心修改，力求准确表达并突出中心主题及茶座互动引发的思考。由于态度认真和要求严格，我们秘书处历届的成员逐步养成了详尽记录与不断思考、不写空话、套语的写作习惯。几名茶座的勤奋撰稿人已成今日老练的写手或改稿人，也许多少与此经历有关。

"厦大茶座"的特点与优势

当然，与北大或在北京的条件相比较，在厦大或厦门定期举办茶座确有其大不相同的环境。

首先，要物色并邀请适当的专家学者做客茶座并不那么简单，何况作为学术交流的平台，我们的茶座（不管是北大或厦大）原则上只承担主讲者交通费而不支付劳务费。

其次，北大新闻学茶座在起步时就以偏重新闻史论为号召，可以说是高起点。但因为北京的高校林立、新闻媒体从业人员众多，因此尽管我们的茶座并未完全开放，但不愁基本成员的来源。

针对这两个问题，我们在启动"厦大新闻学茶座"初期，确有不安感，但很快地我们就找到了应对的方式，并发现了我们自己的模式。

几经尝试，我们发现到新闻传播学院的师生（特别是研究院和本科高年级同学），是参与茶座活动的主力军。与此同时，有些专题还吸引了不少厦大其他院系，包括外语学院、国际关系学院等乃至集美大学、华侨大学、嘉庚学院等高校师生的出席。可以这么说，茶座的号召力超乎我们的想象。主讲者人选的挑选，厦门当然没有北京那么优越的条件，但也有可行的方案。

首先是充分利用厦大和厦门的资源，邀请和我们领域相近的专家学者，分享其研究心得和经验。时任新闻传播学院院长张铭清教授在研究所成立当天为我们开讲其专长的两岸问题，无疑为研究所的成立和茶座的举办打响了第一炮。紧接着，学院的元老，也是广告学界"黄埔军校"的领军人之一陈培爱教授，厦大前副校长、唐史泰斗郑学檬教授、台湾研究院前院长、台湾问题研究知名学者陈孔立教授相继做客茶座，为我们打了强心剂。

与此同时，我们也邀请到时任厦门日报社长、总编辑李泉佃先生，《台海》杂志社总编辑年月女士等业界人士和与会者共同分享他（她）们在新闻传播事业上的实践与面对的挑战。

除此以外，鉴于位处华南的厦门与海峡对岸的台湾和香港乃至东南亚有较频繁的交流，我们有时也可以乘顺风车，邀请来自各地的朋友坐客茶座，提供他们的研究心得，扩大与会者的视野。曾经为东南亚华文报长期撰稿的台湾旅欧学者、时事评论家俞力工教授，香港大学荣誉教授、前香港特别行政区全国人大代表薛凤旋，台湾资深教授林念生，台湾新一代新闻传播学知名学者夏春祥、林鸿亦教授，厦大校友的香港天地图书有限公司总编辑孙立川博士，日本阪南大学洪诗鸿教授和新加坡南洋大学香港校友会会长林顺忠先生等，从不同的研究角度与人生阅历，坦率地与出席者进行交流，更为厦大新闻学茶座添加了独特的色彩。

值得一提的是，就在研究所成立的第二年（2015年），趁着北大新闻学研究会暨第四届新闻史论青年论坛在厦大召开的良好时机，我们还和北大新闻学研究会举办了一次"联合茶座":"中国近代新闻史研究方法的再思考"。这是"北大新闻学茶座"走出北大、走出北京,在异地举办的第一次活动,也是"厦大新闻学茶座"与"北大新闻学茶座"联合举办,相互观摩的交流活动。在联合茶座上,北大新闻学研究会执行会长程曼丽教授、副会长兼导师吴廷俊教授对茶座在厦大召开,都感到十分亲切,并语多勉励。

五年来,茶座动态的报告,也与"北大新闻学茶座"一样,大部分皆刊于协办单位的《国际新闻界》,一部分较完整的记录和加工整理后的论文则分别刊于《厦门大学学报》《新闻与传播评论》和新加坡《联合早报》等。

今天,呈现在大家面前,由毛章清、曹立新和吕艳宏共同编著的《厦大新闻学茶座》,既是五年来诸位共同努力的心血结晶,又是研究所五年来走过路程的记录。藉此机会,谨向所有直接或间接支持和参与我们活动的师友,包括默默耕耘、确保茶座正常运营的历届秘书处秘书张肇祺、张雪、邹文雪和尤佳同学致以谢意。茶座的五年,也见证了她们在工作中学习、在学习中工作的成长。

"侨乡"海外华媒研究优势与误区

综上所述,不难看出我们的茶座基本上是沿着北大新闻学茶座的理念与范式,再结合本地的地缘、血缘和学缘(人脉)的特点和优势开展的。

所谓北大新闻学茶座的范式,正如前面所述,限于主客观的条件,我们把重点放在新闻史论或与新闻事业相关的课题的探讨,旨在激发与会者的问题意识及对各相关课题的思考。换句话说,一时性的、空泛的时髦理论或单纯的技术论与技巧论,不是我们关心之焦点所在。

至于有关厦门或厦大在地缘、血缘和学缘(人脉)的特点与优势,除了加强与台海对岸的交流之外,今后也许可以考虑重视对东南亚等区域新闻传播事业的研究与交流。

研究东南亚的新闻传播事业或者与东南亚学者、报人建立紧密的联系,华南地区的有利条件,除了在地理上相近之外,另一个有利的因素是福建省(广东省亦然)是两个世纪以来东南亚各国华侨华人的传统

"侨乡",彼此之间有着广泛的人脉关系。本文在开头部分细说的新加坡华中与厦大有共同的校训与共同的校主陈嘉庚先生,就充分地说明了这一点。

但与此同时,值得注意的是,随着二战后东南亚各地反帝反殖、民族主义的兴起,积极参与各所在地独立运动和建国事业的"华侨"已融入各国成为其国民而成为"华人"。特别是在1955年印度尼西亚万隆举行的亚非会议上,中国总理周恩来宣称不承认双重国籍,鼓励各地华籍人士在所在国与中国之间作一选择之后,情况已经起了巨大的改变。

正是在这样的语境下,绝大部分人士的身份认同与效忠对象,已从"落叶归根"的"华侨"转为"落地生根"的"华人"。

事实上,在中国改革开放、中国与东南亚各国建交或恢复邦交及随后而来的大量中国新移民或新侨民之前,"华侨"与"侨报"在东南亚已成为死语。

因此,如果中国的东南亚问题或东南亚华文媒体研究者还停留于二战前的"华侨"或"侨报"认识,也许容易陷入混乱的境地。

针对相关问题,笔者2017年12月在华侨大学举办的福建省传播学会年会大会上,曾予以详细的分析。① 在"寄语传统'侨乡'的学界与报界"的结语中,笔者指出:

- 了解了东南亚华社、华校与华文报战前战后的沧桑史,及华人社会在二战期间及战后紧随着时局变化而产生的身份认同之转变,我们(东南亚各地华人与中国)固然应该珍惜我们的共同血缘关系、文化认同和美好的共同记忆,也应该加强联系与互动,发挥最大的正能量,但得认清彼此的关系已转为"远亲"的现实。战前或独立前东南亚各地传统"侨报"的自我定位,也已转为各所在国的"华文报"。

- 与此同时,对于战后冷战时期源于欧、美、日的东南亚问题专家、"华侨问题"专家形形色色、似是而非的"捧杀论"——"华

---

① 详见收录于本书第二部分论文篇的拙稿《战后冷战与东南亚华文报的生存空间与嬗变》。

侨、华人控制东南亚经济命脉论""客家人或福建人掌控东南亚论""东方犹太论"等得格外留神与保持戒心。因为，与"棒杀论"相比，"捧杀论"在实际上具有更大的杀伤力。

从这个角度来看，对于不少还停留于"华侨"想象的研究者或新闻工作者来说，"地缘""血缘"或"人脉"不但不是有利的条件，反而成为容易妨碍彼此相互认识的误区。但也正因为如此，加强联系与深入研究，纠正固有脱离现实的观念或错觉，重新相互认识与交流，显得更有其迫切性与必要性。

除此以外，鉴于媒体技术的革新与日新月异的变化，新闻从业者主客观的条件已起了巨大的改变。与时俱进，充分认识并思考新环境下新闻传播学者与业界面对课题的变与不变，也是刻不容缓的事。在这方面，我们庆幸原任人民网总编辑的新闻传播学院院长余清楚教授上任后，即表明全面支持研究所的发展和茶座的活动。余院长为茶座主讲的"正能量、主旋律的声音如何唱响网络"，既填补了我们对网络媒体关注之不足，也着重指出了研究者命题与立论不可忽视的重点与方向。

细水长流，谨此期待"厦大新闻学茶座"持续发挥其正能量的学术传承！

第一部分

纪 要 篇

【1】

张铭清：两岸的新闻交流

【主讲人简介】张铭清：1981 年获得中国社会科学院研究生院新闻系硕士学位。1981—1993 年，《人民日报》记者、编辑，《人民日报》福建记者站首席记者、站长，《人民日报》记者部副主任、高级记者。1993 年，历任中共中央台湾工作办公室、国务院台湾事务办公室新闻局局长、新闻发言人、主任助理，中共中央对台工作领导小组成员，中央外宣办、国务院新闻办顾问。组织撰写中国政府关于台湾问题两个白皮书《台湾问题与中国的统一》（1993）、《一个中国原则与台湾问题》（2000），还有《中国台湾问题》（干部读本）（1995）、《台湾历史纲要》（1996）等重要文献。出版通讯、报告文学集《海峡潮》，言论集《海峡谈屑》等。2007 年，任海峡两岸关系协会第二届理事会副会长，兼任厦门大学新闻传播学院院长、教授，中国新闻社学术委员会副主席。主要学术兼职有两岸关系和平发展协同创新中心社会平台主任、首席专家，国家文化软实力研究协同创新中心学术委员会委员。

"南北呼应"："厦大新闻学茶座"正式开张

"1918 年北京大学成立新闻学研究会，这是中国新闻学研究的滥觞；1922 年厦门大学成立新闻学部，这是中国人创办的第一个新闻学科。从历史上看，厦大和北大新闻教育'南北呼应'的态势是够格的。卓南生教授在北京大学主持'北大新闻学茶座'已经有 5 年的时间，前后近 40 期，做得非常好，形成了一定的品牌。厦大新闻传播学院决定聘请卓老师这员大将坐镇厦大，创办厦大新闻研究所，主持'厦大新闻学茶座'，形成'一南一北，遥相呼应'的格局，学校、学院和我本人，都非常支持。我相信，假以时日，这势必推动厦大新闻研究的发展。"

2014年7月13日上午9点30分，作为国台办的第一位新闻发言人、厦门大学新闻传播学院院长张铭清教授，以新闻发言人惯有的语气和神态，在厦大新闻研究所成立仪式上作了简洁而有力的致辞。北大新闻学研究会、北大世界华文传媒研究中心和北大新闻学研究会新闻史论师资特训班同窗会分别赠送了花篮，同窗会学员、厦大历史系助理教授李卫华还代表同窗会全体学员宣读了同窗会秘书长刘扬博士发来的祝贺信。

在嘉宾与师生的掌声之下，张铭清教授宣告厦门大学新闻研究所的成立和"厦大新闻学茶座"的开张，还敦聘卓南生教授为厦门大学客座教授，颁发了厦门大学新闻研究所的所长聘书。作为一个新加坡的报人、学者，卓南生简要地从地缘、文缘和业缘三个方面回顾了与厦门和厦门大学的渊源。他说："我们新加坡南洋华侨中学（简称'华中'）与厦门大学都是同一个校主——陈嘉庚先生，作为华中的学生，我们从小就耳闻和感召陈嘉庚先生的精神，所以对厦门、对厦大感到非常亲切。"他同时宣布曹立新副教授和毛章清助理教授为新闻研究所副所长。

"厦大新闻学茶座"正式开张之前，2014年5月卓南生教授分别在厦门马哥孛罗东方大酒店、厦门大学策划了三场新闻学茶座的"试验号"，分别由日本龙谷大学社会学研究院国际新闻研究方向的博士候选人吕艳宏主讲了《日本"大陆电影工作"在台湾考——以李香兰及其影片为中心》，由厦门大学新闻传播学院毛章清助理教授和与会者分享了《台湾总督府的华南新闻政策研究——以〈闽报〉为考察中心》，还有厦门大学外文学院日语系主任吴光辉教授谈了《钓鱼岛舆论宣传战略的破立之间》，场面轻松活泼，与会人士畅所欲言，观点自由碰撞，新闻学茶座似乎不存在水土不服的问题。

两岸新闻交流的历史、现状与存在的问题

张铭清教授从社会变迁的大视野，为我们展示了两岸新闻交流的历史、现状及存在的问题。他认为："两岸都经历了隔海对骂——相互喊

话——各说各话——交流对话四个阶段，与两岸关系的发展是同步的、契合的关系。"国际格局的改变、两岸社会的变迁和两岸关系的发展是两岸新闻交流的动力和源泉，"两岸的新闻交流，本身也经历了从无到有、从小到大、从单向到双向、从个案到常态的过程，与两岸关系的发展同步。"

张铭清教授从个案突破着手，以大陆对台政策的演变为依据，言简意赅、脉络清晰地梳理了两岸新闻交流的发展历程。1987年9月13日，台湾《自立晚报》记者李永得、徐璐突破台湾当局的困难险阻，在大陆有关部门的协助和推动之下，终于踏上了北京的采访之路，这是两岸兵戎相见、对峙隔绝38年之久的历史性跨越。破冰之旅，当之无愧！1991年8月12日，为了采访关于台湾海峡渔民纠纷的"闽狮渔"事件，新华社记者范丽青和中新社记者郭伟锋成为1949年以来首次赴台采访的大陆记者，预示着两岸新闻交流迎来了一个新的春天。

张铭清教授谈笑风生，和与会者分享了一些有趣的重要的历史细节，从中可知，如果没有两岸政治气候的转变，没有中国驻日本大使馆的斡旋，没有北京方面的配合，仅仅只有《自立晚报》对当时台湾蒋经国先生不接触、不谈判、不妥协"三不政策"的冲撞，李永得、徐璐根本就不可能登陆采访。所以两岸的新闻交流，是两岸关系的有机组成部分。

张铭清教授高度评价了两岸新闻交流在两岸交流中的角色和作用，认为"两岸的新闻交流是两岸交流中起步最早、影响最大、成效最显著的一个领域，为两岸交流营造了良好的舆论环境"。但是，他还认为"当前两岸新闻交流还有需要改进的空间，一是两岸新闻交流的不平衡不对称；二是需要修改相关的新闻政策，提升新闻交流的水平和层次；三是受历史因素的影响，两岸新闻媒体对彼此的新闻报道、形象塑造还存在问题；四是两岸新闻媒体在资金、人才、节目资源和市场营销方面，值得彼此借鉴"。

茶座的出席者，对两岸新闻交流的主题兴致盎然，发言踊跃。除了厦大新闻传播学院师生之外，还有厦大人文学院、外文学院和能源学院等老师，共有30余名齐聚会场，堪称跨学科的对话。《厦门晚报》前总编辑朱家麟博士等熟悉业界的资深报人、学者也出席了茶座。

在回应与会者提出的诸多质疑时，张铭清教授指出，两岸的有些事情，根本就不符合新闻报道的规律和新闻工作的要求。他还举例了一些他当年担任国台办新闻局局长时期，如何突破涉台新闻报道禁忌、从而让禁区变成常态的事例，认为"两岸的新闻交流就是要打破禁忌，勇于担当，不断地突破，不断地尝试，不能坐等政策的修正，因为实践往往走在政策的前面！"

（厦门大学新闻研究所　毛章清）

【2】

卓南生：甲午年谈纪念甲午战争的意义

【主讲人简介】 卓南生：1942年生于新加坡，早年在新加坡华中和南洋大学受教育。1966年负笈东瀛攻读新闻学，毕业于早稻田大学政治经济学院新闻系，后获立教大学社会学（专攻新闻学）博士学位。1973年返回新加坡，历任《星洲日报》社论委员兼执行编辑、《联合早报》社论委员兼东京特派员。1989年转入学界，先后在东京大学新闻研究所、京都龙谷大学任教，现为龙谷大学名誉教授、北京大学客座教授、厦门大学新闻研究所所长。主要中文著作有《中国近代报业发展史1815—1874》（增订新版）、《日本的亚洲报道与亚洲外交》和《卓南生日本时论文集》（全三册）等。

"纪念甲午战争，主要是以史为鉴，表达中国人强硬的姿态。"

"纪念甲午战争，就是要明确'落后就要挨打'的道理，提醒国人要发愤图强。"

"甲午战争是局部战争的缩影，但是对中国、日本的发展都有影响，纪念甲午战争要注重探讨战争本质。"

这是2014年9月14日上午，日本龙谷大学名誉教授、厦门大学新闻研究所所长卓南生先生在厦大新闻传播学院会议室主讲"甲午年谈纪念甲午战争的意义"之前，在场的与会者踊跃发言，抒发各自的观点。

2014年是甲午年，我们该如何纪念120年前这场影响深刻的中日甲午战争？以下是卓教授为50余位与会者带来的解读。

卓南生教授先从当前中日媒体的新闻报道谈起。他指出，当前中日两国的舆论界在报道和纪念甲午战争方面有很大的差异。相对而言，中国是多种声音的。最主流的看法是批判安倍冀图摆脱战后体制的举措，警惕日本军国主义的复活，重走战前的老路。"以史为鉴"，在这个问题是一致的。但对于中国究竟为何失败，到底差错出在哪里，中国媒体的反思可就出现诸多分歧。有的认为是体制的问题，强调这是一个新兴的资本主义国家跟一个落后的封建主义国家的一场战争。论者指出，不是中国人差，而是在那样的体制下，清政府不重视人才，伊藤博文跟李鸿章的命运就不同。有的则归结于国民性的问题，认为日本人比较发愤图强，中国人比较苟且偷安，等等。有的中国媒体把所有可能的原因都罗列了，什么说法都有，因为这是最妥善最安全的写法。这种做法，都对也都不完全对，因为，当你把所有因素列到完时其实是什么都没有列，没有特色。表面上看，中国媒体在纪念甲午战争的报道上，似乎是高调而隆重，其中不少论者认为近代中国的积贫积弱是导致战争失利的主因，因此，强调只有实现"近代化"才能实现"富国强兵"；为了避免落后挨打，为了实现中华民族的伟大复兴，不少媒体将舆论焦点归结为要实现"富国梦""强军梦"。

相较于中国舆论界形式上的隆重和声音上的多种，日本舆论界从表面上看来，就显得平静而一致。卓南生教授指出，日本的舆论诱导是绝对在中国之上的。日本相对上好像声音多元，有些议题媒体还争论得面红耳赤，比如《朝日新闻》跟《产经新闻》天天在争吵，但如果你真的相信它们是针锋相对、势不两立，那你就上当了；至于中国一些媒体把《朝日新闻》和《产经新闻》简单地当成是左派和右派之间的对立来分析，那又错得更远了。在表面喧闹的背后，日本的舆论界口径其实是相当一致的，这是由日本新闻报道的特征所决定的。日本的新闻报道具有煽情性、集中性和划一性三大特征：所谓"煽情性"是指日本并没有形成严格意义上的"高素质报纸"，迎合小市民的煽情的报道方式经常出现在日本的大报上；所谓"集中性"是指每当发生一件大事情的时候，日本的媒体经常会采取一种倾盆大雨式或狂风暴雨式的报道方式；所谓"划一性"实际上就是对重大新闻事件的统一报道口径，尤其在对外问题上，口径是相当一致的。就以如何看待甲午战争的问题而言，日本的舆论界显然是将它与参拜靖国神社、修改教科书，还有领土问题、修宪问题等敏感问题紧密挂钩来谈论的。

"当下的日本媒体似乎对甲午战争视若无睹、漠不关心，但认真分析,其背后却隐藏着历史观的问题。直至今日,甲午战争在日本人眼中还是一场正义之战。"卓南生教授说道,"说得确切些,对于急于'摆脱战后体制'的现安倍政权来说,如何看待《马关条约》,怎样为大日本帝国进行甲午战争'合理化'解释,具有现实的政治意义。"

为什么不少日本人对甲午战争及随后签署的《马关条约》,丝毫不存有"侵略"与"掠夺"的羞耻感和罪恶感呢?卓南生教授认为,日本对甲午战争没有一点反思,有它背后的思想逻辑,那就是"近代化的文明国"战胜"未开化的野蛮国"具有合理性、正当性。这种为发动一场战争而巧立的名目,用日语来说就是"大义名分"。日本把甲午战争当作"正义之战",二战期间日本为了侵略亚洲,从而提出"大东亚共荣圈"的名目,认为为"大东亚共荣圈"的"共存共荣"而战,这是一种"圣战"。这两者如出一辙。这是日本学习西方的进化论思想,服膺西方弱肉强食的丛林法则的结果,所以明治维新之后,日本认为已经登上文明之巅,日本是"文明国",中国是"野蛮国","文明国"攻打"野蛮国",占领"野蛮国"的土地、掠夺"野蛮国"的资源是合情合理的。

卓南生教授认为,日本对甲午战争没有丝毫反思意识,"这既与战前'皇国史观'的拥护者将这场战争定位为'开化之国——日本'与'因循陋习之国——清国',即'文明'与'野蛮'两者之间的'义战'有关,也与战后日本学界和大众传媒对这段历史不彻底的反思和总结不无关系。"他同时指出:"支撑日人'义战论'最强有力的思想武器之一,就是以'近代化'与否作为衡量一个国家行为是否正当或者一个国家是否值得尊重,乃至是否有前途的重要标准。"

卓教授注意到,中国的知识界也存在着类似的"近代化的迷思"。他指出,当前中国的媒体在纪念甲午战争时,主流派声音是要警惕日本军国主义,强调落后就要挨打的道理。但是,"在纪念反思过程中,有一部分论者把'近代化'和民族主义对立起来,将矛头对准所谓'煽情的民族主义',指责它可能断送了中国第三次近代化的机会。这种论述,表面上看有一定道理,实际上是陷入了一个陷阱,这个陷阱就是日本人散播的'近代化万能论'、'近代化一切论'。可以这么说,民族主义在中国被某些论者给抹黑了!民族主义其实并不是一个贬义词,不论是在中国,或者东南亚各民族在反对帝国主义、殖民主义的侵略压迫进程中，在争取民族国家独立和主权领土完整的过程中，民族主义是正面的、正义的；大型交响音乐《黄河大合唱》吹响了中国民众抗日救亡的号角，这是最响亮的民族主义。但是如果民族主义超过了底线而成了国家主义、国粹主义，那才是我们要反对的。把国粹主义跟民族主义等同来看待，显然是在偷换概念"。

有鉴于此，卓南生教授认为，如何看待明治维新的"富国强兵"，也就是如何看待日本的"近代化"，这是评价甲午战争不能绕开的问题。"当前'和平崛起'的中国在纪念甲午战争120周年之际，中国要强军、要强国，这应当没有问题；但是中国的'富国强军'跟日本明治维新时期的'富国强兵'有何本质上的差异，中国的官方和民间，似乎还说得不够清晰。为此，在纪念甲午战争的时候，崛起中的中国也许还得把重点放在为何'富国强军'，为谁'富国强军'问题上。"

本次茶座由厦大新闻研究所主办、《国际新闻界》杂志协办。出席茶座的除了来自厦门大学各个学院的教师、学生之外，尚有厦门市社科院、厦门市台湾学会等研究机构的研究员等，共计50余人。由于"甲午年纪念甲午战争"这个主题的贴近性和现实性，还有卓南生教授论述视角的独特性，引起了与会者的共鸣和热烈讨论，茶座在观点的碰撞与思考中宣告结束。

茶座全文收录于本书第二部分论文篇《卓南生教授谈甲午年纪念甲午战争的意义与误区》。

（厦门大学新闻研究所　毛章清）

【3】

曹立新：苏联新闻模式与20世纪中国新闻事业

【主讲人简介】曹立新：厦门大学新闻传播学院副教授，2009年毕业于中国人民大学新闻学院，获博士学位，主要从事20世纪中国新闻史、新闻采访与写作等领域的教学与研究。曾在《厦门晚报》《三联生活周刊》《战略与管理》任记者、编辑，学术专著有《在统制与自由之间：战时重庆新闻史研究（1937—1945）》(2012)、《台湾报业史话》(2015) 等。

20世纪中国新闻制度的主要特征是什么？它与当前的新闻实践和新闻改革有何关联？2014年11月21日，由厦大新闻研究所主办的"厦大新闻学茶座"第3期在新闻传播学院会议室举行。厦大新闻传播学院副教授、厦大新闻研究所副所长曹立新博士为茶座出席者发表了"苏联新闻模式与20世纪中国新闻事业"的报告，引发了各方热烈的争议。

何谓苏联新闻模式

曹博士借用现当代文学研究中的"20世纪中国文学"概念，提出"20世纪中国新闻事业"这个概念，作为通行的现当代新闻史分期的补充。他认为，20世纪中国的新闻制度是一个很复杂的体系，但由于国民党和共产党先后成为执政党，因此，作为国共两党新闻制度来源的苏联新闻模式，成为20世纪中国新闻事业的主要制度。

何谓苏联新闻模式？20世纪50年代，美国传播学者施拉姆在《传媒的四种理论》中认为，从古至今，人类的新闻传播活动归结起来有四种制度，分别是集权主义、自由主义、社会责任和苏联共产主义；所谓苏联新闻模式就是指"苏联共产主义新闻制度"，其核心规定就是排斥新闻的独立性，将新闻媒介视为党和政府的工具。20世纪80年代，中国社科院新闻研究所孙旭培研究员在《论社会主义新闻自由》一文中指出：苏联新闻模式是指苏联社会主义时期的新闻体制，是一种否定普遍自由形式的集权制新闻模式。由于在斯大林统治时期，这种新闻体制的总体特征发挥到了极致，所以又被称为"斯大林新闻模式"。1989年3月，中国社科院新闻研究所曾专门组织关于斯大林新闻模式的讨论。此外，新闻学前辈甘惜分先生曾将苏联新闻模式称为"新闻教条主义"，老报人徐铸成先生则称之为"苏联套套"。

曹博士总结说，苏联新闻模式大致可以这么表述：在媒体性质上，新闻媒体属于党的喉舌，新闻的真实性与新闻工作的阶级性、党性原则是一致的；在媒体功能上，宣传至上，报纸是"集体的宣传者、鼓动者、组织者"，是"最锐利最有力的武器"；在传播方式上，强调典型报道，坚持"以正面报道为主"，限制批评报道；在制度安排上，传媒所有权归国家所有，纳入行政级别体系，实行主管主办制，上级党委部门拥有媒体主要人事任免和编辑方针决定权，政府规定和保障传媒的运作资金、设施投资和员工的工资福利，在所有制上属于单元结构。

苏联新闻模式传入中国

曹博士认为，伴随着中国政治发展演变史，20世纪中国新闻事业经历了三次学习苏联新闻模式的过程。

1. 第一次学习苏联新闻模式：国民党的"党治理论"与宣传工作

第一次全方位学习苏联新闻模式的是国民党。在促成国共合作的过程中，共产国际代表马林特别强调宣传工作是国民党的一个弱点，建议孙中山要加强宣传工作。1924年，国民党"以俄为师"，实行改组，将党治理论引进中国，形成建党理论，使国民党成为一个"像布尔什维克一样的垄断政权的政党"。澳大利亚学者费约翰在《唤醒中国：国民革命中的政治、文化与阶级》一书中评论国民党这次学习苏联时认为："孙中山逐渐确立党治理论的过程，也是一个逐渐抹去国民党自身历史中自由主义传统的过程,并且伴随着不断击退来自党内反对派的过程。"

学习苏联对国民党新闻体制和宣传工作的影响,最深远的结果就是一系列党报党刊政策的制定。1928 年,国民党中常会第 144 次会议通过《设置党报条例草案》《指导党报条例》《补助党报条例》等三个条例,从办报方针、人事任免、内部考核等方面借鉴苏联新闻模式。

2. 第二次学习苏联新闻模式:延安《解放日报》的改版工作

第二次学习苏联新闻模式是延安《解放日报》时期。曹博士认为,1942 年延安《解放日报》的改版,不仅使《解放日报》由不完全的党报变成了完全的党报,也使中国共产党的党报体制基本得以确立。改版期间,《致读者》《党与党报》等社论和陆定一的《我们对于新闻学的基本观点》等文章,对中国共产党的新闻理论作了系统而权威的阐释。

曹博士特别强调,陆定一《我们对于新闻学的基本观点》这篇文章一个很重要的贡献在于解决了新闻真实性与党性原则的冲突性问题。该文把真实性、阶级性与党性统一起来,完成了逻辑的论证过程,"革命的新闻工作者必须尊重事实,而且尊重事实是与政治上的革命性密切结合不可分离的"。

3. 第三次学习苏联新闻模式:新中国成立初期的"一边倒"

新中国成立初期,奉行"一边倒"的政策。学习苏联新闻工作的经验,同样是这个时期中国新闻建设的一个重要指导思想。曹博士介绍说,为了学习苏联新闻模式,一方面翻译引进苏联新闻工作理论与实践的文献,像《联共(布)中央直属高级党校新闻班讲义汇编》(一、二卷);另一方面派遣专业代表团到苏联学习,并邀请苏联新闻工作者代表团访华。1954 年先后有三个新闻代表团赴苏,分别访问《真理报》、塔斯社、全苏广播系统,回国后整理出版了《学习"真理报"的经验》《塔斯社工作经验》《苏联广播经验》等,苏联报刊工作者代表团访华所作报告或座谈记录也被编成《苏联报刊工作经验》。这四本书成为指导新中国新闻实践的权威教科书。

关于这次学习苏联新闻模式的长处,曹博士引用了人民日报社记者钱江在《人民日报 1956 年的改版》这篇文章的论述,"当党的领导制定并执行正确方针政策的时候,党的机关报如鱼得水,能充分发挥'喉舌'作用,在宣传和组织人民群众进行生产与思想建设,在批判和抵制错误思想方面发挥极大作用。"他指出,这次学习苏联新闻模式对于新中国成立初期新闻事业的规范化起了很大的促进作用，但是也出现了一些问题，主要是教条化、绝对化现象严重。

曹博士认为，苏联新闻模式的弊端是导致1956年《人民日报》改版的重要原因，因此，1956年《人民日报》改版提出的扩大报道范围、开展自由讨论、改变文风等目标，可以理解为体制内试图突破苏联新闻模式的一种尝试。这一尝试随着1957年"反右"运动而终止。1957年为响应党中央百家争鸣的方针，新闻界许多人对苏联新闻模式的弊端提出了反思和批评，包括对报纸的性质、新闻自由、同人办报等问题，提出了不同的观点，但是，这些不同观点后来都被打成右派观点。1957年9月27日，《人民日报》发表署名"李章"的文章《我们和新闻界的右派分子争论什么？》，系统地对这些右派观点进行了反驳，也借此重申了苏联新闻模式的理论原则。

曹博士认为，"1949年到1956年这17年的共和国新闻史可以理解为新闻工具论击败、驯化新闻专业主义并制度化的过程。但是，这一过程不是一帆风顺的。它首先集中表现为新政权和保留的民营报业之间发生的一场改造与反改造的摩擦；接着表现为1956年《人民日报》改版，试图突破苏联新闻模式的尝试；到了1957年'鸣放'运动中，又表现为新闻自由主义理念不甘于'驯服'，再一次也是最后一次反弹。"

最后，曹博士简单回顾了改革开放以来中国新闻事业的改革历程。他认为，30多年来，无论是内部行政化的改革还是外部市场化的改革，中国当代新闻改革依然是对苏联新闻模式的纠正和突破。这一模式的本质规定性能否有所突破，与新闻改革目标能否真正达成密不可分。

（厦门大学新闻研究所　毛章清　潘岩岩）

【4】

陈建国：漫谈美国汉学研究的意识形态

【主讲人简介】陈建国：美国特拉华大学外文系终身教授，1995年获美国加州大学（戴维斯校区）比较文学博士，研究领域有比较文学、文学批评理论、社会文化研究等。曾任美国特拉华大学孔子学院院长、美国特拉华大学中文部主任、美国密歇根州立大学外语系中文部主任、美国特拉华州中文教师协会首任理事长。

2014年12月11日下午，厦门大学新闻学茶座第4期在新闻传播学院4楼411会议室举行。美国特拉华大学（the University of Delaware）终身教授陈建国博士为茶座的出席者带来了题为"漫谈美国汉学研究的意识形态"的主题报告，引发讨论。

在将近两个小时的茶座中，陈建国教授从近代传教士进入中国开始，按照时间的脉络将美国汉学研究的概况做了大致的梳理，其中也穿插一些欧洲汉学与美国汉学的比较。陈建国教授讲到，在美国汉学研究发展的过程中，费正清是一位标志性和转折性的人物，作为美国中国学的创始人，他的研究对后世产生了深远影响，许多现今活跃在美国汉学界的学者都师承费氏。在美苏冷战的背景下，美国汉学研究主要为政府政策服务，因此带有很强的功利性，费正清也通过自己的研究为美国政府提供了很多富有远见和建设性的意见。费正清之后，美国汉学研究不断发展，至20世纪80年代进入新的反思年代。这一时代中，解构主义、后现代主义、后结构主义等理论逐渐兴盛，对传统的美国汉学研究展开批判，作为费正清弟子的柯文是这一时期的代表人物，他对其师的"冲击—批判"理论发起挑战。接着，陈建国教授又对近些年来美国汉学的研究做了简单的阐述，作为美国特拉华大学孔子学院的外方院长，他还结合孔子学院的情况对美国汉学的意识形态做了分析。演讲中，陈建国教授还不时提出自己在中国建立美国学的构想。

陈建国教授的演讲引发了茶座出席者的热烈提问和讨论，来自新闻传播学院、外文学院、人文学院等学院的老师们从各自的学科背景和知识经验出发，针对讲座内容提出了自己的看法，陈建国教授一一解答，碰到自己不熟悉的领域还与现场的茶客互相交流看法，切磋意见，他也表示很喜欢茶座这种模式的讨论。

茶座结束后，陈建国教授为茶座的留言板上签下"希望茶座不缺茶客"的寄语，表达了自己的期待。

本次茶座由厦大新闻研究所主办，由副所长毛章清老师和曹立新老师主持，茶座的出席者有来自厦大新闻传播学院、人文学院、外文学院等各个学院的老师和学生，共计30余人。

（厦门大学新闻研究所　张至谦）

【5】

黄合水：解读新闻中的新闻

【主讲人简介】黄合水：厦门大学新闻传播学院常务副院长、教授，厦门大学品牌与广告研究中心主任，北京师范大学教育学（心理学）博士。主要从事品牌、广告效果和媒体效果等教学与研究，著有《广告心理学》（国家级"十五"规划教材）、《广告调研方法》（教育部"研究生教学用书"）、《市场调查》和《品牌学概论》等。

如何看待广告与新闻的分合关系？如何利用大数据解读新闻中的新闻？2015年1月22日，厦大新闻研究所在新闻传播学院举办了第5期"厦大新闻学茶座"，新闻传播学院常务副院长黄合水教授应邀做了题为"解读新闻中的新闻"的主题报告，并就此话题与在场来自新传、外文、管理、法学等多个学院的30多位师生展开了讨论。本次茶座由厦大新闻研究所所长卓南生教授主持，由《国际新闻界》杂志协办。

黄合水教授在北京师范大学分别获取了心理学的本科、硕士和博士学位，接受了完整的心理学研究的学术训练。作为一名广告学者，黄合水专精的研究领域是品牌管理、广告心理和广告调研，但是黄合水涉足广告研究却是从新闻研究开始的。1988年攻读硕士学位时期，黄合水就开始运用实证研究的方法，随导师彭聃龄教授一起从事关于广播电视图像质量评价的课题研究，先后发表多篇新闻方面的研究论文，其中1989年在《中国广播电视学刊》上发表的以CCTV1"新闻联播"栏目为研究对象的研究报告，得到主编和有关部门的肯定。后来黄合水转入广告研究领域，到厦门大学广告专业任教。

从心理学角度，运用实证研究方法解决新闻学、广告学的问题，黄合水教授与在座的师生分享了从事学术研究的经历，强调跨学科研究的重要性。由于有这段学术渊源，引发了黄合水对新闻与广告之间关系的思考。黄合水认为，广告有三重境界，最高境界的广告是艺术，次高境界的广告是新闻，我们通常熟悉的广告形式则是一般境界的广告。从传播效果来说，电影、音乐、小说之类的艺术作品最佳，一曲《太阳岛上》就是一支一流的旅游广告，一首《鼓浪屿之波》就是一支绝佳的政治广告，经久不衰；企业因技术创新，因重金投入公益事业引发新闻报道等，往往也能达到纯粹广告未能达到的效果。

黄合水教授认为，新闻与广告密切联系，从曝光程度看，新闻与广告有共通之处，企业广告的突然消失与领导人新闻的突然变动，都会引发人们"是否出现问题"的相似猜测；但是在曝光顺序中，新闻与广告存在差别，在广告排序中广泛应用的近因效应却不会应用在新闻联播的节目编排上。在一个广告学者眼中，似乎一切信息的传播都是广告。黄合水认为，广告与新闻的界限并非泾渭分明，非黑即白，广告与新闻是灰色的、关联的，从历史的角度和学科的发展来说，"新闻与广告，分是必然的，合也将是必然的。"

黄教授从"国家领导人与网络新闻""品牌健康与网络新闻""国家形象与网络新闻"三个方面展开，为茶座出席者介绍了如何通过挖掘网络新闻大数据进行新闻、广告的实证研究。

在第一部分"国家领导人与网络新闻"中，黄教授借助百度这一网络大数据平台，收集了从2002年至2014年中国共产党的十六大、十七大和十八大历届常委在百度搜索引擎上显示的新闻报道的标题数量，做成折线统计图；还有，黄教授把新中国历史上最重要的党和国家领导人的新闻报道标题数量，也做成折线统计图。他认为，通过新闻报道数量横向（不同领导人之间）和纵向（不同时期）的比对分析，可以间接反映出党和国家领导人话语权的变化。黄教授还同时表示，如果将大陆和台湾的新闻报道进行对比，可能会有一些不同，台湾领导人的新闻报道数量可能是一个渐变的过程，而大陆领导人的新闻报道数量会随着职位的改变而发生突变，领导人新闻数量的变化，应该能够从侧面反映出新闻制度和政治制度的差别。

在第二部分"品牌健康与网络新闻"中，黄合水认为媒体就像医生，以新闻报道作为观测的基础，可以判断企业品牌的健康问题，一旦企业被媒体大量曝光，即使是假新闻，对企业依然会产生负面的影响。品牌健康指数是指在特定时间段内，未出现关于某品牌负面或不利报道的新闻媒体占所有监测媒体的比重，即在特定时间内，报道品牌负面或不利消息的媒体越多，品牌健康指数越低；相反，报道品牌负面或不利消息的媒体越少，品牌健康指数越高。这些品牌健康的监测数据来源于2012年和2013年腾讯、网易、新浪、搜狐、人民网、凤凰网等36家网络媒体的新闻报道，衡量国内包括食品、家电、通讯、金融等十个行业中416个使用率相对较高的品牌的健康状况。通过对负面新闻报道的监测与分析，黄合水认为，中国市场品牌病因的种类可以分为核心因素、外延因素和综合因素三类，其中核心因素包括生产、产品、服务、传播和诚信五个要素，外延因素包括资本、合作、竞争与人事四个要素，综合因素包括业绩和股情两个要素。黄合水与大家分享了通过网络媒体所监测到的研究数据，其中被媒体曝光最多的企业问题集中在"产品""诚信"等方面，企业品牌健康出现问题多集中于秋冬季节。

在第三部分"国家形象与网络新闻"中，黄合水谈到，塑造国家形象从某种程度上也涉及话语权的问题，从广告的角度看，国家形象也是一个品牌，通过监测与分析其他国家和地区的新闻媒体对中国的新闻报道，便可大致了解中国在其他国家和地区中的形象。黄合水借助孔子学院、对台广播等多个案例，指出在对外传播的过程中，不仅要注重主观努力，也要注重考察监测客观效果。黄合水认为，在大数据时代，若能充分地利用各种方法和技术进行媒体舆情监测，不仅可以解决现实社会中存在的问题，而且可以提高新闻传播院校服务社会的能力和提升学术研究的品质。

黄合水教授从一个广告人的角度对新闻的解读引发了在场师生的浓厚兴趣和热烈讨论。

（厦门大学新闻研究所　毛章清　张至谦）

【6】

林鸿亦:"酷日本"政策中的虚无主义

【主讲人简介】林鸿亦: 台湾辅仁大学新闻传播学系副教授,日本立教大学社会学(新闻传播学方向)博士。主要研究领域为传媒领域的对外援助、日本对外传播思想、公共性理论与实践(传播与社会创新)。主要著作有《美国在亚洲的文化冷战》(与贵志俊彦、土屋由香合编),台北:稻乡出版社2012年版等。

2015年2月3日下午,第6期"厦大新闻学茶座"在厦门马哥孛罗东方大酒店会议室举行,此次茶座为临时召开的茶座。台湾辅仁大学新闻传播学系的林鸿亦副教授应邀做了"'酷日本'政策中的虚无主义"的主题报告。本次茶座由厦大新闻研究所所长卓南生教授主持,由《国际新闻界》杂志协办,来自厦门大学新闻、外文、人文学院和厦门理工学院的十余位师生,以及厦门市台湾学会等多名学者参加了此次茶座。

林鸿亦博士首先从自己如何找到这个课题开始说起。林博士在日本立教大学攻读博士课程时探讨"日本、美国以及国际组织在亚洲地区如何从事传播的对外援助工作"这一课题,当时处理日本方面的内容时,接触到一些意识形态的东西,因此对日本的政策进行了思考和分析,并由此发现其对外宣传中的意识形态,不会只停留在统治阶层,也可能存在于民间。在本次茶座上,林鸿亦博士便是以"酷日本"为例来谈民间的意识形态。报告从"政策过程""文化国族主义下的特殊性与普遍性""虚无主义在日本""东亚的文明、文化虚无主义""次文化中的浪漫决断""作为反讽的日本"六个部分展开。

在第一部分"政策过程"中,林鸿亦博士向茶座参与者介绍了从

2002 年美国记者第一次提出"酷日本"（cool Japan）到之后日本产经省、外务省等政府机构所采取的措施，再到 2007 年日本 NHK 播出的"酷日本"（cool Japan）节目的过程，从而梳理了"酷日本"出现的脉络。他指出其本质是想借由外国人的视线，来认同"酷日本"，希望形成一种爱乡爱土的风潮，甚至也希望通过此举来让日本年轻人"爱国"。在第二部分"文化国族主义下的特殊性与普遍性"中，林博士则从"日本年轻人是如何与国家结合起来"这一问题出发，谈及日本战后对其军国主义的研究及日本人论的变迁。指出这些举措在强调日本文化特殊性的同时，目标是将其文化转变为文明，进而追求文明的普遍性。在第三部分"虚无主义在日本"中，林博士着眼于虚无主义在日本的具体表现——经济不振、少子高龄、公共心缺失等现象，指出日本保守势力视盘踞日本社会的"虚无主义"为"消极的虚无主义"，同时又意图用"积极的虚无主义"来为日本在世界定位。而"酷日本"则是这一举措的具体表现。第四部分"东亚的文明、文化与虚无主义"中，林鸿亦博士谈到文明、文化、虚无主义之间的动态关系，通过小仓纪藏的"文明与文化的非固定性"来解释，曾在日本近代出现，现在又以"酷日本"这一形式出现的"将虚无主义文化化"的现象。第五部分"次文化中的浪漫决断"，则指出存在于年轻人中的虚无主义——"中间项的不在"问题。所谓"中间项的不在"即处于个人和国家之间的社会过程被抽离，人与人之间处于弱连结的状态。在第六部分"作为反讽的日本"中，林鸿亦博士再次回到对"乡土爱、爱国心"的探讨，对近代日本由农本主义生出军国主义、浪漫主义让年轻人从容赴死进行分析。同时指出无论过去还是现在要解决的都是日本在近代化中失去的主体性问题。

在讨论互动环节，《厦门晚报》原总编辑朱家麟博士就"酷日本"为何得以提出来，它的出路究竟如何，以及它对中国的借鉴意义等方面，提出了自己的看法。朱博士指出，虚无主义一直是日本文化的主流，日本文化的两个特征之一是"凄美"，另一个是将两个极端结合得非常好。他表示，也许可以从心灵层面上去追究日本出现的幻灭感，尤其是结合日本的宅男现象以及政治、经济、社会、文化的变迁，放到日本经历战败、经济高度发展以及萧条的历史脉络来理解。在美国出现过垮掉的一代，现在日本也出现，在中国的年轻人中似乎也出现拖延症等问题。日本文化的某些特征也存在着共性。

外文学院的吴光辉教授则就林博士报告中所涉及的核心内容"如何去理解日本"这一问题发表自己的感想并提出问题。他表示在哲学上，对"酷日本"一词不用"政策"而是会采用"语境"一词。川端康成演讲中企图从知识论的角度证明日本的合理性。"酷日本"一词中本身含有审美意识。他同时提到我们应该如何认识日本的问题。中国曾经尝试着从历史、宗教、伦理观念、心理构造方面来认识日本，但都存在过偏差和悖论。例如历史方面，存在战前战后的断层；宗教方面中国注重修身，而日本则注重外来刺激；伦理方面，中国的儒学传到日本之后竟成了日本学者眼中战争的根源；心理构造或者说思维方式方面，中国一般是三元的，而日本人却是二元对立式的。这些差异导致我们从这些角度都无法认清日本。无论是明治维新时期的浪漫主义，还是现在的"酷日本"，日本对近代性的探讨是从审美的角度，而非知识学的角度。

最后，卓南生教授进行了扼要的总结。他指出，在谈论日本的文化输出政策时，不能离开时空的语境，也不能不留意战前与战后日本某些思潮的连续性与非连续性。他同时还表示在日本，天皇与天皇制是两个并不完全相同的概念。经历两次安保斗争及学生运动后，日本官方政策的重点是诱导青年远离政治，后来则将计就计，鼓励并主导"积极的虚无主义"。了解了这些时空的背景，再结合20世纪配合日本国策而出台的"文化外交"战略构想，我们就不会为其"酷日本"与"虚无主义"的相结合而有所迷失。

（厦门大学外文学院　王增芳）

【7】

陈培爱：广告史研究与
新闻传播学科建设

【主讲人简介】陈培爱：厦门大学新闻传播学院教授，曾任教育部新闻学学科教学指导委员会委员，中国广告协会学术委员会主任，中国广告教育研究会会长，福建省传播学会会长。1983年参与创建中国大陆高校中首创的广告学专业，由其主持的"广告学人才培养模式"获得国家本科教学优秀成果二等奖、福建省一等奖。致力于中国广告学理论的研究，出版各类著作20余部，是我国广告教育的开拓者与先行者之一。2006年获得厦门大学教学名师、福建省教学名师称号。

2015年3月27日，厦大新闻研究所举办了第7期"厦大新闻学茶座"，马克思主义理论研究和建设工程（"马工程"）重点教材《广告学概论》首席专家、厦门大学特聘教授陈培爱老师就"广告史研究与新闻传播学科建设"的主题和与会者进行分享。

广告史研究的缘起及其学科地位

陈培爱教授认为，广告学学科体系由理论广告学、实用广告学和历史广告学"三位一体"共同构成。历史广告学主要探讨、研究、总结人类广告活动产生、发展、演变的历史进程及发展趋势、发展规律等诸多现象和问题。广告史研究的范畴与学术地位、广告年鉴出版与研究资料梳理、行业期刊与学术期刊发行与研究、通史研究与断代史研究、专题史研究、广告个体研究、教材编撰与修订等层面共同构成了广告史研究的学科平台。

广告学作为一门新兴的学科，在中国大陆只是近三十年才发展起来，而广告史的研究与教学，更是一片全新的领域。陈培爱教授依次向与会者展示了1987年的《广告原理与方法》和1996年的《中外广告史》和2009年的《中外广告史新编》三本著作，介绍了从事广告史研究三十年来的历史进程。1983年，厦门大学创建了中国大陆高校的第一个广告系。陈老师有感于国内广告学研究著作匮乏，即使有的话，也是从经济角度来研究广告之现状，于是在1987年出版《广告原理与方法》，在传播学的架构上重新定义广告学研究。他认为广告教学不仅要注重理论，也要介绍广告的来龙去脉，于是在书后附录加入四万多字的与广告历史相关的内容，"这是当代广告史研究的一个起点"。

广告史研究与中国的经济社会发展息息相关、互为表里。经过近10年资料的收集，1996年陈培爱教授完成了被学界和业界誉为"中国大陆解放后第一本较系统的广告史书"的《中外广告史》。这本书不仅奠定了中国历史广告学研究的基础，还为现阶段广告事业的发展提供了成功与失败的借鉴案例。2009年在此基础上，新订出版了《中外广告史新编》。

广告史研究与广告学学科体系

陈培爱教授认为广告学的学科体系涉及三个关键问题：

一是广告的起源问题。广告是人类有目的的信息交流的产物，他认为这一共识有助于我们了解广告发展演变的基本规律，了解广告的本质。

二是广告学的研究对象问题。他认为广告学是研究人类广告现象及其规律的科学。广告学的研究对象可分为共性研究和个性研究：共性研究是指一切社会共有的广告活动和广告事业的规律，其研究内容包括广告基本理论、广告策划、广告制作、广告管理；个性研究是指特定社会中广告活动和广告事业的规律，主要内容包括中国或西方广告的特点、功能、运行规律和原则。现代广告学主要研究对象是商业性广告，即经济广告或赢利广告，其中心问题是探讨和揭示广告活动在商品促销中的运动规律，它包括广告的基本原理、广告策划、广告设计与制作和广媒介运作。

三是广告学的学科归属问题。这是我们认识广告学学科体系的一个重要前提。当前对广告学的学科属性有三种认识：一是新闻传播学科；二是经济学科；三是艺术学科。陈老师认为，广告学属于新闻传播学科的范畴，应该强调的是，广告的本质属性是信息传递。

广告史教学方法探讨

陈培爱教授认为，作为广告学的教育工作者，如何提高广告史教学的效果，是值得学界关注的问题。广告史的研究与教学不仅是一门课程的教学问题，而且关系到广告学科与新闻传播学科的整体建设及学生的素质教育。

在具体的方法论方面，陈老师认为在广告史教学过程中，要注重史论结合、动静结合，还要注重重点与一般结合、学术性与应用型结合，深入挖掘广告史的标志性事件、人物，发挥广告"讲故事"的特点和特长，使广告史教学更加深入浅出，学生易于接受，喜闻乐见。并且，教育工作者应将广告史的教育归入素质教育的体系，注重广告史学科建设以及人才的综合素质培养。因此他提出建议：对于实践性强的广告学科，要从社会经济发展本身寻找思路；广告教育应注重时代特色，生动活泼；广告教学应在去粗取精的理性分析前提下，对于传统文化积极继承。

陈培爱教授还谈及教学方面的深度拓展问题。面对21世纪知识经济时代，大学的人才培养观亦发生了深刻的变化。一是知识经济与市场经济转型期对人才的挑战。这是一种不断创新和以人为本的经济，在人才培养方面需要增加学生的知识面，拓宽视野以增强自身的社会适应能力。二是从单纯的专业教育观转向素质教育观。21世纪新的人才培养模式具有一些共同的趋势，即向人文化、多样化、国际化方向发展，而创新是素质教育的核心。

基于上述变化，广告史教学不仅要探讨方法论的问题，而且要在更广阔的社会背景与学科建设中，发挥广告史知识上下纵横、左右勾连的重要作用。为此陈老师认为，广告史教学不但要融入社会经济的背景，还要继承优秀的传统文化，做到历史梳理与逻辑分析相结合、史料学习与社会考察相结合和合理继承与开拓创新相结合，让广告史教学在推动广告学科建设方面发挥应有作用。

广告史研究的选题与价值

针对当前的广告研究，陈培爱教授着重强调广告史研究的选题和科研价值。他指出到 2014 年底为止，中国高校广告教学点有 420 家左右，其中相当部分院校开设了"广告史"课程。广告史研究作为博士论文的选题，具有深远的价值。讲到此处，陈老师还表达了对于青年学子从事史论研究的勉励。他认为史论教育赋予博士生一个源源不断地从选题到挖掘资料的能力和基础，为进一步研究提供条件。在此基础上，学子应扎根史料，潜心研究，不可一味追逐潮流前沿。

陈老师回顾了 1983 年在厦门大学参与创建中国高校第一个广告学专业的历程，认为厦大广告学科在实务、理论、史学研究方面有浓厚的自身特色，但是要在中国四百多个广告教学点、一千多个新闻学科教学点当中找到自身定位，巩固自身地位，还需要保持竞争观念和危机意识；在抓紧学科国际化道路建设的同时，要扎实推进做好本土化进程；要立足于国内高校的竞争，提升自身排名和影响力，打造广告教学的权威平台；同时在学科架构方面，特别是博士生的选题方向上，继续开拓与史学交叉深入研究。

广告博物馆的建立和广告史实物保存现状

陈培爱老师还向与会者展示了中国传媒大学广告博物馆的资料照片。中国广告博物馆由国家广告研究院、中国传媒大学等共同发起，筹建过程历时十年，博物馆专注于广告历史、广告艺术、广告科学等见证物的搜集、保存、研究和展览，在数字资源库建设、藏品体系建设、重点学术研究等方面，已经取得一系列成果，填补了国内广告史学方面的多项空白。

陈老师对中国广告博物馆给予中肯评价，认为广告是人类智慧的结晶，广告作品是最形象的诠释时代的方法，也是记录历史和文明的方式之一。广告博物馆将这些碎片化的创意永久地凝固下来，让后人能够直观地了解到不同历史时期的社会生活图景。

作为中国广告教育的先行者，陈老师以翔实史料和亲身经历追溯了中国广告教育的历史，纵论当代广告教育学科建设及未来发展，引发了与会者的思考和热议。来自新闻系、广告系、传播系的多位老师及各研究机构的研究人员，就广告史研究和新闻传播学科的建设交流互动，各抒己见。本次茶座由厦大新闻研究所副所长曹立新博士主持，由《国际新闻界》杂志协办。

（厦门大学新闻研究所　詹长皓　张肇祺）

【8】

薛凤旋：全球第二次经济大转移与中国未来经济发展

【主讲人简介】 薛凤旋：1977年毕业于英国伦敦经济学院，获博士学位。1977—2007年在香港大学任教三十载，曾任地理系教授及系主任。2008—2013年任香港浸会大学当代中国研究所所长暨地理系讲座教授。曾先后出任港区第八、九、十届全国人大代表，香港特别行政区筹备委员会委员，香港特别行政区行政长官推选委员会委员等要职。撰写及主编著作40余部，代表作有《中国城市及其文明的演变》等。曾任中国城市竞争力研究会副会长，中国地理学会及中国经济地理学会常务理事等学术职务。

2015年4月16日下午，香港大学名誉教授薛凤旋做客"厦门大学新闻学茶座"，为茶座带来了第8场学术对话。本次茶座由新闻学研究所所长卓南生教授亲自主持。薛教授主讲题目为"全球第二次经济大转移与中国未来经济发展"，内容涉及"一带一路"倡议等热点议题，引发茶客们的热烈讨论。

薛教授首先回顾了中华人民共和国六十多年来的发展历史。他认为，中华人民共和国成立后前三十年，毛泽东领导中国人民自力更生，初步建立起独立完整的工业体系和国民经济体系。后三十年，邓小平实行对外开放政策，利用国外的资本、技术、市场，发展出口加工业，取得了GDP年增长率平均达到10%的令世人瞩目的经济奇迹。

取代"四小龙"成"世界工厂"

薛教授介绍说,英国学者 Dicken 提出,在 20 世纪 80 年代和 90 年代,全球出现了第一次经济大转移(Global Shift)。这次转移主要是西方发达国家以西方资本和市场为主导,借助集装箱、航空业等现代交通运输技术的迅猛发展,以及金融业的全球化等有利条件,保留发展高技术高附加值的产业,而将劳动密集及低增值工业转向落后或发展中国家的过程,这一过程最终催生出了一个不同于以往经济体系的新世界。

薛教授指出,在全球第一次经济大转移过程中,中国由于拥有单位工资生产力最优、丰富的资源、巨大的市场等竞争优势,加上国家实行新的改革开放政策,迅速取代亚洲"四小龙",成为国际资本新的追逐对象和最大化地接纳发达国家产业转移的"世界工厂"。伴随着这一过程,中国沿海形成了长江三角洲、珠江三角洲以及环渤海三大城市群。

金融危机带来转型压力

2008 年,西方世界爆发金融危机,此后数年国际市场严重萎缩,中国出口型经济受到较大冲击,面临着新的转型压力。薛教授将这一国际宏观经济环境的新变化描述为全球将迎来第二次经济大转移。

薛教授乐观预期,由于中国具备明显的比较优势,全球经济第二次大转移将为中国制造业及金融业向外发展提供巨大机遇,并将实现自清朝中叶以来的另一次崛起。他具体分析说,过去三十年间,中国成功利用经济全球化,已成为低档消费品的世界工厂,积累了大量资本(外汇储备在 2014 年已达 4 万亿美元)和参与国际贸易与工业管理方面的经验。尤其重要的是,中国具备西方资本主义国家所缺乏的有中国特色的"软实力",包括中国人的勤劳和节俭;个人与政府的高储蓄率;包括在体制和政策方面,中国有利于资本、资源、权力的大规模动员和有效集中。相比之下,西方资本主义发达国家,经济虚拟化、泡沫化严重,未来在经济发展和市场需求上难以大幅改善,无论是传统产业还是高档服务业,都将处于比较劣势地位。

薛教授由此预测,在承接全球第二次经济大转移过程中,中国不仅将出现世界级经济高增长，而且产业结构将产生重大变化，主要表现为高科技、资本密集的重工业、环保工业和新能源工业将要崛起，并且金融业及高端服务业将会扩大。

大有作为四大产业领域

薛教授重点介绍了中国可能在全球第二次经济大转移过程中将大有作为的四大产业领域。

第一，汽车工业。薛教授提供的数据表明，在2000—2010年间，中国汽车产销量均由全球第七上升至全球第一，生产量由2.07百万辆（全球的3.5%）增至18.26百万辆（全球的23.4%），2014年产销量均突破2300万辆。由于国内市场预计年销2500万辆便达到饱和点，近年来，中国汽车行业积极拓展外销。比如，中国自产汽车已成为南美市场上销售增长最快的汽车品牌。

第二，民用飞机工业。薛教授提供的数据表明，在1993—2013年间，中国客运量年均增长7.6%，货邮增长9.4%。2013年，民航客运量达5659亿人/公里，货邮达170吨/公里，均居世界第二位。飞机制造方面，中国最早立项研究与生产的首个民用机项目是以货运为主的"运12"，现已发展至"运12F"型，1986年首次出口斯里兰卡，到2013年共出口130架。中国首架以客运为主的轻型支线机"新舟60"在1988年立项，2000年投入商业运作，2004年首次出口，至2014年共交付270架这个系列的飞机，其中出口16个国家共88架。2008年成立中国商用飞机有限责任公司（COMAC），展开了大型客机"C919"的研制，至2014年"C919"已接到国内外订单共430架。2020年，COMAC将可能跻身全球三大飞机制造商行列，此后十年甚至可能成为全球最大飞机制造商。

第三，高铁制造业。薛教授认为，和汽车及飞机工业相比，中国高铁发展的全过程更体现了中央规划和政府主导的特点。在2006—2015年间的两个五年计划期内，中央除了建成1.6万多公里、共40多条线路的高铁网，成为拥有全球一半以上里程的高铁王国外，还发展了时速140、160、200、250、300—350及380公里的不同类型机车。中国目前已成为全球唯一档次齐全、能适应不同气候条件需求的高铁产品的生产国，其单位成本及票价只需欧洲和日本的1/2—1/3。据估计，2024年全球高铁需求总长度将达到4.2万公里，即在2010—2024年间要新建1.9万公里，海外高铁投资需求可达8000亿美元。中国无疑将在这个新市场内成为最具竞争力的投资与建造者。

第四，金融服务业。薛教授的数据表明，目前中国已成为全球外资的第三大来源，每年海外投资规模已达1000亿美元。更为重要的是，中国先后倡导设立的金砖开发银行、丝路基金、亚洲基建投资银行三家国际金融机构，可以调动的资金总额达到20万亿—30万亿美元的规模。人民币在跨国贸易和外汇市场中的角色越来越耀眼，未来打破老G3（欧元、美元、日元）的垄断，成为新一代国际储备货币的路径愈发清晰。未来20年，上海有可能成为全球新的金融中心。

薛教授最后指出，伴随着中国高铁网络的形成，中国的经济发展和城市化格局也将发生重大变化。经济上，过去以沿海为中心的经济带一枝独秀将演变为沿高铁线的全面开花，而在城市空间上，主要城市将出现以高铁站为中心的新的中央商务区（CBD）及交通导向型商住城市发展（TOD，即Transport-Oriented Development）。

如何面对挑战、走出困境

与薛教授对全球第二次经济大转移及高铁时代将带给中国经济巨大进步的乐观预期不同，参加茶座的部分师生在演讲结束后提出了自己的质疑。有的教师认为，中国城市化发展某种程度上是以农村、农业和农民的牺牲作为代价，而国家集中资金、资源带来的高效率也可能以普通民众的福利降低为代价。薛教授不同意这种看法。他强调，中国城镇化和西方城镇化的一个重要不同点是：中国没有城乡分离，城乡居民都是敬天拜祖，天人合一；西方城乡分割则比较严重。他相信高铁将为中国农村新农业的发展提供新的机遇。

另有教师提出，中国"一带一路"倡议可能会遭遇邻国以及西方世界的误解，也可能会引发强有力的竞争，中国应如何面对这种误解和竞争？薛教授回答说，我们鼓励邻国对我们的倡议作正面理解。现在有了亚投行，基建项目由需求国提出申请，由亚投行成员国经过评估论证决定是否投资，项目确定后，建设及交付使用过程都由专业机构进行监督管理——市场化选择和竞争过程决定了"一带一路"不是西方媒体所说的中国大国沙文主义或中国威胁论,而是中国投融资和外交的双重革新。

最后,主持人卓南生教授在总结时也谈了自己的看法。他认为,全球经济大转移对于未来中国经济而言,既是巨大商机,也是严峻挑战。从东南亚的角度来看,他表示"一带一路"引发的新一波中国威胁论,有来自外部竞争者,也来自中国国内个别学者和媒体对于中国梦的错误诠释——即将强国梦与历史上的朝贡体制等同看待,或者将"一带一路"与马歇尔计划相提并论——这些引起误解的解读,可以说是反映了学术上的浮躁与对历史认识的欠缺。卓教授指出,经济至上主义不该被提倡,中国"一带一路"倡议只有回归到万隆会议(1955年)的精神,才会真正受到国内外的热烈欢迎和支持。

(厦门大学新闻研究所　曹立新　王杰　周青)

【9】

刘永华:"新媒体"与"乡下人": 明清时代的文字下乡问题

【主讲人简介】刘永华: 厦门大学历史系教授,2004年获得加拿大麦吉尔大学(McGill University)东亚系博士学位。主要著作有《礼仪下乡:明代以降闽西四保的礼仪变革与社会转型(1368—1949)》(英文,2013)(中译本,2019);主编《中国社会文化史读本》(2011)等,并担任《历史—人类学译丛》执行主编。

时下,新媒体成为最热门的一个话题。"新"与"旧"是一组相对的概念。在不同的历史阶段,"新媒体"有不同的内涵。所谓"新媒体"是指相对于原有的媒体(旧媒体),随着媒介技术进步而带来的新的传播方式的改革。在2015年5月18日晚上第9期厦大新闻学茶座上,刘永华教授正是基于这一视角来探讨明清时代的文字下乡问题,与来自厦大新闻传播、人文、外文学院的师生,以及厦门市媒体界的朋友近40人分享他的研究成果。本次茶座由厦大新闻研究所主办,由《国际新闻界》杂志协办,曹立新副教授主持。

刘永华现任厦门大学历史系教授、博士生导师。长期从事明清以降中国社会文化史、社会经济史、当代西方史学理论等研究。在本次茶座上,刘永华从四个方面梳理了明清时代的文字下乡问题:一、问题起源;二、时代背景;三、作用机制;四、未来工作。

首先,刘永华介绍自己关于"明清时代的文字下乡问题"的研究起源于马歇尔·麦克卢汉(Marshall McLuhan)在《谷登堡星汉璀璨:印刷文明的诞生》中"媒体与人类文明演进的关系"的论述,以及费孝通在《乡土中国》中关于"文字下乡"观点。

麦克卢汉认为，媒体与人类文明演进的关系可以划分为三个大的阶段，试图以此来把握媒介变化对人类文明的影响：从口头文化到文字社会、从抄本时代到印刷时代、从印刷书到电子媒体。其中特别着重研究印刷技术发明后媒介的新变化及其传播对人类社会文明的影响。"……《谷登堡星汉璀璨》是要追溯，人们的感受形式、精神面貌以及表达方式是如何首先被表音字母，然后被印刷术改变了的过程。"

费孝通《乡土中国》对于"文字下乡"的问题从文字在时间、空间的两个维度上进行分析论证，得出的结论是，对于中国传统的乡土社会，文字对乡民的"不必要性"。费孝通认为，中国文字从产生之日始就具有"庙堂性"，与基层乡土社会存在着较大的距离。中国乡土社会较为封闭，人与人的关系主要是血缘和宗亲关系，生活方式和交往方式相对固定，以面对面的亲密接触和口耳传播为主，因此，"没有用字来帮助他们在社会中生活的需要。……如果中国社会乡土性的基层发生了变化，也只有发生了变化之后，文字才能下乡。"

对此，刘永华有不同的看法。他认为，费孝通在《乡土中国》中研究的乡土中国与文字下乡之间的关系并不具有典型性。尽管文字具有庙堂性，但是随着明清时期社会经济的活跃及印刷术广泛运用于书籍出版物，"文字下乡"在明清时期就已经开始了。

其次，刘永华从"识字率"和"印刷书"两方面来探讨明清时期文字下乡得以实现的条件。

在"识字率"方面，刘永华列举了 Evelyn S. Rawski（罗友枝，1979）、John L. Buck（1933）、Wilt L. Idema（1980）等学者的研究成果，认为清代中国男性识字率约为 30%，即在 3—4 户核心家庭中就有一位男性识字。当然，这一比率普遍认为偏高。当前学界对识字能力有两种不同的理解：一种是适用于日常生活的定义，一种是适用于书籍阅读的定义，两者的要求有相当大的差距，这也是影响识字率测量的重要因素。总而言之，识字率的提升，使文字下乡更有可能。

至于"印刷书"的普遍，刘永华引用了日本学者大木康《明末江南的出版文化》（1991，2014）指出，明代嘉靖、万历年间，中国印刷书籍呈现飞跃式的发展。Cynthia J. Brokaw（2007）对清代和民国时期四堡书市的研究发现，当时，在一些经济相对落后的地区，发展出了书籍印刷和交易的据点，并逐步形成书籍印刷交易中心。刘永华认为，这些中心据点,比如四堡、浒湾、马岗、岳池等,所印书籍普遍质量粗糙,价格低廉,以社会下层读者为主,销售网络向经济较落后地区发展。这些区域性书籍印刷和交易中心的兴起是因为开拓了经济较不发达区域社会底层的读者群体,从而使文字下乡的条件更为成熟。

再次,刘永华从中国乡土社会的基层行政组织、经济生活、乡族关系以及宗亲仪式等方面探讨了明清时期文字下乡的机制问题。

刘永华并不否认文字的"庙堂性",文字从一开始就是与很复杂的政治体制相适应,与国家和宗教(国家性)紧密相关的。但是,随着中国官僚体制的发展,到了明清时期,文书对于整个官僚体制越来越重要,对文书的需求扩展到了基层官僚体制。如明清时负责赋税、徭役、治安等的里甲制、保甲制,以及登记户口、土地的黄册、鱼鳞图册、清册供单,以及乡约等涉及基层的文书事务,需要登记或签名。显示地方对于文字生活的需求(在这一过程中,识字者具有优势并受人尊敬),再加上行政的推动力,从而增加乡民识字的动力。

文字对经济生活的影响更大,所有的土地契约、账簿、商业书信、银票等均需要文字书写,而明清时期中国民间社会经济生活的活跃大大增强了文字下乡的动力。

在乡族关系方面,中国传统的基层社会是以宗族和村落组织所形成的乡族关系。乡族关系中,也涉及大量的文书事务,比如分关、账簿、谱牒等等。

在基层社会,"仪式"是民间社会生活的重要活动,涉及宗亲、宗族、家族活动,以及其他民间活动的各方面。在其中,也有大量文书使用的场景,如家礼簿(婚丧嫁娶)、祭祀文本、科仪书、度牒等等,不一而足。

为了说明上述问题,刘永华在茶座上分享了他在基层各地调研时收集到的大量珍贵的原始资料,包括民间土地交易的"纸包"、借贷活动的"借贷账""分关""家先单"等原始文书凭证。

最后,针对明清时期文字下乡问题,刘永华提出了未来研究工作的设想。

他认为,未来的研究工作可以从以下几方面去推进:其一是识字率问题,特别是识字能力定义标准以及识字率测量标准;其二是文字与乡民生活要以历史人类学研究方法进行,要立足于社区研究,紧扣文字与日常生活的关系，从历史纵深探讨文字影响乡民生活的方式；其三是考察新媒体是怎样改变乡村世界的。涉及的问题包括：口头传说受到多大冲击？感知方式如何被改变？文字的权威性如何确立？文字如何改变人际关系？等等。

　　刘永华的主题报告之后，与会者就他报告的内容及提出的问题进行了热烈的讨论，碰撞出了许多思想的火花。原定两个小时的茶座时间最后延长到三个小时才结束。

（厦门大学新闻传播学院　唐次妹）

【10】

李泉佃：媒体融合的国家战略

【主讲人简介】李泉佃： 高级编辑，2001—2018 年担任厦门日报社党委书记、总编辑、社长、厦门市委宣传部副部长。出版《私享集》《碎片集》《涂鸦集》《乱炖集》和《微言集》等著作，获评国务院政府特殊津贴、全国新闻出版行业领军人才、福建省新闻出版行业拔尖人才、福建省文化名家等称号。曾任中华新闻工作者协会理事、福建省新闻工作者协会副主席、厦门市新闻工作者协会副主席。

2015 年 6 月 4 日下午，由厦大新闻研究所主办的"厦大新闻学茶座"第 10 期在新闻传播学院会议室举行。厦门日报社党委书记兼社长李泉佃应邀做客本期茶座，展开了以"媒体融合的国家战略：构建新型主流媒体"为主题的长达 3 个小时的报告与讨论。本次茶座由厦大新闻研究所所长卓南生教授主持，由《国际新闻界》杂志协办，来自新闻传播学院、公共事务学院、厦门日报社等单位的 30 余位学者、媒体工作者和研究生参加了本次茶座。

主讲者李泉佃具有 30 多年的传媒工作经验，2001 年起担任厦门日报社总编辑、社长，其间，厦门日报社跻身"中国百强报刊""全国城市党报五强"第一名。作为全国新闻出版行业领军人物，李社长针对茶座主题，开篇就指出了自己所面临的困境是"老报人遇上了新问题"，媒体走到了今天，不要说跟 30 年前，就是跟 5 年前相比，都发生了天翻地覆的变化。那么，在这样的媒介生态环境之下，如何构建新型主流媒体，李社长为我们带来了他的思考。

媒体融合发展的背景

2014年是我国接入世界互联网20周年,也是媒体融合元年,2015年媒体融合全面展开。李泉佃首先梳理了这一年多以来媒体融合发展的关键性会议和重要讲话。

2014年2月27日,习近平总书记在中央网络安全和信息化领导小组第一次会议上指出:"做好网上舆论工作是一项长期任务,要创新改进网上宣传,运用网络传播规律,弘扬主旋律,激发正能量,大力培育和践行社会主义核心价值观,把握好网上舆论引导的时、度、效,使网络空间清朗起来。"① 4月23日,中共中央政治局委员、中央书记处书记、中宣部部长刘奇葆在《人民日报》发表署名文章《加快推动传统媒体和新兴媒体融合发展》。8月18日,中央全面深化改革领导小组第四次会议审议通过了《关于推动传统媒体和新兴媒体融合发展的指导意见》(以下简称《意见》),习近平总书记强调,推动传统媒体和新兴媒体融合发展,要遵循新闻传播规律和新兴媒体发展规律,强化互联网思维,推动传统媒体和新兴媒体在内容、渠道、平台、经营、管理等方面的深度融合,着力打造一批形态多样、手段先进、具有竞争力的新型主流媒体。② 8月26日,刘奇葆在学习贯彻习近平总书记关于媒体融合发展重要讲话精神座谈会上指出,要尽快在媒体融合发展上见到成效、取得突破。③ 11月19日,习近平给首届世界互联网大会致贺词指出,互联网日益成为创新驱动发展的先导力量,深刻改变着人们的生产生活,有力推动着社会发展。④

2015年3月,"互联网+"行动计划首次被写入政府工作报告;宽带提速降费成为"总理工程";5月18日,习近平在中央统战工作会议上发表了重要讲话,提出"要加强和改善对新媒体中的代表性人士的工

---

① 《习近平:创新改进网上宣传 把握网上舆论引导的时度效》,新华网,2014年2月28日。
② 《习近平:着力打造一批具有竞争力的新型主流媒体》,人民网,2014年8月18日。
③ 《刘奇葆在学习贯彻习近平总书记关于媒体融合发展重要讲话精神座谈会上强调:加快推动传统媒体和新兴媒体深度融合》,新华网,2014年8月26日。
④ 《习近平向首届世界互联网大会致贺词》,新华网,2014年11月19日。

作",建立经常性联系渠道,加强线上互动、线下沟通,引导其政治观点,增进其政治认同。让他们在净化网络空间、弘扬主旋律等方面展现正能量。①

这一系列的会议和重要讲话、署名文章都说明,媒体融合已经进入到我国最高决策层的顶层设计,成为我国全面深化改革的重要国家战略。李泉佃认为,中央重视媒体融合和新型主流媒体的建构,说明当前有些媒体问题已积重难返,只有从高层重视起来才能从根本上解决问题。

深化媒体融合的三个认知

李泉佃提出,媒体融合已从媒体自觉上升到国家战略层面,不仅事关传媒人的职业命运突变,事关媒体发展战略方向,也事关国家经济社会发展中的舆论生态,甚至是国家在国际上的形象与软实力。对于媒体从业者和媒体教育者来说,要深化三个方面的认知:

首先是变革——中国已成为全球最庞大、最复杂、最喧嚣的舆论场,网络已从边缘媒体变身为新闻传播主阵地,也成为舆论斗争的主战场。

其次是融合——第一阶段,传统媒体建设新兴媒体,"你是你、我是我";第二阶段,传统媒体与新媒体互动发展,"你需要我、我需要你";第三阶段,二者开始融合,"你中有我、我中有你";最终将形成一体化:"你就是我、我就是你"。

再次是探路——大家的共识是:"用户至上,主流声音"。

李泉佃用《人民日报》打造的全媒体新闻"中央厨房"、新华社新媒体专线、"澎湃"新闻客户端、中央电视台台网融合运行模式、《厦门日报》新媒体中心、《纽约时报》等例子来分析媒体融合的发展道路。

---

① 《习近平:要加强和改善对新媒体中的代表性人士的工作》,新华网,2015 年 5 月 20 日。

应对三大挑战，从四个方面推动媒体深度融合

李泉佃认为目前新闻媒体行业面临着三大挑战：一是完成战略观念转型、适应全新传播生态环境的挑战；二是学习互联网环境下生存模式的挑战；三是平衡国家、社会、商业三方利益的挑战。

对此，李社长提出要从四个方面推动媒体的深度融合。

首先是对整个媒体集团的生产流程再造。《人民日报》已经开始实行即时新闻发布，他们的发稿流程顺序是"双微"、移动终端、网站、报纸；《人民日报》现在的许多重大新闻、突发性新闻的发布，都走在新华社前面，即使是抢先一秒，他们也要抢。因此，李社长建议对重大新闻、突发性新闻，给媒体发稿自主权。

第二是组织结构的调整。现在传统媒体的组织机构，都是沿袭了十几年，甚至是几十年的架构。调整架构，上级组织部门等，要充分尊重媒体单位意见，遵循传媒发展规律。因为传统媒体，许多设置、职务，还是依照机关办法，这明显行不通了。李社长建议开展传统媒体与新媒体组织形式的考察和调研，找出适合融合发展的组织架构。

第三是人才、技术、资本三者共同驱动。传统媒体，尤其是报业，五六十年历史的比比皆是，体制制约，人员老化，负担太重，难以轻装上阵。技术上，我们只能借船出海，靠自己开发几乎不可能。资金投入是关键，中央财政除了加大对央媒融合发展的扶持外，还将成立全国性基金。中宣部已决定成立融合发展基金、融合发展人才库，可为各地提供这方面的咨询、辅导。

第四是采编和经营、服务的重整。最终考察媒体融合程度的关键性指标，是媒体与用户的融合程度。只有应天时、拥地利、通人和、尽人需，才会赢。传统媒体失去了社会信息整合平台的地位，从而失去了"议程设置"的功能，也失去了作为商业信息传播主渠道的价值。因此，构建起传媒平台，充分发挥社会信息整合平台的功能，才能更好地构建起新型主流媒体。

李社长总结认为，中央全面深化改革领导小组出台的《意见》，标志着中国又勇敢地闯入一个改革深水区。新媒体正在一点点撬动媒体的传统观念，移动互联网正在成为重要的媒体平台，传统媒体面对新媒体需要新思

维，二者之间不是对立的，而是要优势互补，既要保持传统媒体的价值和灵魂，又要以新媒体的基因来改造传统媒体。中国当下的媒体融合发展有其内在的特殊性，不是单纯依靠媒体自身的转变就可以完成，必须依赖媒体、主管部门、受众以及市场四方之间的良性互动，才能成功打造新型主流媒体，完成媒体融合的国家战略。

茶座上，李泉佃社长与老师和同学们针对新闻教学如何跟上媒体融合的变革、网络舆情、媒体与学校的合作方式等问题进行了深入的交流。

卓南生教授最后总结发言，认为新闻传播学界面临着很多新的挑战，新闻教育也面临着必须要改变的一些困境，但从世界新闻发展史来看，虽然旧媒体一直会面临着新媒体的挑战，但因其各有优势，所以旧媒体不会被淘汰。面对冲击，我们要成为新媒体的主人，而不是奴隶。在未来，融媒体的产品也不应是纯商品，它是一种特殊商品，要特别强调新闻伦理问题，无论做什么样的新闻都必须坚守道德底线。同时，作为新闻教育工作者，我们要认清我们的培养目标，有些科目必须要调整，有些科目仍然要坚持。

（厦门大学新闻传播学院　孙慧英）

【11】

俞力工：从维也纳看欧洲媒体的亚洲报道

【主讲人简介】俞力工：政治评论专栏作家、台湾世新大学教授。1947年生于上海，1949年随父母迁居台湾，1964年初中毕业即前往欧美留学，现居奥地利维也纳。曾任欧洲华文作家协会会长，先后在旧金山州立大学、维也纳大学、西柏林自由大学、海德堡大学、法兰克福大学的政治学系、社会学系学习与研究。著有《后冷战时期国际纵横谈》（1994）、《反恐战略与文明冲突》（2008）等。

"我们只要接触到欧洲媒体上出现的任何重大新闻，首先就会敏感地去提一个问题：这是不是欧洲观点？是不是奥地利观点？或者是不是西洋观点？还有是不是美国观点？这是个非常重要的问题。"

2015年6月21日下午，著名国际时评专栏作家，台湾旅欧著名学者俞力工教授在做客第11期"厦大新闻学茶座"时的开场白中就点出洞察西方媒体报道背后所隐藏的价值立场、意识形态以及国家利益导向对从事媒体工作的人而言是十分敏感而重要的。那么，究竟欧洲媒体是如何报道亚洲，尤其是中国的呢？欧洲媒体与美国媒体在新闻生产中存在怎样一种关系？西方媒体对待中国的态度又发生过哪些变化？俞力工教授以"从维也纳看欧洲媒体的亚洲报道"为题，与大家分享了他旅居欧洲数十年对西方媒体的深入观察与思考。

欧洲媒体新闻报道的议程设置

俞力工教授首先从一则关于"中国毒奶粉在奥地利散播"的头条新

闻说起。他通过对这则新闻的线索及来源追踪发现,事件起源于一家中国餐馆被查出含有三聚氰胺的进口奶茶,但由于并非用于销售,卫生局认为不会对奥地利食品安全造成问题,但还是例行公事地公布了这一消息。这一消息先被路透社报道,未做过多渲染,然而消息到了 CNN 手里时,就突然成了头条。"奥地利的报纸杂志每天早上决定它的议题的时候,会参考 CNN、BBC 和路透社的消息来源,这是它主要的参考来源。它也不追究这个新闻的真实性是怎样,反正是和奥地利的卫生有关,它就把这个消息当作头条报道出来了。"可见,欧洲媒体在设置新闻议题重要性的排序时,很大程度上受到了国际主流媒体的影响,而美国的影响尤其显著。

对于国际主流媒体的有意引导,俞力工教授认为我们不可轻视这种引导,尤其是当报道不直接涉及中国时,往往会忽略西方媒体隐藏其中的意识形态立场。他批评中国国内最初对于伊斯兰国家的报道就是按照西方所摆布的棋谱来报道的,由于缺乏伊斯兰国家相关知识,我们成了被动的受方,信息的受方。他指出:"如果我们(媒体工作者)没有一个充分的训练,没有对过去知识的一个认识,我们就等于是做西方国家的喉舌。"此外,在谈到德国的《明镜》电子报时,俞力工教授强调:"它对中国有利的新闻不是没有,但滚动式的消息三五个小时就会过去,可是如果有哪个消息对中国不利,它可以维持五六天。这就是西方媒体采取的一些措施,这就是它在进行议程设置的时候非常巧妙,一方面维护了它的自由性,另一方面又造成了很大的杀伤力。"的确,在国际传播格局极度不平衡的现实下,如何不受西方摆布,如何发出我们自己的声音已经成为华人国际传播学者共同努力的目标。

"结构性切割":中国观点的缺席

作为国际时评家,俞力工教授一直致力于在西方世界发出中国人的声音,然而他发现西方媒体关于中国的声音是有选择的。"一直到今天,如果你以华人的名字写一篇政治评论,要在欧洲、美洲的政治报纸上出现,是不容易的,除非你是攻击中国,但是如果你想替中国政府辩护,就非常困难。"他将西方媒体的这种选择性报道叫做"结构性切割",即有些新闻根本就不上报。他认为,这种现象无论在欧洲或是美国都没有太大差异,"国际媒体已经相当一体化了。媒体要宣传的时候是一窝蜂的,几乎是同步,不宣传的时候这个事情好像从来没发生过。"

俞力工教授进一步分析了中国观点缺席的背后与美国的新保守主义思潮有关。其中,亨廷顿的"文明冲突论"就曾让奥地利这样一个中立国家的国防部根据其理论绘制战略地图并分发到附属 500 多个机构,其影响可见一斑。俞力工教授认为,亨廷顿的理论对伊斯兰国家、对中国社会是十分不利的。"因为他说这两个社会可以现代化,但是不可能西化,因为他们没有古希腊文化和基督教的泉源,他们就永远无法理解我们西方的真谛,因此对世界文明不会有正面的贡献。"在这里俞教授特别提醒的是,当我们接触到很多西方对伊斯兰教的诋毁攻击时,我们不要太过大意,因为稍微转变一下台词,对象就可能变成儒家文化。而且现在所谓的美国的"战略伙伴",也可能在一夜之间就变成它的战略对手。

当分析到文化这一层面时,俞力工教授剖析了"欧洲中心主义"的建构过程,"从来就没有什么希腊文化的产生,希腊文化是基督教发达以后,在文艺复兴时代慢慢开始酝酿,为了塑造整个文化中心主义、欧洲中心主义,慢慢建立起来的这样一个文化观。"而媒体也毫无疑问参与了这样的建构。

欧洲媒体对中国态度的变化

无论如何,文明的进程与中西文化的交流确实在很大程度上影响了西方媒体对中国的态度。俞教授指出,"欧洲在文艺复兴以前,和中国基本上没有什么接触,因为当时被视为'蛮族',那时英国对中国有什么新闻报道吗?没有,德国、法国也都没有。那从什么时候开始,中西两个文化开始有交集,严格讲起来还是从利玛窦开始,这个时候,因为他们的文化比我们落后,因此从 17—18 世纪的启蒙时代,西方的媒体对中国的文化一致推崇。"俞教授认为,当时的中国不只是对自然界的控制支配能力超过西方,对社会的治理能力也超过西方,比如科举制度。"中国的知识分子主要的思考就是如何建立一个和谐的社会,让社会顺利地进展。与此相反,西方完全是世袭,父亲做宰相,儿子就有做宰相的可能性,而且阶级之间是不通婚的,如果你通婚就会丧失阶级利益，这在中国是不存在的。"

如果说西方媒体曾经对中国推崇有加，那么又是从何时起开始转变了呢？俞力工教授认为从工业革命开始，"我们落下了工业革命的历程，历史就改观了，从这个时候开始西方的哲人、政治家几乎很少再去歌颂中国，中国过去是文明先进的国家，突然就变成落后的国家。"欧洲媒体对中国的报道从这个时代开始整个改观，从此把中国贬得一文不值。而这种局面随着国际格局的变化也会出现相应的变动。比如，俞力工教授认为朝鲜战争的爆发促使了美国将中国当作敌人，而1969年的珍宝岛战争则又让美国采取"联中抑苏"的战略，中美紧张关系有所松动，也为中国改革开放创造了有利条件。他认为这一切之所以重要是因为涉及西方媒体，尤其是欧洲媒体对中国的态度。很大程度上，欧洲媒体看的是美国对中国的政策发展到什么地步，采取什么态度。

随着中国经济的发展，西方媒体对中国的好感度一直在增加，直到2003年SARS爆发。俞力工教授认为："就是从那个时候起，可以慢慢观察到欧洲媒体对中国的报道开始跟着美国，对中国的负面情绪越来越激烈。比如像中国的有毒玩具，中国对南欧一些国家进行工业产品比如皮革制品、纺织品的大量倾销，对社会经济所造成的一些破坏等等。这些铺天盖地的宣传从2003年就开始不断地进行，其中还包括西藏问题。"最后，俞教授还讨论了西方对中国、对"阿拉伯之春"报道出现的新现象，包括大量利用非政府组织，利用公关公司，还包括在世界各地组织年轻人去参与一些新媒体的培训工作，创造新的价值观，时髦的口号，甚至年轻的领袖等。他认为这些现象已经存在，这些技巧正在有意识地大规模地运用于不同的国家，值得我们关注与警惕。

俞教授的发言引起了在场师生热烈的讨论。厦大新闻研究所所长、茶座主持人卓南生教授在总结时指出，俞教授的观察和他数十年来对日本媒体的观察，在许多方面与事实有不谋而合之处，值得重视。

（厦门大学新闻传播学院　乐媛）

【12】

卓南生：呼之欲出的"安倍谈话"与战后日本70年

【主讲人简介】卓南生： 1942年生于新加坡，早年在新加坡华中和南洋大学受教育。1966年负笈东瀛攻读新闻学，毕业于早稻田大学政治经济学院新闻系，后获立教大学社会学（专攻新闻学）博士学位。1973年返回新加坡，历任《星洲日报》社论委员兼执行编辑、《联合早报》社论委员兼东京特派员。1989年转入学界，先后在东京大学新闻研究所、京都龙谷大学任教，现为龙谷大学名誉教授、北京大学客座教授、厦门大学新闻研究所所长。主要中文著作有《中国近代报业发展史1815—1874》（增订新版）、《日本的亚洲报道与亚洲外交》和《卓南生日本时论文集》（全三册）等。

2015年7月12日下午，由厦门大学新闻研究所主办的"厦大新闻学茶座"一周年纪念活动在厦门大学新闻传播学院旧楼举行。新加坡旅华学者、新闻研究所所长卓南生教授以"呼之欲出的'安倍谈话'与战后日本70年"为题，围绕近几个月以来媒体对"安倍谈话"报道与评论所存在的问题点与偏差，及以往"村山谈话"等的时代背景，同与会者进行了深入探讨和广泛交流。

本次茶座由《国际新闻界》协办，由新闻研究所副所长曹立新博士主持。曹博士从老一辈报人《大公报》主编王芸生倡议花几年时间研究日本的事例出发，结合中国近代以来对日研究的实际引出主题。

卓南生教授开宗明义地提出，舆论界过于聚焦"安倍谈话"对中日关系或日亚关系造成的影响并没有任何实质意义。他首先基于自己长期对日本政界的观察指出，第一次安倍内阁时期也许人们还看不清安倍的真面目，因为他在靖国神社参拜问题上采取模糊战术——"不说去也不说不去"，但当他下台后便表示对没有去参拜后悔不已。安倍再次登台后的诸多言行已经表明了他对三个谈话（即"宫泽谈话""河野谈话"和"村山谈话"）的否定，所以即使他口头上继承了三个谈话，也不过是为了应付日本国内外的舆论装腔作势而已。小泉首相在任时，一边连续六年明目张胆参拜靖国神社，一边在万隆会议上照念"村山谈话"经，充分说明了日本首相是否重念"村山谈话"并非问题的关键所在。说得确切些，哪怕安倍一字不误地念村山经，也不意味着日本就走和平之道。何况安倍早已表态他将会曲线表达其历史观。从这个角度来看，围着"安倍谈话"团团转显然是上了日本传媒"议题设定"的当。

另外，卓教授从一名东南亚报人、学者的视角出发，认为所谓"亚洲两强论"，背后是日本保守派将"中国威胁论"重新包装后的新瓶装老酒，目的是为实现日本整军、修宪制造舆论，值得进一步思考。

"战后"究竟是怎么一回事？

卓教授结合自身早期的留学经历，对20世纪六七十年代战后日本的社会气氛进行了勾画。他指出，当时日本的大众传媒兴起"怀古情调"的热潮，认为战后的日本社会普遍缺乏大和民族的精神与灵魂，因此有必要以各种方式怀念战争、纪念战争。最有代表性的是《读卖新闻》，这家报纸热衷于影印战前报纸材料，纪念太平洋战争，其中最醒目的头版头条新闻标题是"万岁，新加坡陷落！"，为大东亚战争的最盛期感到骄傲，欢呼大英帝国走向崩溃，渲染"大日本帝国最光辉的一页"。在传媒的鼓动下，《练兵手册》和战前的《小学教科书》等成为当时的畅销书，军歌也很受欢迎。与此同时，鼓吹侵略战争是不得已而为之的理论也被公然提倡，令人感到不可思议。

不过，尽管如此，当时还是有一部分反思的力量。卓教授以日本作家石川达三为例，指出他曾在《战争足音频频可闻》的一篇文章中写道："（战争）并不是一朝一夕突然爆发的，它是经过30年、40年的长期准备"，"战后的25年，日本是否已不再是'战争'准备期呢？不，在我们的周围，同样的准备正在开始……这是最近以来令我感到担心的一件事情"。

当时在"复古情调"之外,日本社会还弥漫着"反战""厌战""恐战"情绪,"人人喊反战""好男不当兵",不愿把子女送上战场。正因为如此,每年自卫官的招募工作都缺乏人气。针对当时日本社会普遍存在的"厌战"和"恐战"的气氛,日本右派很失望,最有代表性的是右派作家三岛由纪夫跑到自卫队的本部,切腹自杀,轰动全世界。

医治"厌战病""恐战病"

面对"反战""厌战""恐战"的时代潮流,日本当局将分化这三种力量视为当务之急。背后的潜在逻辑是:日本偷袭珍珠港,跟美国闹翻,对日本不利,所以战后日本应该跟美国搞好关系。他们看到,坚定的"反战"分子毕竟是少数,只有把"恐战"和"厌战"这两股力量从"反战队伍"中分割出来,才能达到目的。

于是,当局着手修改历史教科书。1982年,日本教科书中的"侵略"被改为"进出",正是在这样的背景下出笼的,其结果是反对日本篡改教科书成为一股洪流。以"进出"代替"侵略",引起了国内外舆论哗然,最后只好由时任内阁官房长官宫泽喜一发表"宫泽谈话",强调今后的历史教科书将"照顾邻国的感情"来收拾残局。卓教授强调,历史大是大非的问题与是否"照顾邻国的感情"是两码事。紧跟着"宫泽谈话"的基调团团转,无疑是模糊了大是大非的焦点。除了对历史教科书的修改,靖国神社的参拜也被当局视为治疗"厌战"和"恐战"病的有效良方。1985年8月15日,中曾根康弘打破前例,以首相身份率领18名阁僚公式参拜靖国神社。这与他上台后不久在自民党代表大会上提出的"战后政治总决算"的路线紧密挂钩。这条基本路线迄今对日本保守政坛与保守舆论有着巨大影响。

"修宪最大障碍物"寿终正寝

卓教授指出,90年代日本政治气候发生了重大变化。"非自民党联合政府"于1993年诞生,细川护熙出任首相。紧接着,1994年时任社会党党首的村山富市出任日本首相,成立被称作"脸孔为社会党、身体为自民党"的联合政权。自此,成为自民党小伙伴的社会党将其建党家底卖得一干二净。被日本保守派视为"修宪最大障碍物"的社会党最终被迫易名为"社会民主党"。卓教授指出，当社会党与自民党的卖点相同的时候，社会党的支持率一落千丈。也正是在社会党沦为配角，冀图扭转劣势的背景下，"村山谈话"出台了。同"宫泽谈话"一样，"村山谈话"遂成为日本当局应对外国人批判日本从未道歉的挡箭牌。就连六年六拜靖国神社的小泉也照念"村山谈话"经。可见，"村山谈话"的分量和妙用。

卓教授指出，从修改历史教科书到首相参拜靖国神社，再到社会党随着其党首村山富市出任首相而使得战后最大的一股护宪和平力量式微，日本社会逐步走向总保守化。而其间出台的"村山谈话"，除了要聊表社会党"反战"精神犹存之外，对日本国内的右倾化并没有起到实质的牵制作用。由此可以预见即使"安倍谈话"如期出炉，无非是"'反省'＋'未来志向'"的表述，其本质将离不开推售"修宪内阁"的"积极的和平主义"。

最后，卓教授再三强调铭记历史教训，居安思危的重要性。

重视基础研究　加强涉外报道

本次茶座的出席者30多人，主要是来自新闻传播学院的资深教授以及外语学院、国际关系学院和嘉庚学院等的青年教师、博士和硕士研究生。在互动环节，出席者围绕"安倍谈话"主题所引发的对日研究、报道及中日关系等问题与卓教授进行了广泛、热烈和深入的交流。

针对出席者们普遍关切的在对日报道中如何避免紧跟日本舆论指挥棒的问题，卓教授以第三者的角度，指出最大的问题是：中国学日语的人很多，留学日本的人也不少，但真正研究日本问题的人似乎并不多，对日研究缺乏持久的热情，对日报道和对日研究也缺乏连续性。很多研究者在没有形成自己的一套基本看法之前，欠缺主体性，经常从日本的书刊找灵感，这是无可厚非的，可以说是一个过程。但长远来看，必须对日本有深入的研究，才能够透过灰色地带看清真相。有些灰色地带是官方为了试探和诱导舆论走向，故意通过记者俱乐部发放的风声。对于日本首相的"外交秀"和与此相配合的"试探风球"需要谨慎，否则有时将会跟着花边新闻跑而漏掉主要问题。尤其是要小心对待日本报章上出现的"亲华分子"或"反华分子"的简单标签与报道，如同"亲日""反日"等字眼一样在逻辑上很可能是战时用语的延长。

另外，卓教授指出对于扮演"小骂大帮忙"角色的日本某些大报所释放的类似言论有必要揭穿和驳析。他以石原慎太郎提出的"购岛"方案为例，指出有些华文媒体根据日本某些报章认为石原"只是地方首长"或者"使用东京都市民税金"购岛并不妥当，便报道日本媒体反对石原购岛，渲染石原慎太郎已经四面楚歌。而实际上当时日本国内赞否两派在争议中达到的共识是由国家出面购岛，将之"国有化"。在中日相互报道中，中国的对日报道，报喜不报忧的现象严重。当前日本要修改宪法，右翼已经不是"一小撮"，积极反对修宪的反而成了"一小撮"，因此，要珍惜这些坚持原则的日本人士。大江健三郎等开明知识分子批判日本购岛的新闻在中国被低调报道；日本已故历史学者井上清关于钓鱼岛的著作迄今未被重版令人感到难以理喻。

部分出席者就钓鱼岛争端以来日本加速修宪、整军，面对中日间不断升级的摩擦应该怎样看待和对应的问题与卓南生教授进行了讨论。卓教授强调，中日关系走向紧张不是从今天开始的，需要跳出"中国抬头"（中国国力的增强）导致中日摩擦加剧的舆论误区。中日关系无法改善，不单单只是东京能否调整心态或接纳中国崛起的问题。

1952年4月28日同时生效的两个条约，即《旧金山和约》《日美安全保障条约》和同一天签署的《日华和平条约》（"日蒋和平约"）。这三个条约可以说已决定了往后中日的基本关系，直到1972年日相田中角荣访华为止。冷战之后日本鹰派在教科书和靖国神社问题上快马加鞭贯彻战前思维，史观摩擦更成为日本与亚洲邻国包括中日关系恶化的主要根源。

卓教授指出东京今日大打"三张半王牌"，即"中国威胁论牌""两岸分裂牌""北京怕乱牌"和逐渐失灵的"经济牌"。北京如何消除周边国家（特别是东南亚诸国）不受"中国威胁论"所惑，反打"经济牌"和疏导民意、同"有理、有利、有节"的外交政策保持一致，也许是考验北京应对"总保守化"（日本美其名为"积极和平主义"）战略的试金石。

本次茶座在热烈的讨论气氛中圆满结束，成立一周年的厦大新闻研究所放眼世界、脚踏实地的研学精神得到出席茶座的厦大新闻传播学院院方领导和资深教授等的充分肯定和大力支持。

（北京大学新闻学研究会助理研究员　吕艳宏）

【13】

陈孔立：两岸媒体的"同"与"异"

【主讲人简介】陈孔立：厦门大学台湾研究院教授，长期从事台湾历史、台湾政治、两岸关系的研究。曾任厦门大学台湾研究中心顾问兼学术委员会主任，中国社会科学院台湾史研究中心副理事长，中国史学会理事，全国台湾研究会常务理事。受聘为中共中央外宣办台湾问题对外宣传专家咨询组成员、国台办海峡两岸关系研究中心特约研究员。主要专著《清代台湾移民社会研究》《台湾历史纲要》《台湾学导论》和《台湾民意与群体认同》等。

2015年9月18日下午，厦门大学台湾研究所原所长陈孔立教授应邀为厦门大学新闻研究所主办的新闻学茶座主讲"两岸媒体的'同'与'异'"。陈教授是台湾研究界的元老之一，在海峡两岸享有极高声誉，向以"创新"和"敢言"著称，他做客茶座，吸引了来自校内外的老师、学生、媒体界以及其他关心两岸问题的人士参与。当天下午，厦门大学新闻传播学院四楼会议室济济一堂，气氛异常热烈。85岁高龄的陈教授声音洪亮，观点新颖有力。

两岸媒体对连战参加中国抗战
胜利70周年大阅兵的不同呈现

陈教授在他的发言中并不单纯谈两岸媒体差异，而是通过两岸媒体差异延伸到两岸文化差异及两岸的认同差异问题。他认为，这是影响两岸关系的根本问题，必须正视并认真地对待。

陈教授以国民党荣誉主席连战来大陆参加中国人民抗日战争暨世界

反法西斯战争胜利70周年纪念活动时，海峡两岸媒体的不同报道特色切入，进而探讨两岸媒体的差异及认同的差异。

陈教授总结，两岸之间"异"与"同"的一个很重要的特征是大陆好"同"而台湾喜"异"，两者之间最大的分歧是台湾害怕"同"而大陆担心"分"。换言之，大陆强调"同"，担心强调差异会导致两岸之间的距离越来越大，台湾强调"差异"以及本土的独特性，担心提"同"会被大陆同化，失掉台湾的主体性和独特性。因此，表现在日常报道中，媒体的呈现也大异其趣。大陆常常强调以下观念："和平统一""一个中国""一中框架""同属一个中国""一家人""经济一体化""共同家园""命运共同体""聚同化异""两岸合作""共同保卫东海、南海"等。台湾强调"分立分治""主权分享""一边一国""两国论""一中各表""台湾特色""主权独立的国家""你们中国""我们台湾""台湾人""互不隶属""互不否认""互不承认主权、互不否认治权"等等概念。

表现在对连战来大陆参加中国抗战胜利70周年纪念活动的态度，两岸也截然不同。大陆的态度是积极肯定的，认为中国抗战的胜利属于包括台湾人民在内的全体中国人，充分肯定国共两党在抗战中的贡献，强调两岸共同命运。在媒体上，标题中频繁使用"尊重历史""全民族利益""了不起""深明大义""正确方向"等正面词汇给予高度评价。

海峡另一端的台湾基本上是一片反对声浪，反对的理由各异。国民党指责连战偏离立场，认为连战参加阅兵等于肯定中共的抗战史，让人无法接受，包括马英九和郝柏村等都持这种态度。国民党内有人甚至提出应祭出党纪，惩戒连战。

民进党和其他独派团体则将连战视为公敌，甚至有人到法院控告连战犯"外患罪"。呈现在媒体上，标题里大量使用极端的字眼以及修辞手法，如"卖国贼""出卖台湾""开除""统战伎俩""统战工具""脱光灵魂跳忠字""执迷不悟""叛国贼""死刑""连共制台独""台湾特首"等来批判连战的行为。

综上，在连战来大陆参加中国抗战胜利70周年阅兵的问题上，大陆媒体强调"同"，如"共同抗日""共同胜利""共同纪念"，担心说"异"就会不"同"、不"统"、不"一"。台湾媒体则强调"异"，如"不同立场""不同记忆""不同史观"，担心说"同"就不"分"、不

"特"，就会趋"同"趋"统"。

两岸媒体差异的大文化视角

陈教授认为，造成两岸媒体差异的原因是复杂的，是多种因素交互作用的结果，最主要的因素是两岸分隔了两个甲子，走上了不同的发展道路。两岸的社会制度、政治、经济、历史、文化的差异越来越大，再加上复杂的国际环境，造成两岸之间的鸿沟越来越大。

在茶座上，他着重从文化角度特别是大文化的视角考察和分析了这种差异。所谓大文化，是指精神层面的文化，体现在价值观、思维方式、行为方式以及政治文化上，并非一般意义上所涉及的文学、艺术、影视、戏剧、民俗、饮食、节日等等。

对于两岸文化，陈教授的基本观点是：两岸主流文化存在本质差异、两岸价值观既存在差异也有交集、两岸政治文化具有重大差异，必须认识这些差异，才能正确理解两岸的文化，正确面对两岸文化的交流。

以下是他的主要观点和具体分析：

第一，两岸主流文化存在本质差异。

大陆主流文化的核心是中国特色的社会主义文化，其中的精髓是马列主义、毛泽东思想、邓小平理论、"三个代表"重要思想、科学发展观。此外，社会主义文化中保留的中国传统文化和革命传统文化，以及融入社会主义文化中的外来文化因素是大陆主流文化的组成部分。这三个部分的文化与当代台湾的文化都有本质的差异。

台湾主流文化是"台湾特色的中华文化"，是中华文化与台湾本土文化的结合，是"台湾人用台湾的空间，用台湾的人力，发展出一个丰富中华文化的模式"。台湾主流文化体现了台湾主体意识。马英九为此颇为自得，认为台湾在"保存中华文化"和"创造台湾精神价值"这两个方面有优势，"台湾的中华文化"已经超越大陆，台湾要做"中华文化的领航者"。

在两岸关系和涉台工作中，只讲两岸文化相同的一面，忽视两岸文化的本质差异，其实是不了解两岸文化的现实，首先是不了解我们自己的主流文化。

第二，两岸价值观既存在差异也有交集。

当代中国大陆的价值观是社会主义的，也是具有中国特色的，所以社会主义核心价值观是中国价值观区别于西方价值观、中国传统价值观乃至传统社会主义价值观的基本标志。社会主义核心价值观正在建构中，目前存在"多元并存，新旧交替"的特点。

台湾基本认同普世价值观，强调自由、民主，同时具有"台湾特色"，比如"民粹""关说""密室""帮派"等等。他们认为台湾是"民主国家"，而大陆属于"专制国家"，两岸价值观显得格格不入。但另一方面，台湾的价值观与大陆社会主义核心价值观在许多方面仍有交集，有可能形成"共同价值"。

第三，两岸政治文化具有重大差异。

当代大陆的政治文化是以中国特色社会主义政治文化为主体，并且正在继续建构和变革之中，因而存在多元和复杂的因素。

台湾试图搬用西方的政治文化，形成了以"台湾主体意识"为核心的政治文化，还有蓝绿对抗的冲突型政治文化，以及对立仇恨、明星崇拜的政治文化，等等。

由此可见，两岸在文化上的差异是巨大的，由文化差异又延伸出了认同差异，我们必须正确地认识和对待。

正确理解和处理两岸文化差异和认同差异

陈教授对台湾认同问题进行了深刻的分析，他认为，必须从以下几个方面来理解台湾认同问题：

其一，台湾认同是正常的。他反问："生活在台湾的人如果不认同台湾，有可能认同社会制度不同又不是他们生活环境的中国大陆吗？"

其二，台湾认同是必然的。目前仍处于两岸关系和平发展的初级阶段，两岸存在许多差异，台湾认同是可以理解的，也是必然的。

其三，可能出现"双重认同"，既认同台湾，又认同中国。

其四，要承认差异、尊重差异、包容差异。中央一再表示要"尊重台湾的社会制度、价值理念与生活方式"。

其五，不能要求对方"放弃"差异。

其六，要讲"情""理""法"。两岸之间不是争个谁是谁非就能解决问题的，要讲同胞情谊，作同情的理解。

其七，要水到渠成，不要急功近利。

最后，陈教授提出要用新的思维来处理两岸之间的问题，要将以往在处理两岸问题上的对抗、单向思维改变为融合、双向思维。

他认为，在两岸关系中，如果任何行为只要求"对我有利"，那么这只是一厢情愿的不顾对方的想法，是不可能得到对方认可的。中国人民历来崇尚"和而不同"的理念。"和而不同"指的不仅是"和"，而且是"不同"基础上的"和"。"和而不同"不但能容异，而且必须有异。不同文化的交流是一个由"不同"到某种意义上的"认同"的过程。这种"认同"不是一方消灭一方，也不是一方"同化"另一方，而是在两种不同文化中寻找交汇点，并在此基础上推动双方文化的发展，这正是"和"的作用。两岸文化交流也应如此。

在此基础上，陈教授为两岸文化交流提出了中肯的建议：

建议一，深入思想交流。这有助于深入了解对方，提高互相沟通的灵活性。

建议二，要经受住文化震撼。文化震撼，又称文化休克（cultural shock），指一个人处于一种社会性隔离而产生焦虑、抑郁的心理状态，是对陌生的文化产生迷失、疑惑、排斥、恐惧。目前在两岸文化交流过程中双方已经产生文化震撼，只有正确面对，才能走向调适和融合。

建议三，秉承求同尊异的原则处理两岸问题，做到有同求同，有异尊异。尊重对方的文化，地位平等，合作互动。

建议四，坚持"和而不同"。"和"不是消灭对方、"同化"对方，而要"各美其美，美人之美，美美与共，天下大同"。

建议五，建立集体记忆。要在交往过程中建立新的良好的集体记忆。

建议六，形成共有观念。在交往过程中形成共同的行为规范，共同的看法、需求、利益、目标、价值观等。建立集体记忆、形成共有观念，是走向互相认同的必要条件。

建议七，达成互信认同。扩大"我群"的范围，两岸从"我们""你们"变为"咱们"。

建议八，实现心灵契合。习近平提出，两岸同胞要以心相交、尊重差异、增进理解，不断增强民族认同、文化认同、国家认同。这是两岸文化交流的最高境界。

陈教授强调实现祖国和平统一是一个长期而艰苦的过程,任重道远!他对青年寄予厚望,认为两岸问题的解决要"寄望于两岸青年"!

互动环节:如何开展有建设性的交流

陈教授的主题发言结束后,与会者进行了热烈的讨论,大家各抒己见。在看待两岸媒体差异、文化差异、政治体制差异等问题上进行观点交锋。其中一位与会同学提到两岸青年交流,特别是网络交流还处于互相不通的"两个舆论场"的状态。要加强两岸青年交流,加深两岸青年相互认识,大陆需开放国际通用的社交媒体,让两岸民众在一个共同的空间进行自由的交流。

针对这一问题,一名来自台湾地区的老师表达了个人看法。他认为,我们在讨论一个问题的时候要充分考虑自己的知识结构和在社会阶层中所处的位阶。厦大学生作为社会精英,对网上信息具有一定的判读能力,但从当前总体社会结构来看,民众的媒介素养仍然有待提高,因此,完全开放的时机未到。就当下的情况而言,如果网络立刻完全放开,对国家的冲击太大。目前政府采取的方式虽不是最好,但相对可行。他个人认为,开放网络交流的空间未来可期。

最后,厦大新闻研究所所长卓南生教授抽取了陈孔立教授主题发言和互动过程中的四个关键词(坦诚相待、集体记忆、命运共同体、知识结构)展开回应。他认为,这几个关键词,对这次"两岸媒体的'异'与'同'"的主题是一个很好的诠释。

卓教授指出,在两岸互动交流中,"知识结构"的基础十分重要。一般情况下,年轻人相互交流,与对方坦诚相待,两岸关系会走向更好。但是,坦诚相待是有基础的,双方的知识结构如果相差太大,将无法进行有效沟通。大家常谈到交流,实际上,交流是一门大学问,奥妙很多,陷阱也不少。作为一个第三者(新加坡人)来看两岸问题,长期留日、旅日的卓教授察觉到,日本是台湾某些"异质论""特殊论"的故乡。某些人士力图塑造不同的"知识结构",他们所谓的"命运共同体"其实是与日本的共同体。李登辉以及陈水扁执政期间,推行"去中国化"政策,特别是旨在强调台湾本土化、抹杀两岸共同记忆的教科书的修订，更造成部分台湾青年在知识结构上的巨大变化，拉开两岸间认知的差异。

卓教授同时强调，两岸差异的存在，确是事实，但并非也不可能是对共同文化的全面否定。认真分析，许多对共同文化的否定其实是人为刻意制造的。重视文化交流，这是对的，但文化交流不是万金油，不是万宝丹，文化交流必须有其内涵，必须有明确和相对牢固可靠的知识结构作为基础。年轻人应努力学习、好好研究。一般而言，首先是认真学习本国的历史，并对东亚、东南亚，特别是与近代日本的交流史都有清晰的认识，打造好自己的知识结构，然后在此基础上，坦诚相待与对话，这样的交流与对话才真正具有生产性和建设性。"为交流而交流"，或者不加辨析地将不同的观点融合在一起，二一添作五的做法，看来并非交流之道。

本次茶座由厦大新闻研究所副所长兼秘书长毛章清主持、《国际新闻界》杂志协办。

（厦门大学新闻传播学院　唐次妹）

【14】

卓南生、吴廷俊：中国近代新闻史研究方法的再思考

【主讲人简介】卓南生：1942年生于新加坡，早年在新加坡华中和南洋大学受教育。1966年负笈东瀛攻读新闻学，毕业于早稻田大学政治经济学院新闻系，后获立教大学社会学（专攻新闻学）博士学位。1973年返回新加坡，历任《星洲日报》社论委员兼执行编辑、《联合早报》社论委员兼东京特派员。1989年转入学界，先后在东京大学新闻研究所、京都龙谷大学任教，现为龙谷大学名誉教授、北京大学客座教授、厦门大学新闻研究所所长。主要中文著作有《中国近代报业发展史1815—1874》（增订新版）、《日本的亚洲报道与亚洲外交》和《卓南生日本时论文集》（全三册）等。

【主讲人简介】吴廷俊：华中科技大学新闻与信息传播学院教授，厦大新闻研究所学术顾问，研究方向为中国新闻传播史、网络新闻传播和新闻传播教育。曾任华中科技大学新闻与信息传播学院院长、中国新闻史学会副会长、中国传播学会副会长、中国新闻教育学会常务理事和湖北省新闻学会常务理事等学术职务。专著有《新记大公报史稿》（1994）、《中国新闻史新修》（2008）等，主编有《网络新闻传播导论》（2002）和《网络新闻传播实务》（2002）、《科技发展与传播革命》（2001）等。

2015年11月1日，北京大学新闻学茶座第48期与厦门大学新闻学茶座第14期在厦门大学联合举行。

茶座开始前，厦门大学新闻传播学院张铭清院长发表了简短的致

辞，他代表学院感谢卓南生教授将北大新闻学茶座的经验传到厦大，为厦大师生带来了一系列精彩的讲座。他表示，厦门大学新闻传播学院面向海洋，期待有更多的名师来茶座做客。

随后，厦门大学新闻研究所所长卓南生先生宣布聘请程曼丽教授和吴廷俊教授为研究所学术顾问。

茶座由北京大学新闻学研究会执行会长程曼丽教授主持，由北京大学新闻学研究会两位导师卓南生教授和吴廷俊教授对谈"中国近代新闻史研究方法的再思考"。

中国近代新闻纸起源的虚像与实像

卓南生教授继续了前一天北大新闻学研究会年会暨第四届新闻史论青年论坛的主题演讲——《中国近代新闻纸起源的虚像与实像》——中的观点，强调新闻史研究务必要论从史出。"论"是指研究的理论框架，但不能为了理论而理论，为了框架而框架，而是要有史实和史料依据之论。否则，只能是空论，泛论，是浮躁学风的体现，也与时下追求短时间内多出论文的学术评估体制不无关系。风气所致，能耐得住寂寞，肯坐冷板凳的学者越来越少。经常有学生问我：如何找到论文撰写的切口？我的回答是，没有大量的阅读和研究，何来资格谈论论文的切入口？只有大量掌握资料，先厘清问题所在，才有如何找到解决问题方法、也就是论文切入口的问题。

除了掌握充分的史料，用以解读史料的史观也非常重要。以中国近代报纸的起源为例，有些人认为中国传统的报纸不是报纸，那么你的依据是什么？从方法论上看，区分"古代报纸"与"新报"之间的重大差异，搞清两者的不同概念是有必要的，但是只要详细阅读原件，仔细对比，不难发现两者之间既有非连续性也有其连续性。

卓教授着重指出，中国近代报纸的诞生不是起自"内因"，而是来自"外因"，是西力东渐的结果。近代中文新闻纸是在西方资本主义冲击东方，传教士与西方列强对外扩张的国策相互呼应的背景下诞生的。这是中国近代新闻纸起源的特定语境。中国近代新闻纸起源决不是单纯为了传播新知，为了提高东方文明，而是在文明或新知的幌子下试图改变中国人对西人、西学、西教的形象，旨在维护在华西洋人共同利益而开展的宣传活动。忽视了这个基本事实，大谈早期传教士报刊对"跨文化交流"的贡献，有时难免会不慎掉入了不分是非的陷阱。

卓教授进一步表示，仔细阅读早期中文报刊（《东西洋考每月统记传》是如此，宁波的《中外新报》也不例外），就会发现这些报刊基本上都奉行本国利益至上的"国益论"和"双重标准"，而不是一般想象的"民主性"和"客观性"。他强调学术研究必须具有批判性。对于层出不穷的西方新理论，不能简单照搬和生吞活剥，要结合中国和亚洲的具体情况，审慎吸收或摈弃。在这一方面，他认为20世纪五六十年代日本学者对于刚刚引进的大众传播学的态度值得中国学者借鉴。当时，以内川芳美为代表的日本新闻史学界并没有照单全收，而是有引进，有反思，对本国前辈学者像小野秀雄等的论著也没有简单否定，而是在继承前人研究成果的基础上予以探索与辨析。

新闻史研究还有深入探讨空间

吴廷俊教授首先对当前一些流行的观点谈了自己的看法。对所谓"一切历史都是当代史"，他很不以为然。他认为，历史可以从三个层面去理解。首先是本原的历史，也就是真相的历史。这个很难弄清楚，所以需要历史学家去爬疏史料，考证辨别，然后进行编撰叙述，这便形成了历史学家的历史。同样的历史，不同的史家，会有不同的编撰。最后，同一个史学家编撰的历史，不同的读者会有不同的理解，也就是所谓读者的历史。吴教授沉痛地指出，史为今用，务必慎重，千万不能再像"文革"时期那样搞影射史学了。搞文学，搞新闻都不能主题先行，搞历史更不能主题先行。做历史，应该老老实实回到历史语境中，拥抱历史。北大新闻学研究会新闻史特训班和新闻学茶座，好就好在学风好。这次研讨会上提交的论文，都是切口很小、研究目标明确、研究方法恰当的，不是天马行空、漫无边际的空谈。在史论和史料的关系上，吴教授强调，首先应该是阅读大量史料，形成自己的观点，再将此观点放到史料中去检验，证真或证伪自己的观点，不断地有一个观点与史料对话、不断深化和完善的过程。

回顾中国近代报刊两百年来的相关研究，吴廷俊认为为未来留下了很大的空间。他着重谈了三个方面。

第一,晚清新闻史的很多亮点被遮蔽了。这一遮蔽首先是由于晚清革命派对维新派的妖魔化,然后由于新中国成立以来对于维新改良派的批判。晚清七十年的新闻史其实有很多亮点,像清末立宪、新式官报、大清报律、租界等等,晚清报刊的多元化,在新闻史上并没有得到很好的呈现。

第二,民国新闻史基本上被碎片化。在现有的新闻史教科书中,民国似乎成了一个敏感的概念,包括方汉奇先生主编的《中国新闻事业通史》等,靡不有初,鲜克有终,讲了民初,却没了下文。

第三,新中国新闻史在相当程度上被扭曲。像1958年报纸上的许多报道,就像刘少奇后来指出的,对浮夸风、共产风起了推波助澜的作用。可是,在现有的新闻史著述中,却是一片光明。新闻史研究,同样就像赵启正讲的,不能为了正能量而说假话。

对于这些空白点,吴廷俊教授主张要多打深井,多做个案研究,不要轻易写通史,编教材,宁可实实在在一点一滴地推进研究。

互动环节讨论十分热烈

在互动环节,北京工商大学的李杰琼副教授首先发言。通过分析20世纪80年代以来出现的语言学转向对历史研究的影响,进而指出历史研究的底线是需要研究者承认历史事实是存在的。因此,"本原的历史""撰写的历史"和"阅读的历史",在这一点上也是可以达成共识的。随后,她结合自己的研究和观察,提出了困惑:新闻史论研究当前受人青睐的两种研究趋势——一种是现代化的研究视角,一种是解构民族国家的研究视角,是否会造成历史叙事与历史事实的分离,对中国近代史的现实造成某种程度上的遮蔽?她指出,有这种困惑并不是说我们不可以从现代化的视角研究新闻史,而是新闻史研究不能不首先思考什么是现代性?如何清醒地认知并客观地评价西方现代性的两面性?进而审慎地探索中国达成现代性的途径是什么?

卓老师认为李杰琼的问题涉及研究新闻史的一个基本前提性问题。他指出,中国目前正处在一个社会转型期,当前中国新闻史学界的某些混乱与改革开放以来知识界的反思与混乱的背景密切相关。这种混乱反映到新闻史研究领域就是随着大量西方理论之涌至与冲击，不少人对如何书写新闻史的兴致似乎远大于踏实地做新闻史的研究。一个普遍的现象就是大家都在谈论新方案与新范式，但对于具体个案的研究却不太热衷，更遑论埋头苦干与挖深井。卓教授指出，不满足于停留现状的研究是可喜的现象，但改变现状的最好方式不是简单地否定前人经年累月研究的成果，而是用扎实的个案研究去尝试展现新的范式，真正做到破在其中，立也在其中。至于借用杜赞奇解构民族国家（与解构民族主义相联系）的观点来搞新闻史研究，多少令人感到意外。翻开近现代史，不难发现西方（包括日本）列强曾以中国不是"民族国家"为理由而声讨乃至侵略"非文明"的中国，足见"现代化万能论"之不可取，其要害是以"强弱论"代替了"是非论"。与此相反，抛出复线的研究方法论固然无可厚非，但旨在解构中国"民族国家"的史观对中国新闻史研究究竟具有什么生产性的启示，却令人不能不存有质疑。

吴廷俊教授则表示赞同用现代化范式研究新闻史。吴教授指出，现代化不是一个意识形态概念。他进一步解释，之所以强调晚清报刊多元化，是因为多元化本身就是新闻事业现代化的体现。西方现代化比中国早，但不必刻意将现代化与西方化等同起来。

厦门大学新闻传播学院黄星民教授对吴廷俊教授有关中华人民共和国新闻史研究的分析深表赞同。结合自己研究媒介史的体会，他认为，研究新中国新闻史尤其需要论从史出，需要理论勇气。

厦门大学日语系吴光辉教授从概念史的角度提出了自己的看法。他认为，1962年日本箱根会议上，美国学者帕森斯最早提出现代化概念，取代西方化。进入90年代，出现了全球化，全球化又被纳入美国化。我们最严峻的问题和困惑来自于我们一直是被书写。联系到新闻史，吴光辉提出，如果新闻史中没有新闻，那么其价值何在？因此，新闻史不应该让位给历史学，而应该以新闻学的核心概念为基点，展开批评性研究，最终让新闻超越历史。

吴廷俊教授回应时指出，未必要让新闻超越历史，应该是借鉴历史学的研究方法，回答新闻史的问题。

厦门大学新闻传播学院的毛章清、南京财经大学的刘泱育等还就新闻史的学科性质等提出了自己的问题，两位导师均作了精彩回答，并就新闻学与传播学的关系问题和茶友们一起展开了热烈讨论。茶座进行了整整四个小时,将近下午一点时才结束。本次茶座由《国际新闻界》协办。

(厦门大学新闻研究所　曹立新　杨帆　陈思思)

【15】

林顺忠:"一带一路"热议声中的中国形象变化
——一名东南亚华人来华从商40余年的观察和体验

【主讲人简介】林顺忠:马来西亚华人,毕业于新加坡南洋大学商学院会计系,获商学士学位。1963—1983年,受聘于星马南顺食品厂,曾任香港南顺总经理。1984年之后设立公司,从事粮油贸易及投资业务。重视中华文化,热心社会公益,出任新加坡南洋大学香港校友会会长,获颁广东省增城市荣誉市民,以褒扬对当地经济发展的贡献。

东南亚华人怎样看待中国提出的"一带一路"构想?来华从商的华人如何在中国创业?针对中国官方鼓励年轻人创业的想法,曾在中国开拓市场的华商又如何看待?2015年11月22日,厦大新闻研究所邀请了在中国从商近半个世纪的马来西亚企业家、新加坡南洋大学香港校友会会长林顺忠先生做客"厦大新闻学茶座"(第15期),以"'一带一路'热议声中的中国形象变化——一名东南亚华人来华从商40余年的观察和体验"主题,畅谈从马来西亚到新加坡再到香港学习、创业的生命经历和心路历程。

结缘小包装食用油市场 饱尝创业之艰辛

1962年南洋大学毕业后,来自马来亚太平市的林顺忠被新加坡南顺公司聘为行政助理,经常被派到马来亚各地分行工作。南顺公司的创办人就是厦门人，抗日战争前夕前往新加坡谋生创业，算是第一代。1964 年林顺忠被派到香港南顺分行，当时香港南顺分行仅是一家小油庄，老板让其跟随推销员到港九各地区推销南顺产品，并作一些市场报告。

当年南顺的产品主要为小包装食用油，还有从马来西亚进口的香皂和洗衣肥皂，要分销到将近两千家零售点，主要是粮食店和杂货店，当时香港还没有超级市场，所以聘请了十二位推销员才能走遍港九各区的零售点去接订单、收账款。那个年代，中国内地粮食很缺乏，许多香港人要寄一公斤的"油包"到内地去救济亲友，当时香港三四十家油庄，光做"油包"生意就很好。但是南顺油庄没有做"油包"生意，只专注做自己的品牌小包装食用油及洗衣肥皂的推广，由于品牌推广初期要做广告，开支大而营业额又低，几乎亏光本金，为此新加坡老板忧心忡忡。林先生不离不弃，忠心耿耿地为南顺公司打拼，1965 年开始扭亏为盈，之后一直顺风顺水，直到 1972 年南顺在香港成为上市公司。林顺忠则从经销主任、经理，升任董事、总经理，公司的规模和业务也随之扩大。

领悟中外经营理念差异　见证 40 年中国变化

1985 年林顺忠和马来西亚几位校友合资，在香港成立了一家贸易公司，主要经营马来西亚棕榈油和纸类产品，转口到中国内地。这个生意维系到中国进出口公司直接从新加坡、马来西亚进口棕榈油，贸易公司的生意举步维艰。

1988 年林先生作为股东加入由香港五丰行主导的合资公司，在深圳投资建立中国第一家中外合资新型的精炼食用油厂。1989 年任职食用油厂，他及其团队为这家炼油厂创立了一个很成功的食用油品牌——"金龙鱼"，至今还是中国食用油市场销量第一。随着业务的发展，公司高层人士变动，由于经营理念的差异，他离开了这家炼油厂，继续做贸易生意。1991 年他从北到南考察中国的食品市场，认识到市场的巨大潜力，于是 1992 年在广州投资建立了一家方便面厂，主攻方便面市场，工厂员工达到三百多人，直到 2012 年工厂停业。在中国投资方便面厂 20 年的时间里，他还分别在天津、山东和广东，先后投资了三家中外合资食用油厂。在担任天津油厂顾问期间，在品牌设计、市场调研、人员培训和广告投放方面，为"福临门"这个食用油品牌的成功打下了良好基础。"福临门"这个品牌就是由其命名，在香港设计，然后交付天津油厂使用的，当前稳居中国小包装食用油市场销量第二的位置，如今这个品牌已经被中国粮油公司所拥有。

林先生还以马来西亚杰出的华人企业家郭鹤年为例，说明改革开放过程中，海外华侨华人在中国各项投资的同时，也提高了一些企业的技术及管理水平，为中国社会经济的发展作出了贡献。

"一带一路"构想成败　有赖官民意识变革

针对中国的"一带一路"倡议，林先生认为，这是中国雄心壮志的发展策略，中国政府可以通过各种方式各种渠道，宣传推广"共同发展、共同繁荣"的构想和理念，为此他借用香港特区行政长官梁振英提出的"超级联系人"概念，认为香港可以胜任"超级联系人"的角色。因当前共有7900家海外和内地（内地占1100家）企业在香港设立办事处或地区总部，可以为内地企业提供所需的信息、国际联系和专业配套服务。但是由于两地社会制度的不同，还有文化上的差异，所面对的问题及做事的方法亦不同，对此其深有体会。

林先生认为，香港有一套简明易懂的法律，方便市民依法办事，公务员办事效率很高；香港社会透明度高，市民互信程度高，做买卖不必靠关系，不必花时间交际应酬，几乎没有台下交易，香港政府这几年还设立了"一站通"网站（GOV.HK），方便市民查阅、办事，这与内地的经营环境大不相同；在会议文化上，香港公司开会，大家有整体的概念，轻松平等，一般而言与会者自由发言，但是在内地开会，以官职大小发言，对上司提出的问题，一般员工很少提意见，于是变成附和者多；在民事纠纷上，在内地即使打官司赢了，裁决往往很难落实，所以与其对簿公堂打官司，不如私下协商为好，这与香港很不一样。

1978年中国改革开放，经济高速发展令人难以想象，林先生就是一个见证者。他认为，马来西亚华人一般对中国都有亲切感，大家同文同宗，尤其是他这一代接受华文教育，当年的老师都是从苦难的中国走出来的，老师的爱国心多少感染了学生。1979年，他私下参加了一个外国旅游团，第一次到北京、上海、广州、苏州等地，所见之处都是破破烂烂，连衣服也是清一色相同的，留下了难以磨灭的印象。抚今追昔，他认为跟以往相比，中国社会一个是天一个是地。中国的媒体发展和信息传播，尤其是互联网技术的进步与运用，让在商界翻滚数十年的林先生叹为观止。他说，作为海外华人，都希望中国民富国强。

作为一名老一辈的海外华人，林先生在肯定中国改革开放所取得的辉煌成就时，希望中国社会能够增强公民意识，坚持打击贪污腐化，避免"一切向钱看"的拜金主义，延续中国人传统的人情味和道德观，所以海外华人更希望中国文化的崛起，成为一个名副其实的礼仪之邦，让他国人民信服并乐于往来。

互动：聚焦"海外华人身份认同" "文化传播"与"东南亚视角"

这是一次具有"南洋风味"的茶座。林先生的普通话一点不普通，充满"南洋腔调"；林先生的从商经历一点不平坦，具有"南洋情怀"；林先生的观察体验一点不轻松，关乎"南洋视角"。当天他还邀请了10位古稀之年的南洋大学校友一起出席茶座，从多角度多视野分享了各自的经验经历，丰富和充实了这个主题，会议室中苍苍白发、拳拳爱心的南洋大学校友济济一堂。

这次茶座，由南洋大学校友、新加坡旅华知名学者、厦大新闻研究所所长卓南生教授主持。由于创所所长卓南生教授的因缘和用心，倡议跨学科交流与探讨广义新闻学的"厦大新闻学茶座"，从开张的第一天就充满着"南洋情谊"，重视"东南亚视角"。

厦门大学新闻传播学院、人文学院、管理学院和南洋研究院等各个学院，以及集美大学、华侨大学、闽南师范大学、贵州师范大学和厦门市台湾学会等50余位与会者，在互动交流环节兴趣盎然、畅所欲言，讨论热烈。与会者尤其关心中国在海外的国家形象、中国企业的海外投资，还有中华文化的传播、海外华人的身份认同和社会地位，以及厦门大学在马来西亚创办分校等诸如此类的问题，林先生和出席的南洋大学诸位校友都耐心地给予解答和回应。

在总结本次的茶座时，卓教授指出，林先生今天的谈话虽然只是聚焦他个人在中国创业的历程及他所看到中国的巨大变化，但也让我们了解了一名东南亚华裔商人在中国从商面对的环境以及几十年来中国国内变与不变之"中国国情"。从诸位对东南亚华人身份认同的困惑及对东南亚华人在"一带一路"的构想中所能扮演角色的期待中，可以看出中国知识界对于"东南亚"或"东南亚华人"的了解其实是停在"既近又远"的阶段。特别是作为"侨乡"的福建和广东，有时还难免掺杂着过时的、不现实的"乡情"期待，这说明彼此还有待进一步相互了解与沟通，今天的茶座其实也有这个用意。从这个角度来看，中国的学界和大众传媒对东南亚的研究与报道，确实有待进一步的提高和普及。

在谈到"一带一路"的构想时，卓教授表示，一般而言，一个重大构想的提出，学者和新闻工作者应该是在构想提出前扮演重大的角色，提供其调查研究成果、智慧与观察，但现实的中国是构想提出后才一窝蜂出现的、千篇一律、欠缺内涵的"一带一路研究热"。"一带一路"的难点在哪里？在推动的过程中将会遇到什么阻力、风险和误区？显然有待学界和新闻界的直追、解惑与辨析。

（厦门大学新闻研究所 毛章清）

【16】

胡翼青：重新发现传播学
——从海德格尔的技术哲学谈起

【主讲人简介】胡翼青：南京大学新闻传播学院副院长、教授，2006年获得南京大学社会学博士学位。教学与研究的重点为传播理论、传播思想史等。主要学术兼职有中国传播学会常务理事、外国新闻史学会常务理事，学术专著有《传播学科的奠定：1922—1949》（2012）、《再度发言：论芝加哥学派传播思想》（2007）、《传播学：学科危机与范式革命》（2004）等。

海德格尔的技术哲学观对当下传播研究有何借鉴意义？功能主义传播学存在哪些问题？如何重塑传播学的学科地位和学科影响？2015年12月5日，南京大学新闻传播学院胡翼青教授在第16期"厦大新闻学茶座"，与广大师生分享了研究心得。

胡翼青教授认为，在互联网技术无远弗届、新媒体如日中天的时代背景下，传统功能主义技术观指导下的传播研究停留在功能层面影响的探讨，是传播学发展裹足不前的重要因素，强调传播学应通过建立与哲学及一切重要社会科学基础理论之间的关联，从而重塑传播学的创造力、想象力和学科地位。

海德格尔的技术哲学观

胡翼青认为，海德格尔技术哲学的起点从批判雅斯贝尔斯开始。雅斯贝尔斯的技术哲学观点大致分为两个层面，首先"技术是达成目的的手段"，人类可能会有一个终极目标，技术是帮助我们达到那个终极目标的手段；其次"技术是人的行动"，不是技术决定人，而是人在使用技术。

作为存在主义哲学代表人物的海德格尔对所谓技术工具学的解释持批判态度，认为"技术是达成目的的手段"是"一个绝对正确的废话"。如果按照雅斯贝尔斯的观点，当技术被看作手段，那么世界就在主客体二元论中陷入物化和对象化的境地，世界将被任意践踏，因为它仅是一种功能性的存在。一旦人本身也被纳入功能化、标准化和齐一化的范畴，其他客体对于你来说，其存在也只有一种功能化的意义。海德格尔说，当这个世界陷入对象化的世界之后，人本身也变成了一种空洞的存在，所以主体的意义也就不存在了。

海德格尔认为，技术是先于人而存在，所以"技术是人的行动"这个论断存在问题。在海德格尔看来，技术的本质是"座架"，存在只是"座架"上的持存物，"技术的座架"是人存在的前提。这里的"技术的座驾"是指技术和围绕技术的一系列的制度和文化，构成一个绵延不断的整体，它在很大程度上已经嵌入到了人存在的前提。海德格尔反对把技术和人分割，认为技术和人的存在互为一体。我们在考察技术时，实际上就是考量人的存在，把技术和人当作主客体二元对立的时候，很容易陷入机械的技术决定论。

胡翼青指出，把技术当成目的的手段，这是功能主义的观点，这是对技术的最大曲解，一旦对技术的认识陷入功能化的境地，我们的理解就会出现偏差。海德格尔对技术工具论的批判和思索，对传播技术研究如何正确把握技术与人之间相互建构的关系有警醒作用。

功能主义传播学意味着什么？

胡翼青对海德格尔技术哲学观的分析，让人们意识到技术不只是一种工具和手段，它还具备改造和建构社会存在和社会关系的力量，从而进一步揭示了在当前传播学研究中普遍流行的功能主义技术观所存在的问题。对此，他列举了丁未《流动的家园》和本人研究的课题为案例来说明传播技术观不能被功能化，否则就会缺乏阐释力这一论断。

他介绍道，《流动的家园》是一本关于当前中国新生代农民工城市生活行为调查研究的代表性著作，但是作者关于新媒介技术与农民工身份转换和城市生活之间作用关系的论述有待商榷，因为不是湖南攸县出租司机主动运用新媒介手段建构城市生活，形成新型社会关系，而是他们的生活方式和观念在很大程度上也被ICT（信息通信技术）实践重塑了。

在研究电视媒介如何建构安徽金寨留守儿童现代性观念的过程中，胡翼青发现，受电视媒体影响的留守儿童（包括作为参照群体的流动儿童）处于既不认同农村也不认同城市的悬置状态，造成这种现象的一部分原因是农村留守儿童并不像丁未乐观估计的那样，把媒体实践当作他们主动适应现代性生活的工具，由于缺少现代性文化的技术座架，其技术使用导致他们既不适应城市文化，也不适应乡村生活，变成了既不属于农村又不属于城市的矛盾个体。如果只把技术当作一种工具看待，就无法解释为什么留守儿童不完全认同城市生活，也不完全认同乡村生活。在这个过程中，技术与主体两者之间是匹配的，不是主客体二元对立关系，是一种非常复杂的技术与主体之间互相建构的关系。如果以传统技术工具论来阐释传播技术的社会功能，到最后就会陷入媒介决定论或媒介中心论的框架中。事实上多数发展传播学的研究都无法摆脱这一尴尬的境地。

胡翼青借助霍克海姆和阿多诺在《启蒙辩证法》中对"文化工业化为何无法生产出有创造力的艺术作品"的洞察，进而阐明为什么功能主义传播观主导下的学术工业无法产生有创造力的学术作品。胡翼青认为，哥伦比亚学派领军人物拉扎斯菲尔德和默顿的研究实践改变了文艺复兴以来人文知识的生产方式，将知识生产变成了一种学术工业。传播学的研究被简化成为一条以效率为主导、分工合作的流水线，知识以大批量生产的方式"被分成不同的工序"。这种流水式的学术生产模式使得传播学研究逐渐失去了创造力和想象力，这也是传播学科自20世纪80年代后陷入停滞不前状态的重要原因。这正是海德格尔揭示的"当代技术生产使世界井然有序、功能化和标准化"的必然结果。

"重新发现传播学"

胡翼青指出，功能主义传播学视阈下当代新媒体研究路径无非两类，一类是运用心理学功能主义的方法去研究传播技术的特征与功能，还有一类是用结构功能主义的方法去研究互联网、新媒体在社会文化中扮演的角色,这两类研究都是着眼于功能,不构成学术意义。因为前者容易变成"互联网是怎样满足每一个个体的心理需求"的研究,后者则容易变成"互联网是怎样满足我们在社会与文化研究当中的结构性扮演"的研究。他还认为涂尔干式的社会学整体主义的分析——即结构功能主义思维,和华生的行为主义方式——即纯粹功能主义思维,都不构成作为传播学理研究的合法性。

他同时表示,无论是心理学意义上还是结构社会学意义上的研究,其满足的所谓功能都不是真正意义上人作为一种主体性解放的存在所承担的功能,满足的只是一种伪心理功能和伪社会功能。功能主义实证传播研究所关注的问题都是社会功能问题,在公众日常生活中其实并不重要的实用主义的、机会主义的或者功利主义的关系已经被我们当成了传播学研究的全部,完全忽略了在日常生活丰富多彩的内涵和过程。一旦媒介和受众的关系被简化为需求满足的功能性关系,这种阐释只能给我们提供知识,无法形成理论,也无法形成思想。

胡翼青指出,传播是技术变迁最快的领域,传播学是技术功能主义观的重灾区。传播学的困境在于,当它想要解释媒介与人的行为之间的直接因果关系的时候,会遇到很大的问题,因为新媒体是我们日常生活当中的一种存在方式,它对我们的影响无所不在,很难观察到它的功能以什么样的方式表达出来,它是人类存在的一个组成部分。所以只要讨论媒介对人产生什么直接影响时,研究者一不小心就会陷入媒介中心论或者媒介决定论的陷阱当中。

由此看来,功能主义在一些社会现象和社会问题上是缺乏解释力度的,它最大的问题在于从工具论视角出发,强调传播效果和社会控制,未能正确把握传播技术与人之间相互建构的深刻关系。一个时代的媒介技术会建构一个时代人的存在,因而我们在讨论技术与人之间的相互关系时,应该超越功能主义技术观的框架,反思技术座架是如何建构和塑造人和社会的。

为此主讲者认为,重新发现传播学的创造力、想象力以及提升本学科在社会科学研究中的存在感,需要认真思考什么是真正重要的传播研究。以"新媒体原住民"和"新媒体移民"之间的人际代沟为例,这不是新媒体的使用问题,而是媒介技术对人性和代际关系的建构才应成为我们关注的焦点。所谓"新媒体研究",它不应该仅仅指互联网研究,比如晚清社会电报技术的传入,也是一种新媒体研究,因为可以用今天互联网怎样嵌入人类日常生活的视角,去重新认识和书写这段历史。从来没有哪一种媒体不能被称为新媒体,也从来没有完全不变的受众。这种新媒体研究,既是现实的,又是历史的。关注一切媒介技术中介化的社会存在,关注一切人的存在方式(时空、关系与观念)因媒介嵌入而发生的重构,这些均应当成为传播研究的重点。

分析至此,主讲者再次强调了海德格尔的技术哲学观所揭示的事实,媒介先于人而存在,并以其文化制度建构了人。当传播学将研究重点放在探究社会存在与媒介相互建构关系时,传播学才能重塑其独一无二的学科地位和学科影响,希望传播研究能建立与海德格尔、舒茨、曼海姆、马克斯·韦伯和卡尔·马克思之间的真正对话,建构传播学理论与其母学科哲学等人文社会科学之间的关联。传播学因之可以打通其理论和哲学当中的那一段没有被证成的路径。

本次茶座由厦大新闻研究所副所长兼秘书长毛章清主持,由《国际新闻界》杂志协办,厦大新闻传播、公共事务、人文、外文和管理等各个学院,还有来自全国各地参加首届海西青年传播学者论坛的与会者60余人出席茶座。在热烈的掌声中,胡翼青结束了主题发言部分,并针对与会者关于海德格尔哲学观、功能主义范式学科应用等疑问作了更加深入的阐释,气氛相当活跃。

(厦门大学新闻研究所　毛章清　胡雍昭)

【17】

吴光辉：日本媒体视野下的"中国威胁论"

【主讲人简介】 吴光辉：厦门大学外文学院日语系教授、博士生导师，研究方向为日本哲学史、比较文化学，任教育部日语教学指导委员会委员、中国日本哲学会（国家一级学会）副会长，出版专著《日本的中国形象》（2010）、《他者之眼与文化交涉》（2013）、《文学与形象：日本学研究前沿》（2019）等。

自近代以来，西方列强利用坚船利炮打开了中国的大门，树立起了世界性的霸权，并以"西方中心论"的话语模式影响着中国乃至东方。中国不得不屈服在这样的话语霸权之下，陷入一个失语的状态之中。在这一过程中，中国的整体形象被加以肢解、加以断裂，成为了片面性的、单一性的形象，且缺少理性与合法性的存在依据。但是，随着中国的和平崛起，西方的中国形象建构之中，亦出现了趋同性的"中国威胁论"，要如何驳斥西方现代话语霸权下的"单一化"的中国形象，如何通过获得国际话语权来构建"一体多元化"的中国形象，这不仅是一个理论性的问题，同时也是一个极具现实之需要的问题。

围绕这一问题，2016年2月27日，厦门大学外文学院日语系主任吴光辉教授应邀作客厦大新闻研究所主办的第17期"厦门大学新闻学茶座"，畅谈"日本媒体视野下的'中国威胁论'"，概述了"中国威胁论"的历史渊源、现今世界的中国认识——参与型的利益相关者与排斥型的"中国威胁论"。他站在跨文化形象学的立场，以新闻媒体的文本分析与新闻批评的视角，针对日本主流媒体2015年度的中国报道，通过文献性的解读、实证性的剖析，就其中国报道的报道方式提出了他的看法。

日本媒体与"中国威胁论"

吴教授同时融合哲学的思维方式，围绕日本媒体对"中国威胁论"大肆渲染报道这一现象，从政治、经济、文化这三个角度来展开分析，揭示了日本媒体中国报道背后所隐藏的叙事策略与思维模式，进而探讨了中国媒体应该如何应对日本媒体的"中国威胁论"、如何夺取国际话语权等一系列现实问题。

第一，围绕政治报道下的"中国威胁论"这一话题，吴教授以《产经新闻》对中国阅兵式的报道为例，指出日本媒体选择性地遗忘"反法西斯"的主题，有意地提示了"中国威胁"的话语，将中国的国家形象刻画为一个"军事威胁"的国家。就此，吴教授总结了日本媒体报道中国之际的一个固有模式——通过选择性的报道来突出"中国威胁论"，目的无非是为了帮助日本政府加强"日美同盟"打下舆论基础。

第二，就经济报道下的"中国威胁论"这一话题，吴教授援引了《朝日新闻》对亚洲基础设施投资银行（AIIB）的报道，指出日本媒体在不断暗示中国的崛起犹如多米诺骨牌一般势不可挡，中国建立的AIIB将会直接挑战现今美国主导的国际金融秩序。就此日本陷入了一个"间"的困境：日本究竟是要继续追随美国，即便成为少数派亦在所不惜；还是要跟随欧洲列国或新兴国家，积极加入AIIB？日本就是在这样一个中国与美国之"间"的困境下寻找着自我定位与未来出路。

第三，就文化报道下的"中国威胁论"这一话题，吴教授选择了日本最新流行语"爆买"，以《日本经济新闻》的中国游客"爆买"现象的采访报道为对象进行了文本解读，并总结了日本媒体中国报道的又一特征：通过采访访日华人并附上被采访者的个人信息来增强客观性的说服力，借助中国人的话语来"批判"中国的政策举措，从而展开针对中国政治、中国政府的批判。

那么，应该如何应对日本媒体的"中国威胁论"呢？吴教授认为，我们需要挖掘日本媒体中国报道背后的潜在逻辑、议题设定，乃至日本人的思维方式，进而"以子之矛、攻子之盾"，利用对方的方式、对方的渠道来开拓中国媒体在日本的话语空间，从而展示真实的、正面的、积极的国家与国民形象。

讨论与思考："中国威胁论"的实质与问题

"日本媒体视野下的'中国威胁论'"这一话题吸引了来自厦门大学新闻学院、外文学院、公共事务学院、国际关系学院、嘉庚学院、福建师范大学的一批年轻学者、研究生参与，厦门晚报、厦门市台湾协会的资深新闻工作者亦参加了此次茶座，并就"中国威胁论"的实质与问题、中国媒体的应对措施等展开了深入的对话和积极的互动。

首先，围绕日本媒体的"中国威胁论"的本质问题，来自嘉庚学院的青年博士提出日本的"中国威胁论"是否源自于日本这一岛国所固有的"危机意识"。对此，吴教授指出，如果站在"因果论"的立场来论证日本岛国的"危机意识"与"中国威胁论"的内在关联，就会为日本媒体的"中国威胁论"提供一个日本式的合理合法的依据。事实上，站在文本分析的立场便可以清楚地看到日本媒体的中国报道带有了显著的诱导性，存在着深刻的目的性，我们需要就所谓日本的"国民性论"展开批评。

来自公共事务学院的伊朗研究专家、《上帝也会哭泣》的著者范鸿达教授则提出，对日本而言，在日本媒体的眼中，所谓中国威胁，到底是源自于"力量"的威胁，还是像伊斯兰国组织一样的属于所谓"邪恶本性"式的威胁？就此，吴教授解释到，日本媒体视野下的"中国威胁论"应该说带有整体性的特征，既存在着来自经济、军事领域的"力量"的威胁；亦存在着来自政治、文化领域的，作为"异质性"存在的威胁。日本一直将中国孤立化、相对化、他者化，强调中国的自我发展，突出中国不具备典范意义。不仅如此，日本媒体还大多采取间接的方式，站在"二元对立"的立场将中国与美国对立起来，渲染中国将是世界秩序的颠覆者、美国霸权的冲击者。

针对日本媒体刻意"误读"、"抹黑"中国形象这一现状，中国媒体应该如何应对、如何发出自己的声音？这一问题可以说是新闻学院的师生极为关注的焦点。对此，吴教授提示了日本式的"叙事策略"，即"起承转合"或者是"演绎性"的叙事方式。通过"铺叙情节、吸引眼球、提示问题、阐释解读"的方式，来不断刺激读者、推动读者的想象空间，从而构建起中国形象的想象空间，这一点与中国媒体的"归纳性"叙事方式截然不同。不仅如此，日本媒体还大多采取"中心/边缘"的结构模式，即以"欧洲文明中心论"为核心，依附在以美国为主导的世界秩序之下，将崛起的中国视为巨大威胁或竞争对手。因此，在应对日本媒体的中国报道之际，需要把握日本的民族心理与思维模式，尤其要大量利用"在日华人""在华日本人"，通过报刊、书籍，尤其是新媒体等一系列手段，争取中国舆论在日本的话语空间、突出我们自身的理性思维与存在逻辑，借鉴对方的模式来潜移默化地树立正面的、真实的中国形象。

总结与反思：中国媒体的未来走向

茶座主持人、厦门大学新闻研究所所长卓南生教授在总结时，从"国际关系学""新闻传播学"的角度提出了自己的思考。首先，围绕"日本媒体"这一话题，卓教授指出日本主流媒体的编辑方针无不站在日本的所谓"国益"或者日本企业利益的立场，并以日本和"邦人"（即日本人）为中心；日本大众传媒善于扮演"舆论诱导"角色，尤其是"记者俱乐部"，基本上统一了日本媒体的报道与新闻解说的内容；日本媒体报道的三大基本特征是统一口径（即"划一性"）、铺天盖地（即"集中豪雨"）和煽情式报道。围绕"中国威胁"这一话题，卓教授指出，日本的"中国威胁论"之大行其道，是在90年代日本泡沫经济破灭，特别是在1996年4月《日美安保条约》重新定义，即桥本龙太郎与克林顿举行会晤，确认美日军事同盟进一步加强，将中国（取代苏联）视为潜在对手之后。

与此同时，卓教授也从"第三者"（东南亚）的视角，针对中国部分媒体和学者的报道与评论表达了自己的观察和率直的看法：中国媒体是否过于热衷报道乃至夸大自身的经济与军事实力？部分中国学者毫无批判性地从西方（包括日本）的"政治力学"找灵感，借用西方"强者有理"或者日本经济泡沫期"财大气粗"的话语和口气，例如"经营东南亚""共治世界"等各种"时髦用语"的滥用，会否在无意识中为区域性的"中国威胁论"提供了依据，助长"中国威胁论"的传播。他指出，饱受列强欺辱的中国要复兴无可厚非，但在宣扬民族复兴、文化复兴之余，也许还得更多思考与阐明"为何复兴、为谁复兴、如何复兴"这样的大问题，方能有效取得同样是发展中国家的亚洲国家的理解和共鸣。

（厦门大学外文学院　赖雅琼）

【18】

卓南生：战后日本的知识分子与舆论界
——以20世纪六七十年代为中心

【主讲人简介】卓南生：1942年生于新加坡，早年在新加坡华中和南洋大学受教育。1966年负笈东瀛攻读新闻学，毕业于早稻田大学政治经济学院新闻系，后获立教大学社会学（专攻新闻学）博士学位。1973年返回新加坡，历任《星洲日报》社论委员兼执行编辑、《联合早报》社论委员兼东京特派员。1989年转入学界，先后在东京大学新闻研究所、京都龙谷大学任教，现为龙谷大学名誉教授、北京大学客座教授、厦门大学新闻研究所所长。主要中文著作有《中国近代报业发展史1815—1874》（增订新版）、《日本的亚洲报道与亚洲外交》和《卓南生日本时论文集》（全三册）等。

2016年3月18日，"厦大新闻学茶座"第18期在春雨的奏鸣中拉开帷幕。新加坡旅华学者、厦大新闻研究所所长卓南生教授结合自身留学经历，围绕20世纪六七十年代日本的知识分子与舆论界同与会者进行了深入交流和探讨。

本次茶座由厦门大学新闻研究所主办，《国际新闻界》协办，新闻研究所副所长曹立新博士主持。曹博士指出，20世纪60年代以"巴黎红五月"为标志的青年运动席卷全球，因此，回望20世纪60年代对于探讨知识分子与社会的关系，寻找理论和现实的关联具有重要意义。

日本新闻（学）界知识分子作何抉择？

卓教授首先解释了何为"战后"，继而从自身半世纪前留学日本时所经历的"激动时代"开始谈起。

他指出,1945年日本裕仁天皇"玉音放送"宣告投降,迎来战后,对那一代的日本人带来的巨大冲击是难以想象的。随着美国结束对日本的占领,《旧金山和约》和《日美安保条约》两个条约在1952年4月28日生效及同日《日华和平条约》(有人称之为"日蒋条约")的签署,战后日本在外交与防卫问题上采取了唯美国马首是瞻的政策。另外,20世纪五六十年代日本乘借亚洲冷战、朝鲜战争和越南战争之机迅速崛起而被称为"火凤凰"的"日本经济奇迹",怎样看待其背后亚洲人民利益的牺牲,特别是朝鲜与越南,是当时日本知识分子必须面对与思考的问题。

卓教授回顾自己1966年到日本留学的年代,大学校园罢课、游行已是家常便饭,他所在的早稻田大学也不例外。青年带着火炎瓶(一种自制燃烧瓶)、手持"格瓦拉棒",全副武装走向街头,军警手持盾牌,戴防毒氧气面罩,丢催泪弹;当时的政治斗争异常激烈,日本人称这个时期为"激动时代"。大学生为何呐喊与造反,主要出于以下几个方面:反对腐败的教育制度,尤其是反对"产学协同"、企业利益优先的体制;反对《日美安保条约》;反对越南战争以及美日政府的相互勾结。日本学运并非孤立现象,从1966年美国国内反对越战、中国的"文化大革命"和1968年法国的"5月风暴"来看,汹涌澎湃的学运是席卷全球的。

面对战后日本社会矛盾总爆发与"国论二分"的困境,日本知识分子不得不思考如何看待日本的侵略战争以及摸索战后日本的出路。卓教授就自己所接触的日本新闻学者,分别介绍了当时观点相左的两派知识界人士来检视他们的战争观和新闻观。早稻田大学兼职讲师、《综合新闻事业研究》季刊主编酒井寅吉(1909—1969),战争期间为《朝日新闻》从军记者,曾目睹有"马来亚之虎"之称的山下奉文迫使英国司令官白思华降服、新加坡沦陷的情景。针对当年美化战争的《马来战记》等作品,战后以"自由派"自居的酒井仍然表示:"我并不存在着诸如对战争的'罪恶感'之类的心理压力。"(《马来战线从军的回忆》,《丸》,1959年2月)立教大学的小山荣三(1899—1983)战前是引介纳粹德国新闻学、鼓吹战时宣传研究的第一人,著有《战时宣传论》《人种学概论》《民族与人口理论》《新闻社会学》

《比较新闻学》和《广报学》等。1949年应美国占领军总部的邀请，调查日本国民舆情之走向并于1963年至1983年出任日本广报协会理事长，成为战后大众传播学界的红人。

与上面两位不同，东京大学新闻研究所的内川芳美、荒濑丰、香内三郎和高木教典等新闻学者都对日本战争期间的法西斯新闻学进行了深刻的反思，而日高六郎更是因1969年抗议武警冲进东大而辞职。同样，鹤见俊辅因1970年抗议武警进同志社大学而离开大学。立教大学教授，原《朝日新闻》社论委员、《朝日杂志》主编影山三郎，在反思战前的法西斯新闻控制方面也是不遗余力。

日本亚洲问题专家为何反思？

针对日本亚洲问题专家的走向，卓教授较详尽地为大家介绍了印度史专家、东京大学讲师石田保昭（1930—　）的观点。此人出身军人家庭（父亲为陆军中将），从小唱军歌长大，自称"比天皇还忠于天皇的天皇主义者"。他对天皇宣布投降一直不能接受，直到东京裁判时才知道南京大屠杀和日本发动的是侵略战争，也因此受到巨大的冲击。后来，石田考进东京大学东洋史学科，远离国史学而攻读了印度史。他认为国史学在战争期间是为大日本帝国国策服务的，学生上课前都要先向天皇参拜，所以他不愿意在那种气氛里学习，想要逃得远一点。后来他受到著名朝鲜史专家旗田巍（1908—1994）的启发，知道日本的所谓东洋史学跟法国的印度支那学和英国的东方学同样都是在各为其帝国扩张政策服务。他同时也从中认识到日本东洋史学仿自西洋史学，系从另一个角度研究中国史，讲究"科学性""客观性"，而与传统的汉学有所区别。日本东洋史学以治学严谨闻名，但得认真了解它的如下研究倾向与特征：其一是，异常重视地名考证，"满铁内历史地理研究会"的研究方向就是很好的例子；其二是，与其说是重视中国本土，不如说重视塞外（即域外）的研究；其三是，忘记人之存在。石田认清了前辈所走的道路后，他既不愿沉浸于毫无生气的中世纪印度王朝的研究，也不想为战后日本企业开拓印度市场而展开调查研究。在思想和行动上他既反对"皇国史观"，也参与当时学界反对美国的"亚洲基金""福特财团基金"等与美国冷战政策紧密挂钩的学术资助的运动。

卓教授还介绍了早稻田大学政经学部讲授"中国经济论"的安藤彦太郎（1917—2009）教授的观点。他至今还记得安藤老师在开课第一天分发的问卷：中国的正式名称是什么？大多数人回答为"中共"，因为当时的日本报纸紧跟日本政府不承认中华人民共和国的政策，辩称"中共"是中华人民共和国的简称。结果，全班一百多名学生当中只有四个人答对。安藤比较激进，由于不了解"文革"的真相，早年曾经发表了一些倾向于"文革"的观点。但他对日本战前中国学的演变作出了详细的梳理和深刻的反思。他指出，早期的日本汉学家都是因为喜欢中国、羡慕中国或者崇敬中国古代的文化而研究中国的，到了明治维新以后，东洋学的研究方法论是向西学取经的，虽有其"科学、客观"的一面，但却以西方价值观，即"近代化"与"西方文明"为基准来衡量中国。他同时指出，以西洋史为蓝本的东洋史研究，其内容实质上是"洋学"（即西学）。最明显的例子是著名的东洋史学者白鸟库吉（1865—1942）从文献实证着手，架空中国古代帝王尧、舜、禹的存在，起了"偶像破坏"（即解构之前中国史的书写）的作用，给当时奉之为"古代圣人"的日本汉学家带来了极大的冲击。安藤还引述学界前辈的看法，点破"否定中国古代传说还意味着否定中国人的思维方式与对中国文明的侮视"。加之战前的"东洋学""支那学"研究者们的研究与日本侵华的国策紧密挂钩，安藤认为，这些战前对中国的庞大研究积累给战后日本的研究者留下了不少值得反思与纠正的良好素材。

官方如何诱导"舆情"？

卓教授指出，针对战后日本知识分子的反思风潮与"造反"，日本政府处心积虑，采取了各种"反击"措施。具体而言，除了加强"日美安保体制"、推行"教科书检定"制度和镇压学生运动之外，还通过东京奥运会（1964）、明治维新百年纪念（1968）与大阪万国博览会（1970）来宣扬日本国威，推售日本特殊论。1970年，三岛由纪夫切腹自杀，冀图唤回"大和魂"，更给日本社会带来巨大的冲击。

卓教授强调，迄今为止明治维新应该如何评价是问题的关键所在。1968年明治百年纪念引发日本国内的论争，当时日本思想界有两条路线的论争，这场论争对今天日本是走战争路线还是和平路线，仍然发挥着作用。卓教授指出，明治百年该不该庆祝，最早提出这话题的学者之一是 20 世纪五六十年代反安保运动的著名中国学研究专家竹内好（1910—1977），尽管后来自民党政府出面隆重庆祝时他未参与。竹内好声称反对中日战争，因为是亚洲人打亚洲人，但他对日本侵略东南亚的行为又采取暧昧乃至肯定的态度。他在战后对其战争期间支持"大东亚战争"的错误言论仍未收回和反思，而遭到同年代不少日本开明学者的抨击。

中国改革开放以来，有些知识分子到日本之后由于不了解上述情况，再加上改革开放后的中国本身也在为摸索和迈向近代化道路而苦恼，所以想当然地对明治维新以后的日本给予过高的评价，而忘记其黑暗与罪恶的一面。他认为这一点直到今天在中国的思想界，还存在其负面的影响。卓教授强调由于明治维新之后日本的侵略性，如 1874 年日本已经出兵中国台湾、1894 年甲午战争以及 1941 年以后对东南亚的侵略战争等，并没有被充分检视，因此日本范本的"近代化"，"以日为师"路线的议题还有待深入研究和探讨。

讨论环节：以史为鉴　理论观照现实

本次茶座除了新闻传播学院的师生之外，还吸引了外文学院、人文学院、国际关系学院和经济学院等跨领域茶友的参与。

新闻研究所副所长毛章清老师就战后日本知识界、舆论界与政党如何互相结合，促使日本最终抛弃"国论二分"走向总保守的道路提出疑问。卓教授主要从天皇制的保留（尽管战后象征性天皇与战前天皇在宪法上的地位截然不同）、战前与战后思想的连续性和记者俱乐部三个方面进行了解析。他谈到战后在美国亚太战略思维下保留下来的象征天皇制，迄今仍然在精神层面对日本产生影响。战前曾经是法西斯的一员，战后换张面孔变为"开明派"的大有人在；更有甲级战犯摇身一变成为日本首相；与战争有着千丝万缕的大财阀曾有过解体的表象，但到七八十年代已全面恢复原状。再加上日本的新闻体制是建立在闭塞的记者俱乐部制度的基础上，舆论诱导攻势不亚于其他任何国家。卓教授补充说明"讲究空气"是日本社会的一大特色，空气即是气氛，知识分子和政治家都懂得识时务者为俊杰的道理。

参会者吕艳宏针对日本知识分子对于明治维新评价分歧的问题，请卓教授结合中日知识界、舆论界，进一步展开解析"近代化史观"对当代中国知识分子的启示。卓教授表示，"近代化史观"在他留学时代基本上都会被当作"赖肖尔史观"。赖肖尔是日本史专家，在越战时期曾任美国驻日本大使，并在《日美安保条约》续约时扮演了重要角色。与当时众多日本史学者反思明治维新的观点相反，赖肖尔肯定日本明治维新的近代化路线，认为日本尽管不能和欧美比拟，但与亚洲其他国家相比是优等生。由此，赢得了自民党官方及保守派学者的支持，所以整个明治维新的百年纪念活动就是避开侵略战争话题，大力宣扬工业化为日本的繁荣打下了基础，进一步要为明治维新的那些先贤们包括伊藤博文树碑立传，令亚洲人，特别是韩国人十分不满。实际上，赖肖尔还曾迫使报道美国惨无人道轰炸越南的《每日新闻》国际新闻部部长大森实（1922—2010）离职，成为当时言论自由的最大干扰和破坏者。卓教授进一步指出，当时支持明治维新近代化路线与否成为判断是保守派还是革新派的一个标志。但在今日的中国，国民党外交官蒋廷黻不问近代化手段，只谈近代化成功与否的"近代化压倒一切论"史观似乎很有市场。卓教授强调，近代化本身没有问题，但如将日本视为近代化范本或倡议"近代化万能论"，则大有商讨的余地。他认为，对待这类问题要尽量回归历史的大背景，还原历史真相，实事求是。

除此之外，来自不同学院的师生还针对战后日本政界与学术界的诸多问题提出探讨，卓教授都一一予以作答。本次茶座在热烈的讨论气氛中落下帷幕。

（厦门大学新闻研究所特约研究员　吕艳宏）

【19】

孙立川：文学、历史与新闻的跨界写作
——漫谈金庸的文笔生涯

【主讲人简介】孙立川：1976年厦门大学中文系毕业留校任教。1983年10月考取日本政府奖学金赴日攻读，先后获京都大学文学硕士、文学博士学位。1993年移居香港，任职于香港中文大学、明报月刊等，现任香港天地图书有限公司董事、总编辑。中国作家协会会员。出版有译著、古籍校编、随笔集、论著等15部。

2016年3月29日，香港天地图书有限公司总编辑、厦门大学中文系76级校友孙立川博士借返乡祭祖之便，专程赶回母校，送上对母校95周岁的生日祝福，并应厦大新闻研究所邀请，为"厦大新闻学茶座"带来第19场学术交流会。本次茶座由新闻研究所副所长曹立新博士和厦大新闻传播学院首任常务副院长黄星民教授共同主持。作为著名的武侠小说研究专家、出版家和金庸先生的朋友，孙立川先生以"文学、历史与新闻的跨界写作——漫谈金庸的文笔生涯"为题，从"如何做新闻、如何做文学研究、如何做史学研究"三个层次剖析了金庸的写作历程，并结合许多不为人知、妙趣横生的文坛掌故，探讨了金庸作为报人、作家、社会活动家等不同领域所作出的贡献，引发了在场师生和金迷的共鸣。

孙立川先生1976年从厦门大学中文系毕业后留系任教。他回忆厦大新闻系筹办时，曾经聆听过老报人徐铸成的一次演讲，题目是"如何做好新闻这道菜"，听后有茅塞顿开之感，动了到新闻系工作的念头。后来到日本留学，获得博士学位，转到香港从事出版业，也算是与新闻有缘。孙先生说，高考恢复后最早几届厦大中文系毕业生，有不少人投

身新闻工作,像《人民日报》的连锦添、国务院台湾事务办公室新闻发言人范丽青等,都成为著名记者。这些名记者之所以成就不凡,无疑得益于他们所受的中文专业训练和扎实的文学功底。

金庸也是如此。孙立川先生曾编辑一套《香港当代著名作家作品选》,第一辑21位作家中有多位报人,特别是《大公报》报人。《大公报》就像是香港报业中的少林寺,人才济济,许多名家均出自《大公报》。金庸、梁羽生开始创作新武侠小说,就是在《大公报》工作期间。他们都是记者出身,是同行,是同事,又是同年,当然,还有许多同好,比如都热爱文学和棋艺。

孙立川回顾了金庸刚从上海《大公报》转到香港《大公报》时一文不名的生活。金庸是从撰写影评开始文笔生涯的。当时影评的稿费很低,一篇影评稿酬还买不到一张电影票。但是,写作影评带给金庸一个意想不到的好处是,他的武侠小说充满了蒙太奇的画面感。无巧不成书,在《大公报》写影评的金庸有一天奉老板之命给新来求职的人出考题,考者竟然是梁羽生。金、梁两人成为同事后,经常在一起喝酒对弈,也调侃起时称剑侠小说的拳头加枕头。适逢香港武术界太极派掌门人吴公仪与白鹤派掌门人陈克夫在澳门举办擂台比赛,《新晚报》总编罗孚忽发奇想,让梁羽生马上写一篇武侠小说。1954年1月20日,梁羽生果然写了《龙虎斗京华》,首刊在香港《新晚报》上。没想到,一纸风行,约稿纷至沓来。梁羽生分身乏术,推荐了金庸。就这样,金庸写出了《书剑恩仇录》。

从此,就像华罗庚对梁羽生说的,武侠小说如同成人的童话,有华人处必有武侠小说。在所有新派武侠小说作者中,孙立川特别推重金庸和梁羽生两位。一个重要原因就是,这两位作者既有不凡的文笔,又有广博的知识。梁羽生的文学、历史、哲学修养均相当深厚,而且棋艺精湛,对对联也颇有研究。他的棋话、联话都相当精彩,棋话的影响力甚至超过了武侠小说。至于金庸,孙立川介绍说,他在为自己策划的"武侠小说家的散文"丛书中"金庸卷"编选篇目时发现,金庸除了从1955年发表《书剑恩仇录》开始,一发不可收拾,连续写了14部武侠小说,后来创办《明报》,每天要写社论,还要写"北望神州""明窗小扎"等专栏文章。这些文章涉及时事政治、历史掌故、中外风云,显示了非常渊博的学识。此外,金庸还翻译过7篇外国小说。为了研究佛法，金庸还曾经将《金刚经》翻译成英文。孙立川先生认为，报人金庸、梁羽生的跨界写作对新闻学生的重要启示是，要想成为优秀新闻人，必须要广泛读书，勤于写作，还要掌握好外语。

除了更加注重文学性，孙立川强调，新武侠小说与旧派武侠小说最大的区别在于其历史内涵。金庸的武侠小说，在这方面尤其为人称道。金庸武侠小说中的许多人物本身就来自历史真实人物，人物言行刻画都符合其时代背景，没有出现某些著名武侠小说家经常出现的历史硬伤。金庸武侠小说继承了中国小说中言情与言史的传统，因而具有一种特别的感染力。金庸的第一部武侠小说《书剑恩仇录》，就是取材于他的江南故乡广为流传的一个关于清朝乾隆皇帝的故事，恩怨情仇、家国情怀，在虚实之间绘制出一幅历史画卷。此后，他的每一部武侠小说，也都无不带着对历史的思考和现实的观照，将大历史、大故事、大情怀从笔尖缓缓流出。就像中国人民大学前国学院院长、"红学"研究大家冯其庸所评价的："这需要何等大的学问，何等大的才气，何等大的历史的、社会的和文学的修养？"

"南来白手少年行，立业香江乐太平。旦夕毁誉何足道，百年成败是非轻。聆群国士宣精辟，策我庸驽竭愚诚。风雨同舟当协力，敢辞犯难惜微名？"茶座尾声，孙立川借用这首诗总结了金庸先生作为报人、作家、社会活动家等在各个行业和领域取得的辉煌成就。

黄星民教授感谢孙立川博士的分享，并期待学院在"跨"字上百尺竿头，更进一步。他主张一要跨学科，立足新闻学，掌握文史哲，跨界理工科；二要跨越时间，立足当前，尊重历史，放眼未来；三要跨越空间，立足中华，聚焦海峡两岸和东南亚，面向全球。

（厦门大学新闻研究所　王杰　樊晓丽）

单波：跨文化传播的基本问题

【主讲人简介】单波：武汉大学新闻与传播学院教授，武汉大学媒体发展研究中心主任，哲学博士。中国新闻史学会副会长，中国传播思想史学会会长。研究领域主要集中于跨文化传播和比较新闻学研究，代表性学术著作有《20世纪中国新闻学和传播学》（应用新闻学卷）（2001）、《心通九境——唐君毅哲学的精神空间》（2011）和《跨文化传播的问题与可能性》（2010）等。

我们与他者如何交流，交流中又如何跨越性别、国籍、种族、民族、语言与文化的鸿沟？这是一个困扰人类跨文化传播活动的核心问题。围绕这个核心问题，进而从以下四个方面的追问与探寻中撑开跨文化传播的立体思维：

"我能够交流吗？"

"我、我们与他们的关系如何走向自由、平衡？"

"文化的多样性统一如何可能？"

"如何面对媒介作为桥与沟的双重文化角色？"

在2016年4月22日厦门大学新闻研究所主办的第20期"厦大新闻学茶座"上，长江学者特聘教授、中国新闻史学会副会长、武汉大学新闻与传播学院单波教授通过上述四个问题引发人们思考跨文化传播的可能性，作了题为"跨文化传播的基本问题"的主题报告。

文化与传播的同构

单波教授从2008年北京奥运会开幕式的画卷谈起，认为传播既是文化画面展开的形式，又是文化生产的"工厂"。当我们注意到画卷中的中国元素时，必定也会看到传播的偏向，当我们走进"工厂"时，可感受到传播创造文化以及文化间的关系，体会到在传播中按照文化存在和发展的需要去设计文化。这样一来，"文化与传播同构"所表现的难题就在于，当文化的偏向与传播的偏向互现时，不同文化背景的人与人之间的理解与沟通会显得相当艰难。

事实上，跨文化传播最基本的层面就是个人与陌生人的交往关系。单波教授认为，"跨"字翻译的并不好，需要讲究主体间性。在相互交往的特定社会文化系统里，我们会产生各种角色的分配，一个是分配出作为社会文化系统内部成员的"我们"，一个是分配出作为与一定文化系统相异并且不完全被群体成员接受的"陌生人"的"他们"。每一种文化都试图用自己的价值去观察和评价他者，所以，文化具有民族中心主义倾向。与民族中心主义相伴随的是刻板印象、偏见和歧视，它们共同构成了跨文化传播的阻碍。如何跨越阻碍呢？单波教授认为，根本的方法在于把这些障碍作为反思的对象，反思社会文化结构的偏向问题和文化间交流的非理性问题，认识跨文化传播的实质，才能走向更全面、自由的跨文化传播。

人是传播关系的总和

大家都知道"我思故我在"这句名言，笛卡尔（René Descartes）通过怀疑的方法论证了"我"的至高无上性，由此确立了人的主体性。主体性哲学以作为主体的自我为基点出发，这就免不了他人被当作客体的命运，即我们只重视表达自我的观点，而缺少倾听他者声音的诚意，只兴奋于话语对他者的穿透，而忽略他者的解读所生产的新意义，只忠实于自己的文化价值与习俗，而失去"从他者出发"的跨文化态度，处于非交流状态。虽然主体性哲学家希望他的"我"就是"普遍的我"，但问题是我的世界何以能超越我的界限而达到他者？我的话语何以能成为共同的话语？历来的主体性哲学家并未给予圆满的解答。

单波教授认为，从单一的主体出发，并不能找到跨文化交流理想的状态，只能回到主体与主体的传播关系，即主体间性这个层面，重新建构包含了我们与他者联系的更高的主体性，即通过中介化的客体和客体化的中介，向多极主体开放，与多极主体同时构成"主—客"关系，形成"主体—客体—主体"三极关系结构。借鉴马克思从主体间交往实践提出的"人是社会关系的总和"，单波教授认为人是传播关系的总和：第一，人与人的关系总是同传播紧密联系在一起，不可分割；第二，人与人的关系的性质由成员之间的传播所界定；第三，人与人的关系是在参与者的协商谈判中发展的。从这个角度来审视，我与他者的关系根本不是什么传播主体和传播客体的关系，而是同一传播活动中共生的两个主体，传播中的主体和主体之间共同分享着经验，进而形成意义分享，由此形成了主体之间相互理解的信息平台。

他者是主体建构自我意义的必备要素

如何处理好主体间性问题？单波教授认为要先处理好"他者"的问题。主体间性转换为文化间性，即如何形成文化间的互惠理解，提高每一个个体超越自身和与其他文化互动的能力，从而建构完整的自我意识。要做到这一步，只能"从他者出发"，把自己的偏好悬置起来，从而看见他者、听见他者进而理解他者，建构文化的多维视野。但这样做存在两个难题：第一，在人类与生俱来的文化中心主义视野里，他者是受到贬抑和排斥的；第二，我们即使承认差异的重要性，为他者的出现留出空间，但这样的他者常常转化成同一或自我的他者，也就是占有他者或同一他者。为解决这两个难题，法国著名的犹太哲学家莱维纳斯（Emmanuel Levinas）强调"彻底的他者"或"绝对的他者"，这在理论上虽然避免了同一化，但问题是把他者绝对化就是把差异绝对化，我与他者就失去了跨越文化的可能性，失去了理解与沟通的可能性。

事实上，我与他者的差异性在语言学、人类学、精神分析学等层面都有其存在的意义，"他者是主体建构自我意义的必备要素"是一个重要的理论命题，这一命题导引出一个悖论：差异性决定了我与他者之间不能完全理解，但否定差异，我与他者之间就根本无法理解，甚至也无法理解自我，把他者纳入我的语境之内进行理解只能导致单面的理解或扭曲性的理解。这一悖论又进一步导引出一个应然的命题：我们应该理解并接受差异性，在差异中理解自我的意义，在对话中建立互惠性理解。

从多元文化主义转向文化间性

世界是一元的还是多元的？哲学认为是多元的。文化多元主义（multi-culturalism）的理想照进现实起源于加拿大总理特鲁多（Pierre Trudeau）1971年发表的演讲，将多元文化主义列入政府的施政大纲，明确宣称不主张同化，不主张消除文化差异，每个人都能在一个团结统一的国家中和平共处，并鼓励各民族在保持本族文化的前提下彼此共享文化特色和价值观。文化多元主义政策确实为跨文化传播提供了更宽容的政治氛围和权利对话的政治基础。然而，单波教授认为多元文化主义在传统的文化理解上过于强调"差异"而常常变为"多元单一文化主义"，特殊文化认同的诉求引向了隔离区化和文化原教旨主义，有明显的政治偏失，强调了文化群体的主体性，而忽略文化间性（inter-culturality）问题。

为纠正这种政治偏失，单波教授认为需要超越多元文化主义政治，追求多元文化的和谐政治，以文化间性来对治差异引发的社会偏见和社会分裂，从而形成跨文化传播的政治基础：第一，并不缩减文化的多样性，而是加强文化的多样性，由单一文化身份转向跨文化身份；第二，不以损害少数群体的利益为代价，而是强调在尊重少数群体利益、寻求共同利益基础上的利益平衡；第三，放弃"多元单一文化主义"的角度，转而从多样性交往层面看待不同文化或不同族群的共存；第四，拆解多元文化主义在国家内部筑起的群体间的壁垒，试图使每一个人在交往与合作中感知群体间的共性，形成群体间的理解与接受。

从软权力转向平等权力

美国哈佛大学政治学教授约瑟夫·奈（Joseph Nye）1990年提出的软权力（soft power）能真正带来世界的和平与安全吗？单波教授认为，软权力和硬权力是强制性权力的两面，两者都是通过控制、支配、影响他人行为以达到目的的权力；软权力来源于控制和支配的欲望，并在运行过程中不断生产控制和支配的欲望，这种欲望在释放和扩张之时直接让文化软权力与文化中心主义、文化霸权主义等同起来，产生中心与边缘的冲突，从而背离和平与安全；软权力以霸权的形式运作，把各种社会力量整合到一系列策略性的联盟之中，试图使某个集团占有领导地位，以致它的支配权拥有广泛的赞同力量并看起来是自然的和不可避免的，从而取得对其他集团的一种优越性。

软权力与"co-optation"联系在一起，预设了霸权文化的主体地位，而且把它所具有的建立一套约束国际行为的有利规则和制度之能力视为至关重要的权力源泉。究竟如何让权力成为积极的、具有创造性的力量呢？单波教授认为，答案就是让权力回归人的创造力。与把文化吸引力当作支配他者的资源且使文化异化为工具理性控制力的约瑟夫·奈不同，我们更需要跨文化传播奠基人爱德华·霍尔（Edward T. Hall）提出的不以等级制或支配和服从为基础的平等权力，平等权力是人的创造力的重要表现。

跨文化传播的和谐理念

跨文化传播需要以文化间性（自由的、和谐的多元文化主义）和平等权力为政治基础，从文化间性出发，可以对治差异所引发的偏见与社会分裂，消解多元文化主义的政治危机，而平等权力则可以使人把权力看作是做事的、达到目标的特别是与人合作的能力，而且人在创造性的文化实践中有能力建构这种政治可能性。

跨文化传播的终极目的究竟是什么呢？单波教授认为目的不在于建立个人的文化主体性，而是形成从他者出发的相互理解的文化主体间性，不是像社会共同体理论那样，消除人的文化特性和差异性，分享共同性和社会共同体经验，也不是像某些后现代理论那样，强化个体文化身份的独特性和不可替代性，而是达成人与人之间彼此倾听、彼此宽容与理解的文化关系。

本次茶座由厦门大学新闻研究所副所长曹立新博士主持，《国际新闻界》协办。出席茶座的有来自新闻、人文、外文、经济、管理、物理、材料、社科处等多个学院和行政机构的师生们，大家带着对跨文化传播的主观意愿、自我实践和理论想象,就单波教授提及的"主体间性""文化间性""软权力的霸权性"等问题,从哲学思考、文化研究、国际传播等视角与单波教授展开了颇具启发性的跨学科的对话与交流。

(厦门大学新闻传播学院　罗慧)

【21】

赵鹏：如何讲述中国故事

【主讲人简介】赵鹏： 现为人民日报社海南分社社长。1994年山东大学中文系毕业后进入人民日报社地方部，2003年为人民日报社福建分社采访部主任。2010年因紫金矿业污染系列报道获第16届中国新闻奖三等奖。2011年因福建省长汀水土流失报道《长汀：十年治荒山河披绿》，获得习近平同志亲笔批示。迄今为止，所采写的新闻报道受到习近平总书记5次批示。2014年因《驻村三日》获第20届中国新闻奖三等奖。2013年入选教育部和中宣部组织的"高等学校与新闻单位从业人员互聘千人计划"，受聘厦门大学新闻传播学院兼职教授。2018—2019年挂职中宣部新闻局。

2016年5月31日，厦门大学新闻研究所举办了第21期"厦大新闻学茶座"。主讲人是人民日报社福建分社采访部主任赵鹏，主题是"如何讲述中国故事"。

1994年赵鹏进入人民日报社记者部，旋即派驻福建，扎根地方基层22年，驻地记者实践经验异常丰富，采写了一批优秀新闻作品，2010年、2014年两度荣获中国新闻奖。

作为人民日报社资深记者，赵鹏对"中国式"的新闻和新闻生产有独到的见解。他从"什么是马克思主义新闻观""什么是中国故事"和"怎样讲好中国故事"这三个方面来叙述，尤其是对"什么是中国故事"展开了精当的阐述。

秉持着记者的激情和才情，赵鹏高扬马克思主义的新闻观念，强调中国共产党党报的当下任务就是为党赢得话语权、打牢执政基础服务。他认为在新闻报道领域所说"中国故事"就是应该从国际视野、从某个个体、某个群体、某个区域、某个领域自身命运变化所叙述的发展经历，以此表达、传达当下每一个中国人对于社会主义核心价值观的践行与探索的思考。他还认为"怎样讲好中国故事"是实践性的、技术性的活儿，新闻观才是先决性的、根本性的问题；好的新闻不但要传递信息，还要传递思考；不但要到现场中去，还要到历史中去。

本次茶座由厦门大学新闻研究所主办，《国际新闻界》协办，新闻研究所副所长兼秘书长毛章清老师主持，有40多位茶友参与，除了新闻传播学院师生外，厦门日报社还来了4位记者，就一些专业性问题参与讨论。

（厦门大学新闻研究所　张雪）

【22】

卓南生：战后日本传媒亚洲报道的变迁与特征

【主讲人简介】卓南生：1942年生于新加坡，早年在新加坡华中和南洋大学受教育。1966年负笈东瀛攻读新闻学，毕业于早稻田大学政治经济学院新闻系，后获立教大学社会学（专攻新闻学）博士学位。1973年返回新加坡，历任《星洲日报》社论委员兼执行编辑、《联合早报》社论委员兼东京特派员。1989年转入学界，先后在东京大学新闻研究所、京都龙谷大学任教，现为龙谷大学名誉教授、北京大学客座教授、厦门大学新闻研究所所长。主要中文著作有《中国近代报业发展史1815—1874》（增订新版）、《日本的亚洲报道与亚洲外交》和《卓南生日本时论文集》（全三册）等。

2016年7月9日，第1号超强台风"尼伯特"登陆福建之际，厦门大学新闻研究所主办的第22期"厦大新闻学茶座"在测风观雨后得以如期举行。新加坡旅华学者、厦大新闻研究所所长卓南生教授结合战后日本在亚洲的国际关系，围绕日本传媒亚洲报道的变迁与特征同与会者进行了深入交流和探讨。

本次茶座由《国际新闻界》协办，厦门大学新闻传播学院特聘教授陈培爱主持。陈教授首先对顶风冒雨而来的参会者表达了敬意，继而指出在中日关系的艰难时期深入研究日本问题的必要性并对本次茶座充满期待。

战后日本大众传媒的特征

卓教授指出，日本是一个"传媒大国"，日本大众传媒的影响是其他国家无法相比的。他表示，通过分析日本大众传媒的报道倾向，往往可以得知日本的政治、外交走向。

就战后日本大众传媒报道的特征来看，卓教授认为有以下三个特征：其一是"划一性"，用中国人比较熟悉的词汇来说，叫"统一口径"。所谓"划一性"，并不是说它们的报道完全一模一样，有时候各个媒体也会有论争，但是主要的引导方向很明确。第二个特点是"集中豪雨型"，卓教授举例说一份三十六版的大报，从第一版到第七、八版，再加上后面的第三十四、三十五版，几乎都是同一个话题，显然这已经不是普通的报道了，而是一种宣传。第三个特征是激情主义，也就是煽动性。卓教授指出，不少日本学者认为按照西方新闻学的观点来看，日本是没有所谓的"高级报纸"的，因为高级报纸一般发行量有限，以报道严肃的政治、经济的硬派新闻为主。然而日本的几家大报发行量达几百万份甚至是一千万份，并且以所有的读者群为对象。就一份报纸来看，其社论为迎合各方，可能写得貌似公正，四平八稳，但是在报道方面却有其偏颇与煽情的一面。

此外，还有一个值得关注的动向，就是日本政、官、商、媒的铁四角关系。这种现象其他国家可能也会有，但像日本这样突出，还是少见。

关于日本媒体的报道特别是国际新闻报道的特征，卓教授指出首先是"国益论"优先。所谓"国益"并不一定是真正的国家利益，在不少情况下往往是政府的利益、当权者的利益、大企业的利益、政权得益者的利益。其次是以日本和日本人为中心，就是说日本媒体不会重视和大力报道和日本或日本人没有直接关系的话题。再次是大国意识，不管是在战前还是战后，在日本媒体的报道中都有自认为日本是亚洲的当然老大，有潜在乃至于明显的"盟主"意识。

战后东南亚报道的变迁与特征

谈到战后初期日本的亚洲外交，卓教授指出其特征之一是优先和东南亚各国建立外交关系。因为在东西阵营对峙的冷战格局下，当时美国不愿日本和中国发生外交、政治和经济关系，所以战后日本的主要路线是南下发展。而战前日本是以北进为主，先占领朝鲜半岛，占领"满蒙",占领中国东北,甚至冀图侵占整个中国。当时日本"大陆派"之所以坚持北进而不南进,主要是因为南方基本上是欧美的殖民地。但这并不意味着日本完全放弃南进,等到"大东亚圣战"的时候,就南北并进,结果遭到惨重失败。战后日本无法北进,既与战后美国对日本的单独接管有关,也与1949年中华人民共和国的诞生不无关系。

二战后的美国,担心中国和日本合作后美国将失去在整个亚洲主导的地位。于是如何分裂中日两国,就成为美国的一个长期战略。1952年4月28日,《旧金山和约》和《日美安保条约》两大条约生效与《日华和平条约》的签署,奠定了日后中日关系发展的方向,埋下了中日关系不友好的伏笔。

借助美国的扶持,日本顺利回到东南亚。但是战后日本对东南亚的思维仍然与战前"北人南物论"的思维一致,日本战后很快将东南亚视为它的势力范围。正是因为如此,战后有一段时间,日本和东南亚的矛盾非常突出,20世纪70年代东南亚经常发生"反日游行"。泰国就曾有为期十天的"抵制日货行动",在印度尼西亚,田中角荣首相访问时,甚至发生因"反日"暴动而闹出人命的事件。实际上,日本当年在东南亚所遇到的抵制和反抗绝不亚于今天的韩国和中国。而今天被喻为日本"软实力"的文化交流、国际交流的战略,最初是为了应对东南亚的,当时不少日本论客就明言要培养"亲日分子"。

卓教授指出,在这样的情况下,日本对东南亚报道的特色,首先体现在"期待与不安论"。日本主流媒体刻意渲染东南亚的落后与贫穷,强调各弱小民族对日本经济技术援助的期待。但因为日本战后没有真正的赔偿,没有真正的道歉,所以日本媒体提醒当局注意东南亚各国经常出现"军国主义复活论",指出东南亚人民对日本卷土重来感到不安。

战后的东南亚,对日本的称谓最流行的一个词是"经济动物",以至于泰国一名部长曾指责日本说:"日本人乘坐日本的飞机到曼谷,住在日本出资的酒店里,吃着日本的便当,然后再到日本的夜总会消费,最后再乘着日本的飞机回国,在泰国没有花一分钱。"由此我们可以看出当时日本和东南亚的摩擦还是非常严重的。

卓教授指出,刺探东南亚"对日感情"的变化与出谋献策,是当时日本主流媒体进行东南亚报道的"天职"。

中日关系正常化与"福田主义"三原则

卓教授认为，1974年1月田中角荣访问雅加达，发生"反日大暴动"，宣告了日本战后南进政策的总破产。在痛定思痛之后，日本调整并修补了其东南亚对策。最著名的就是时任首相福田赳夫1977年在马尼拉发表的"福田主义"三原则。其中第一个原则就是日本保证不成为军事大国，后两个原则强调日本与亚洲人民要"心连心"，相互尊重。虽然第一个原则，即保证不成为军事大国才有实际意义，但众所周知，这第一个原则早就被日本当局扔掉了。

战后初期日本对亚洲报道的重点是东南亚。但在1972年中日恢复邦交之后，日本媒体对亚洲的报道也随着国策的改变而改变。

卓教授在讲解时又着重提到1952年4月《日华和平条约》签署的重大影响。他指出，那时的新中国是不被承认的，直到1972年田中角荣访华，中日关系才走向正常化。对于所谓战后的"中国对日本不重要""日本在中国得不到什么好处"的观点，卓教授表示不同意。他认为，这是日本方面刻意放出的虚假信息，如果战后的北进真的在中国得不到好处，当年日本也不会几经折腾，甚至是在与美国闹翻脸的情况下也要来中国。

当时日本财界人士所持的心态是要近水楼台先得月。他们对美国总统尼克松，没有和日本打招呼就跑来中国非常不满。当时有人就主张"美国坐火车，我们要坐飞机"。正是在这样的背景下，日本在20世纪70年代掀起了一股中国热，最典型的就是"熊猫热"和"茅台酒热"。卓教授讲到非常典型的一个事例：1980年熊猫和时任日本首相大平政芳同时去世了，一名漫画家笔下的现象是"关心大熊猫的人比关心首相的还多"。

中日恢复邦交之后，有一段时间关系比较友好，因此战后日本有些人认为这是中日两国的"蜜月期"，卓教授对此不以为然。他认为两国不曾也不可能"结婚"，何来"蜜月"？尽管1978年中日友好条约正式签署，但好景不长，1982年就发生了用"进出"代替侵略的日本教科书篡改事件，1985年中曾根首相率领其阁僚公式参拜靖国神社，日本和亚洲的关系遂告冷化。不少亚洲国家从主张向日本学习，以日为师，转为对日本严厉的批判。这批判声不仅来自中国,也来自韩国和东南亚各国。

20世纪90年代,国际政治最大的特点就是冷战结束。它体现在日本是其政坛进入总保守化时代,最具代表性的就是1994年日本社会党委员长村山富市投奔自民党阵营搞联合政府。村山富市因为1995年发表了"村山谈话",所以不少人把他当作正面人物看待,但认真分析,不难发现,日本正是在村山富市挂名首相期间抛弃了社会党建党以来所有牵制日本走向老路的旗帜。他之所以被自民党的人喻为"名宰相",就是因为他断送了日本社会党的前途,将社会党赖以生存的反对修宪的家传法宝拍卖精光。正是在这样的背景下,日本传媒的亚洲报道也随之趋于总保守化。

从"北方领土"至"南方领土"

在谈到战后日本传媒亚洲报道的变迁背景时,卓教授着重分析1996年4月17日《日美安保条约》重新定义带来的日本战略的改变,这个改变也促使原本"搁置争议"的钓鱼岛问题复杂化。安保条约重新签署之前,美国对日本采取的政策在相对上有所牵制,而在这之后则转变为美日两国共同制衡崛起中的中国。当时日本有人就主张要将战略从"北方领土"转为"南方领土"(指钓鱼岛问题)。日本官方当时便开始低调否定钓鱼岛搁置争议的共识。与此同时,日本传媒在报道和评论上,也倡议对中国打出四张王牌,即"中国威胁论牌""两岸分裂牌""经济援助牌"和"北京怕乱牌"。

改革开放以来,中国对日政策总的来说是采取"斗而不破"的政策。日本方面则一直在试探北京"不破"的底线。也正是借助这样的政策,日本鹰派领导人一方面公式参拜靖国神社,修改教科书,为其国民洗脑,试图走战前老路;另一方面,加强与中国交流,表面上宣称要以中日友好为重。此后,虽有"破冰之旅""融冰之旅""暖春之旅"等,给人的印象是中日关系似乎有所改善,但这仅仅是外交的表象。

在小泉时代、民主党掌政时期和安倍两度登上首相宝座的时期,日本大众传媒更进一步加紧配合国策,强化其中国问题的报道。卓教授讲到,就这一点上,中国媒体的报道和日本媒体的报道有很大的差别。例如，对于安倍首相访问中国前对参拜靖国神社问题"不说去也不说不去"的模糊政策以及两国领导人的互访，日本媒体的表达非常清楚，就是两个字："演出"。换句话说，日本媒体提醒日本读者：这只是一场外交游戏。反观中国媒体，关键词只有"友好"与"非友好"。当然，这体现了中国方面恳切希望一切往好的方面发展看待的一厢情愿。

那么，在美国"重返亚洲"、制定所谓"再平衡"政策之后，日美同盟关系又有什么调整呢？可以这么说，日本进一步投入美国的怀抱，美国更迫切需要日本这枚棋子来重新制衡中国。最典型的例子是反映在东京策划购买钓鱼岛的事件上面。

首先，是东京都知事石原提出购买钓鱼岛的构想。针对石原的购岛计划，《产经新闻》和《读卖新闻》是全面支持的，《朝日新闻》《每日新闻》和《东京新闻》则持反对态度。卓教授认为，全面支持当然应该批判，但持批判态度的是否就应该无条件给予掌声呢？这是一个值得思考的问题。

卓教授进一步分析，发现部分日本媒体之所以批判石原构想"不可理喻"，是因为石原只是区区的东京都市长，但"购岛"是国家大事，正如《朝日新闻》所说的，此事还轮不到你来管，要接管，需要国有化，应由国家购买，而不是石原。因此如果只看到《朝日新闻》在批评石原，就以为《朝日新闻》敢于说话，反而是上了日本舆论界的大当。卓教授指出，实际上，正是借助这样似是而非的舆论，日本当局伺机以待，由国家出面"购岛"。从这个角度来看，像《朝日新闻》这样小骂大帮忙的报纸，并不是像一般媒体所说是"亲华""友好""开放"，而是更官方的。由此可见，对于日本传媒的亚洲报道，必须认真思考与分析，辨析其真相与假象，否则容易掉入其话语的陷阱。

卓教授的发言，引起了与会者的热烈讨论。茶座在意犹未尽声中结束。

（厦门大学新闻研究所特约研究员　吕艳宏

厦门大学新闻研究所　樊晓丽）

【23】

郑学檬：东方想象：海上丝绸之路的边际效应

【主讲人简介】郑学檬：厦门大学历史系教授。曾任厦门大学常务副校长、厦门华厦职业学院院长。代表性学术著作有《五代十国史研究》（1991）、《中国古代经济重心南移和唐宋江南经济研究》（1996、2001）等，合著有《简明中国经济通史》（1984）、《中国赋役制度史》（1994）等。1994年和1998年两次获"全国高校人文社会科学研究优秀成果奖"研究著作二等奖。学术兼职曾有全国高校古籍整理委员会委员、全国历史科学教学指导委员会副主任、第四届福建省社联副主席、中国唐史学会会长、中国经济史学会副会长等。

2016年11月26日，由厦大新闻研究所主办的第23期"厦大新闻学茶座"邀请了知名的历史学者、厦大历史系郑学檬教授，就"东方想象：海上丝绸之路的边际效应"这个主题跟诸位茶友对话与交流。本次茶座由新闻研究所副所长曹立新主持并点评，由《国际新闻界》协办。

一位走在时代前列的学者

郑先生不仅是华夏传播研究的拓荒者，还是"一带一路"历史研究的践行者。从1993年开始与香港中文大学余也鲁、台湾政治大学徐佳士和中国社会科学院新闻研究所孙旭培一起，推动在中国大陆开展有计划有组织的华夏传播学术研究和人才培养。作为一名唐史研究专家，20

世纪 80 年代就关注"陆上丝绸之路",进入 21 世纪开始探索"海上丝绸之路"。

郑先生以海丝之路始发港和郑和下西洋这两个学界热议的问题为例,认为历史研究、传播研究不仅需要想象,还需要实证,走进历史现场才能得出实事求是又恰如其分的解释。他认为并不存在固定的所谓"海上丝绸之路"始发港,因为历史上的中国海上贸易港口始终处于变动之中;如果离开郑和是伊斯兰教徒和大额胡椒贸易,仅从民族主义角度就不能洞悉郑和七下西洋成功的原因。

海上丝绸之路引发的"东方想象"

郑老师从"得意忘形"这个成语着手,开始阐发所谓"东方想象"。"得意忘形"源自《庄子》的一句话"得鱼忘筌,得意忘形","筌"是捕鱼的鱼篓,是形而下指物;"意"是形而上的抽象,得到了形而上的"意"后,就把形而下的"物"忘掉了。换而言之,形而下的"物"经过信息传播后就会产生形而上的"意","意"即想象。所谓西方人的"东方想象",就是在丝绸之路里面发生的人、事、物,如何在西方人脑子里形成具有哲学高度、思维高度的"意",然后这种"意"又怎么转变成为一种政治行为,甚至战争行为。

利用地图展示,郑老师详细介绍了"海上丝绸之路"概念的形成与内涵,认为海丝之路不仅是海上贸易、海上移民之路,还是宗教传播、文化传播之路。他指出,"海上丝绸之路"实际上是分西段、中段和东段,对此作了细致地解读,认为这三段从海上贸易、文化传播来讲有很大的区别。

之后郑老师从"什么是东方想象"破题,详细描述了"东方想象"的诱惑十剂,也就是从海上丝绸之路贸易的十种具体商品讲述中国对西方物质文明和精神文明的影响。"东方想象"就是指西方(欧洲、北非、中亚)对东南亚、对中国的梦想——繁荣、富裕、文明、神秘,富有异国风情。

关于"东方想象"主要有两种说法,一种源于欧洲的文学界,一种源于欧洲的学术界。从杜平的著作《英国文学的异国情调和东方形象》可知,从中世纪开始,东方异域便进入了英国文人的审美视野,特别是从 19 世纪的浪漫主义文学开始，伴随英国在世界范围内影响的扩大，英国文学一跃成为东方形象创造的主导力量。在学术上，文艺复兴后期，欧洲对古希腊所爆发的热情开始向东方转移，由此产生半真实半想象、半悲剧性半喜剧性的"研究结果"，成了一种新形式的东方学话语，如东方学家米诺斯基的著作《马尔瓦兹论中国、突厥和印度》。

西方的"东方想象"，一开始就伴随着欧洲的工业化，伴随着资本主义的全球扩张，这种工业化生产需要寻找原料、寻找市场、寻找黄金的梦想自然而然地在文学上、学术上有所反映。

"东方想象"的"诱惑"十剂

"东方想象"在这样的历史背景下被激发出来，它需要具体的载体。于是郑老师列举了丝绸、瓷器、麝香、大黄和朱砂，还有指南针、道教、佛教、茶叶和漆器这十个具体面向，作为"东方想象"的十剂"诱惑"载体，以此说明当时如何激发西方的"东方想象"。

在"东方想象"的十剂"诱惑"中，有物质享受之用的丝绸、瓷器和漆器（家具），有化妆治病之用的麝香、大黄和朱砂，有航海技术之用的指南针，还有触及中国儒、道、佛的心学，从物质生活到精神生活再到审美情趣，一应俱全又颇具代表性。尤其是丝绸、瓷器、麝香和茶叶，这是激发西方人的"东方想象"最特殊、最重要的四种东西。比如丝绸，从海上贸易来说，中国大量出口的是瓷器和药材，由于气候潮湿，丝绸从来不是主要的商品，以丝绸来命名海上贸易之路名不符实，这实质上就是欧洲人东方想象下的一个产物。

"东方想象"的边际效应

郑老师认为，由于丝绸之路引发了欧洲人对东方的物质、思想、美术、工艺和医药的一种迷恋，从而产生一种半真半假的、无限放大的思考与想象，这就是东西方文明交流。文明交流从来不是一帆风顺的，也不都是正确和正式的。西方人的"东方想象"是一个复合体，既有形而下的贸易和战争，又有形而上的宗教和艺术，互为交织，既是复杂的历史进程，也是复杂的传播活动。

"东方想象"激发了穆斯林和欧洲人的冒险精神,助成东方航路的开辟,促进了地中海—印度洋—太平洋贸易带(即海上丝绸之路)的形成发展。"东方想象"还滋生了征服思潮,先是伊斯兰教的传播,主要是在苏门答腊、马来半岛、爪哇,后是天主教、基督教的传播和殖民征服,对中国、对东南亚造成几百年的苦难。由此可知,海上丝绸之路的影响是从形而下到形而上,这就是它的边际效应。

(厦门大学新闻研究所　毛章清　张雪)

【24】

卓南生：如何看待"新报"与"古代报纸"的区分与关系

【主讲人简介】卓南生：1942年生于新加坡，早年在新加坡华中和南洋大学受教育。1966年负笈东瀛攻读新闻学，毕业于早稻田大学政治经济学院新闻系，后获立教大学社会学（专攻新闻学）博士学位。1973年返回新加坡，历任《星洲日报》社论委员兼执行编辑、《联合早报》社论委员兼东京特派员。1989年转入学界，先后在东京大学新闻研究所、京都龙谷大学任教，现为龙谷大学名誉教授、北京大学客座教授、厦门大学新闻研究所所长。主要中文著作有《中国近代报业发展史1815—1874》（增订新版）、《日本的亚洲报道与亚洲外交》和《卓南生日本时论文集》（全三册）等。

2016年12月14日下午，第24期"厦大新闻学茶座"在厦门大学举行。厦门大学新闻研究所所长、北大新闻学研究会副会长兼导师卓南生教授围绕如何看待中国新闻史上"新报"与"古代报纸"的区分与关系做了主题报告。

适逢方汉奇先生90寿辰、从事新闻教育65周年纪念之际，针对何为方汉奇先生的新闻思想和代表性新闻著作，卓教授一边与茶友问答互动，一边讲述他与方先生交往的三十年及其见证的中国新闻史学界的变迁，他认为应以实事求是的态度来反思、评价与继承方先生的新闻史学思想。他将视线集中于中国近代型报纸（"新报"）的诞生及其与中国传统新闻媒体的渊源与联系。

卓教授坦言青少年时代在新加坡由于中国大陆和香港50多家出版社的书籍被政府禁止，除了部分港台书籍外并无其他中文图书可供阅读。1966年留日以后的20年，由于日本学界关心中国新闻史学领域的专家极为稀少，直到1987年首次访问中国与方先生结缘并开始与中国新闻学界交往后才有"吾道不孤"之感。

方汉奇独具慧眼成立史学会

卓教授回忆了1992年6月在北京召开的首届中国新闻史学研讨会，并对方汉奇先生号召组织新闻史教学与研究梯队的远见与开荒拓野的精神表示敬佩。卓教授特别提起方先生在首届中国新闻史学研究会上所作的专题发言《中国新闻史研究的历史与现状》。在这篇主题报告中，方先生不仅总结了1927年戈公振《中国报学史》问世以来中国新闻史学研究的三个阶段（即1927年至1949年的新闻史研究的奠基阶段、1949年至1978年"文化大革命"结束为止的阶段及1978年以后"中国新闻史研究空前繁荣时期"）的特征，还及时提出了当时（1992年）新闻史研究者应注意的如下三个问题：一是加强报刊、重点广播电视、电视台和通讯社的个案研究；二是重视新闻史资料的累积；三是加强新闻史研究工作者之间的协作。

卓教授认为这三个建议迄今依旧具有现实的指导意义，特别是坐冷板凳打牢地基的基本史学功夫不被重视的今天。他认为其中主张重视对重点媒体研究的个案研究，其实就是后来方先生再三强调，也被广为引述的"打深井，做个案研究"的呼吁。

针对"重视新闻史资料的积累"，方先生将第一手资料视为木之本、水之本这一论断，即便是在数码化和大数据时代的今天，也未成为过去。

至于第三点，"加强新闻史研究工作者之间的协作"，最明显的成果是在中国各地区各院校各研究所研究者合作下，当时完成了《中国当代新闻事业史》和《中国新闻事业通史》两个研究项目。后者共有24个单位的47名新闻史工作者参与，可以说是尽力调动了研究者协力合作的力量，这是十分难能可贵的。

重读1992年方先生的主题报告，和1998年方先生在中国新闻史学会学术研究会开幕式上的发言，再加上1986年发表的方先生大作《花枝春满蝶舞蜂喧——记1978年以来的新闻史研究工作》，卓先生表示对改革开放以来中国新闻史研究历经艰难的路程有了深一层的认识。他建议年轻的研究者在发出诸如"中国新闻史研究往何处去?""研究新闻史有何意义?"等质疑之前先细读上述这几篇文章。

在谈及方先生的学术著作时,卓教授认为1981年出版的上下两册《中国近代报刊史》(山西人民出版社)是中外新闻史学家所公认的一部自1927年戈公振《中国报学史》问世以来条理最为分明、论述最为翔实、最具权威的中国新闻通史。

邸报是原始状态的报纸

卓教授表示,由于他在日本求学时期师从日本新闻学奠基人小野秀雄教授战后的大弟子平井隆太郎教授,因此对小野和平井两位老师关心的"新闻发生史"一直保持着浓厚的兴趣。

要探讨"近代型中文报纸"(即"新报")的"发生"缘由、特征及其"形成过程与确立",无论如何都不能避开对"新报"之前中国固有报纸的理解和界定的这一关。在接触以方先生为代表的中国大陆学者的论著之前,卓教授基本上是沿着戈公振《中国报学史》的说法,将之定位为"官报独占时期"。但在细读《中国近代报刊史》及改革开放后陆续出版的几部中国新闻史著作之后,他同意方先生等学者的看法,"官报"并不足以涵盖"近代型中文报纸"以前中国的所有报纸,因为宋朝已有民间出版、严受官方取缔、查禁的"小报"。到了明清,已有官方的民间报房的存在,尽管报房皆受官方的严密控制和管制。针对这时期的报纸,方先生和他同年代的中国大陆新闻史学者皆统称其为"古代报纸",卓教授在接触方先生等的著作之后,也接受"古代报纸"的概念和看法,并反映在他的论文和著作中。

但在使用"古代报纸"这一概念时,卓教授坦言他仍有抵抗感和不安感,问题不在于对"报纸"的定义,而是在于对"古代"这两个字的年代界定。毕竟,邸报问世以来的唐宋明清与"古代"的概念并不太匹配。也许在未来,在更多学者对"古代报纸"(姑且称之)有更深入研究和探讨的基础上,新闻史学界能对此提出更恰当的名词,或对此作更合理的阐释与修订以达成共识。

为了进一步了解中国固有的报纸及其源流,卓教授重读了方先生

1983年撰写的著名论文《从不列颠图书馆藏唐归义军"进奏院状"看中国古代的报纸》及方先生1978年撰写、1980年出版的"内部用书"《中国古代的报纸》,深受启发。前者对"世界上现存的最古老的一份报纸"——"进奏院状"(公元887年),进行了全面的梳理和考究。后者共分四章,分别阐述了古代的封建官报——邸报;宋朝以后的小报;明清两代的报房及其出版的京报;劳动人民及封建的革命宣传活动。全书有理有据,颇有说服力。

针对"古代报纸和近现代报纸的区别",方先生在上述研究"进奏院状"论文的结语中有清楚的说明。

卓教授认为其中可圈可点的论点有二:

一是强调唐代的邸报是"原始状态的报纸",近似于西方中世纪的"新闻信",却比西方最早的新闻信还要早几百年。

二是指出"古代报纸"和"现代报纸"存有差异,不能用现代报纸的模式去硬套和苛求古代的报纸。

小野新闻史观与"瓦版"新闻

卓教授强调,放眼世界新闻史,各国新闻史学家对这两个论点并未存有异议。以研究新闻发生史闻名的小野秀雄先生就对中国唐代的邸报及宋代的朝报有高度的评价。

他对唐代"邸报"和宋朝"朝报"在世界新闻史上所占的地位,与中国学者的看法是近似的。他并非原封不动地将欧美的新闻发生史的概念用来理解中国新闻史。

正是出自这样的分析角度和认识,小野先生也在努力和摸索在近代型报纸出现之前日本是否有其独特的"新闻(报纸)类似物"或"新闻信"的存在。在小野先生及其弟子们的共同努力下,终于发现了日本在德川初期也曾发生过将新闻印成单张,或印成小册子的印刷物,这就是今日日本新闻史学家津津乐道的"瓦版"新闻。由于贩卖者当时是沿街边读边卖的,瓦版新闻也被称为"读卖瓦板"。小野先生认为其性质与德国沿街贩卖的flugblatt(德文原义是"飞纸",即flying page)具有相似的性质和功能。

卓教授指出,"瓦版"新闻写入日本新闻史册,说明了日本新闻学家并不样样以西说作为衡量本国新闻史的依据和标准。恰恰相反,怎样努力发掘本国确切有力的史料,如何从中辨析本国近代新闻发生史的特征及其与欧美的差异,是新闻史研究者被赋予的重大课题和使命。也唯其如此,亚洲(其他非欧美源流的国家亦然)的新闻史学家才会获得欧美学界的尊重。

他山之石　可以攻玉

提到对于"近代型报纸"与旧有的"新闻类似物""新闻信"之间是否有其连续性的问题,卓教授介绍日本新闻史学界也曾经有人提出质疑和探讨,但很快便达成共识。早在20世纪50年代前半期,小野先生的高足内川芳美先生便从近代新闻史研究方法论的角度,对两者进行辨析。他表示,将两者作为"断缘"来研究,有助我们对两者差异的厘清和认识,但他并不轻易否定两者之间的连续性。

卓教授指出,在大众传播学引进日本,成为显学的20世纪60年代,日本新闻史界也有人提出新闻史学者是否应抛弃旧有的研究方法论的问题。

针对这样的疑问,最早回应此话题的也是内川先生(他也是中国改革开放后首位向中国学界介绍大众传播学概念的外国学者)。他指出,提出要从大众传播史角度来研究的看法无可厚非,但如果欠缺对个别媒介史具体深入的研究和高质量的成果,作为研究大众传播全过程的历史(尽管这并非各媒介史研究的总和)的大众传播史原本就不可能存在。

换句话说,内川先生认为,只有在个别的媒介史研究有进展并受到高度评价的成果,大众传播史才具有成立和发展的必要条件。

本次茶座由《国际新闻界》协办,厦大新闻研究所副所长曹立新博士主持。包括越南留学生在内的十余名师生参与并进行了热烈的讨论。

(厦门大学新闻研究所特约研究员　吕艳宏)

【25】

洪诗鸿：从日本传媒看中日经济走向

【主讲人简介】洪诗鸿：日本大阪阪南大学流通学系教授，兼任阪南大学企业信息研究院院长。1984年考入对外经贸大学，1986年获日本国家奖学金赴日留学，主攻国际经济，1996年京都大学经济学研究科博士毕业。主要研究方向为日企的对外投资与产业竞争力。历任大阪政府部门和多个企业团体顾问，2008年开始组织并举办多次日本企业家论坛。

2012年底安倍晋三第二度攀上日本首相宝座之后，开始积极推出"三支箭"的经济政策，加紧修宪步伐，并延续遏制中国的外交政策。与此同时，日本大众媒体也推波助澜，大力渲染"中国威胁论"，不断加深两国人民之间的误解与矛盾。在这样的背景之下，日本媒体的中国报道尤其是如下一系列问题更显突出：中日经贸关系的报道是否真实？日媒刻意负面报道中国、诱导民众的倾向是否会影响到两国的产业合作机制？中日经济关系的未来究竟如何？围绕这一系列问题，2017年3月19日，日本知名经济学家、阪南大学教授，广东外语外贸大学云山讲座教授——洪诗鸿教授应邀做客厦大新闻研究所主办的第25期"厦大新闻学茶座"，阐述了自己独特的见解，引起与会者的强烈共鸣。

经济学视角下的日本中国形象

围绕"日本媒体的中国形象"这一主题，洪诗鸿教授在一开始就形象化地展示了日本书店畅销书系列之中关涉中国的书籍照片，无一不是充斥着"中国崩溃论""中国威胁论"等负面性的基调，肆意将中国妖魔化。长期以来，日媒就一直如此误读、丑化中国，从而建构起日本民众心中极具负面的中国形象。对此，洪教授站在"PUSH因素"和"PULL因素"的视角揭示了这样的中国形象的形成根源：前者是指日本媒体的中国报道存在"不窥全貌的中国报道""信息源的问题""有自由而无真相"等一系列问题，通过巧妙地诱导舆论，刻意制造出"中国威胁"这样的负面论调；后者则是指媒介素养（media literacy）的问题，日本民众对国际政治毫不关心，缺乏基本知识，只考虑个人生活问题，因此面对媒体的报道只是一昧地接受，而不加以怀疑或深究。对此，洪教授还特别提到一个现象，即20世纪90年代中期之后，日本媒体一改过去的态度，急转直下地大肆妖魔化中国。究其根源，可以归结为冷战之后国际形势的转变、老一代民主派媒体人的退休潮、中国存在感的不断增强等深层问题。

其次，围绕"媒体和现实中的中日经济关系"这一话题，洪教授以《产经新闻》的报道为例展开诠释。2016年1月，该报以"全球企业逃离中国，对华投资锐减，前年同月比下降8.2%"为题，指出遭遇中国经济衰退、雇佣成本增加等影响，以日企为代表的外资纷纷削减对华投资。事实上，日本财务省《国际收支状况》显示，2015年度日本对华直接投资金额为10685亿日元，较之前年增幅达到48.5%。出于中国市场的巨大需求，日企正不断加大工业机器人、液晶显示器等高端产业的投资，从而推动了日本对华投资金额的不断攀升。对此，洪教授强调指出，中日两国的经贸合作始终是围绕市场需求而展开，日媒一厢情愿设定的中国经济悲观论，实质上并不曾影响到日企的对华投资。一言蔽之，媒体报道和现实世界之中的中日经济关系并不一致。

最后，针对中日经济关系的未来走向，洪教授乐观地指出：日本经济呈现为保守低效的本土经济与发达竞争的海外经济的新二元结构，一方面，企业为追求壮大，必然会强化海外运作，中国市场无疑是首选对象，由此也就会出现事实上的政经分离；另一方面，本土派占据日本经济活动的主流，媒体实质上是本土既得利益集团的代言人，由此会进一步刺激政经的共谋。因此，未来中日经济关系的焦点依旧是全球化与本土化之间的转型期拉锯战。

讨论：日本对中国热点问题的认知

首先，围绕中国文化走出去战略的实施与影响，泰国孔子学院前任院长、新闻传播学院叶虎博士提出日本民众如何看待"孔子学院"这一问题。对此，洪教授直言不讳地指出，日本事实上并不是那么认可孔子学院，一是源于欧美炒作孔子学院为中国的间谍机构，亦被日媒大肆转载，导致一般民众对孔子学院产生排斥心理；二是日本中文教育十分普及，中国研究极为透彻，故而挤压了孔子学院的存在空间与社会需求。

其次，围绕"一带一路"政策在日本的影响，来自外文学院的一位青年博士提到日本舆论界原本对"一带一路"倡议倾向于冷处理，TPP才是其关注的焦点，那么特朗普宣布退出TPP之后，日本是否会开始重视中国？对此，洪教授认为，"一带一路"倡议目前依然不是日本媒体和民众关注的热点话题，日媒觉得这一倡议过于庞大复杂，难以向民众解释清楚、引发民众兴趣，加之日本政府也未进行过什么样的表态，因此大多数媒体持观望的态度，质疑这只是概念的炒作，并未多加渲染。

思考：日媒报道下的虚像与实像

茶座主持人、厦大新闻研究所所长卓南生教授在总结之际，从新闻学研究者的角度提出了自己的思考。首先，卓教授揭示了日本所谓"畅销书"之背后存在的人为操作，日本唱衰中国的书籍并非是深受读者喜爱才得以"畅销"，而是出版者为诱导民众阅读，利用大量金钱制造出的畅销假象。其次，卓教授还提到，紧随"冷战"的结束及20世纪90年代中期日本政坛的"总保守化"，日本舆论界也全面向官方靠拢。即便是被外界误视为"中立"（实际上是扮演"小骂大帮忙"角色）的《朝日新闻》，其"小骂大帮忙"的色彩也不为当局所容。如今，在安倍政权的舆论大一统规划之下，日媒与官方的口径更为划一。这一现象实际上有利于我们看清问题的真相。换句话说，日媒"灰色地带"的缩小与退潮，实际上为我们提供了更为清晰辨析日本走向"黑白"与"虚实"的材料。

（厦门大学外文学院　赖雅琼）

【26】

程曼丽：中国对外话语体系的建设

【主讲人简介】程曼丽：北京大学新闻与传播学院教授，北京大学新闻学研究会执行会长、北京大学国家战略传播研究院院长。曾任北京大学新闻与传播学院副院长、中国新闻史学会会长，兼任厦大新闻研究所学术顾问。研究领域有世界新闻传播史、海外华文传媒、国际传播和公共关系等，学术专著有《〈蜜蜂华报〉研究》(1998)、《海外华文传媒研究》(2001)、《公关传播》(1993)等，教材有《世界新闻传播史》(2000)、《公关心理学》(2001)、《外国新闻传播史导论》(2004)、《国际传播学教程》(2006)和《对外传播及效果研究》(2011)等。

2017年3月24日，一个春光明媚的日子，"厦大新闻学茶座"第26期跟各位茶友如约而至。北大新闻学研究会执行会长、北大国家战略传播研究院院长程曼丽教授在厦门大学为校内外100多位慕名而来的热情茶友，奉上一杯清醇芳香的"春茶"——关于中国对外话语体系建设的思考。

本次茶座由新加坡著名旅华学者、厦大新闻研究所所长卓南生教授主持。卓老师简单介绍了举办这次茶座的机缘，还有程老师与"厦大新闻学茶座""北大新闻学茶座"的渊源，随即把麦克风——也就是这次茶座的"话语权"交给了程老师。

中国国际传播能力建设存在落地效果问题

程老师不乏一名学者的严谨，从概念界定及问题意识入手，从容淡定地给茶友介绍中国对外话语体系建设中存在的问题与对策。

在学术史上，话语是诗学、修辞学的研究范畴，但是伴随着大众传媒的兴起，西方马克思主义批判学派将话语研究拓展到文化与传媒领域，具有强烈的意识形态色彩。作为"绝对具有马克思主义精神"的西方学者，法国哲学家米歇尔·福柯在《话语的秩序》一文中最早提出"话语即权力"的观点。福柯认为，话语的外在功能，就是"对世界秩序的整理"，因此谁掌握了话语，谁就掌握了对世界秩序的整理权，也就掌握了"权力"。

程老师认为，福柯的观点比较接近今天我们对于"话语权"功能及本质的认识。话语不仅是思维符号，是交际工具，还是人们斗争的手段和目的。人通过话语赋予自己以权力，所以话语既是一种赋权（包括自我赋权），也是达成目的的手段。前者属于战略层面的问题，后者属于战术层面的问题。从战术运用的角度来说，对外话语绝非简单生硬的示强退敌过程，而是一种专业化、规范化的工作机制，以及从起点到终端链条完整的运行系统。

这些年，我国党和国家领导人多次提出"提高国际话语权""加强对外话语体系建设"的要求。按照中央关于《2009—2020年我国重点媒体国际传播能力建设总体规划》的部署，我国重点媒体国际传播能力建设的成绩令人振奋，然而持续经年的建设与推进并没有从根本上改变国际传播领域"西强我弱"的状态。

程老师认为，当中缘由错综复杂，也不排除大国博弈与意识形态因素的影响，但是如果我们将国际传播能力建设视为一个整体或者系统的话就不难发现，在其运行过程中，起点与终端的对接问题——也就是落地效果问题是一个尚未解决好的问题。

国际传播是一种跨地域、跨文化的信息传播，需要克服各种沟通障碍。为此，科学、规范的话语机制与运行系统是十分必要的。综观我国对外传播的整体状况、基于对外话语落地效果的考察可以发现，目前我国重点媒体的对外话语大都集中在起点——建构性话语方面，那就是对党和国家颁布的大政方针宣传、解读和推广方面，而与落地效果直接相关的话语——转换性话语、解释性话语、修复性话语和矫正性话语等，却普遍缺失。

从对外话语体系的建设解决落地效果问题

程老师根据个人的海外考察、政府培训和学术研究，结合现实生活中的人际传播、大众传播，对我国国际传播中的"失语现象"娓娓道来，作出精当的剖析和点评，指出要解决我国国际传播乏力的问题，不但要重视起点的建构性话语，还要重视终点的转换性话语、解释性话语、修复性话语和矫正性话语等对外话语体系的建设，完成传播致效的过程和使命。

所谓转换性话语，是指传播主体力求跨越沟通障碍，使本土故事在传播对象国的语境下展开。具体来说，国际传播中的文化对接包括两个方面：一是与国际通行的认知、规范体系对接；二是与传播对象国的社会文化习俗对接。前者涉及与国际接轨的问题，后者涉及传播的针对性问题。转换性话语重在强调语言的转换和文化的对接，在当前国际传播或全球传播的背景下，这是一个永久性的课题。

程老师以正、反对比传播案例说明对外传播转换性话语运用的重要性。1954年周恩来总理率领中国代表团参加日内瓦会议，在新闻处为外国记者举办电影招待会时，巧妙地在请柬上把放映彩色戏剧电影《梁祝哀史》翻译成"请你欣赏一部彩色歌剧电影——中国的《罗密欧与朱丽叶》"，传播效果非常好。"一带一路"的话语转换则不相同，从2013年习近平主席提出倡议，到2015年国家发改委对"一带一路"的英文翻译给出权威版本，不同国家、地区的媒体、专家纷纷从各自立场进行解读，给出了差异巨大甚至是截然相反的评议。

所谓解释性话语，是指对于合作过程中存在的问题、疑惑、误解、偏见等作出及时回应。这些年来，我国政府提出的一些战略构想与倡议得到不少国家的响应，并实际转化为两国之间的合作项目。媒体对此作了大量的报道，但是对于合作过程中存在或潜在的一些问题、疑虑、误解和偏见，却没有给予必要的回应。

程老师以我国"一带一路"旗舰项目——"中巴经济走廊"建设所在国巴基斯坦的舆论流变作为案例来剖析。2013年5月，中国提出共同建设"中巴经济走廊"的倡议后，巴基斯坦政府积极响应，其主流媒体均给予正面评价，几乎形成舆论一边倒的态势。但是随着时间的推移，巴方一些重要媒体发出质疑的声音。当中有巴基斯坦不同政治派别利益诉求的因素和舆论复杂性的原因，最主要的是我们与巴方媒体合作互动不够，没有进行必要的政策阐释和舆论引导。2016年年初，程老师率领北大国家战略传播研究院成员访巴期间，深切感受到这方面话语的缺失是相当严重的。

所谓修复性话语是指当外界的认知、评价与自我形象预期之间存在较大落差时，着力进行形象纠偏与重塑。这方面的话语建设是国家形象战略中不可或缺的部分。今后对外传播应当树立的一个观念是，不但要讲国家形象的塑造和建构，还要讲国家形象的修复与矫正，其重要性同样不容忽视。

程老师以非洲国家对中国的印象为例加以阐述。由于中非关系的历史渊源和现实合作，按照常理，非洲国家对中国的了解应当比较全面，其对中国的认知与评价亦应符合我们对自身形象的预期，但是事实并非如此。2014年，有研究者发布了一个"非洲人眼中的中国形象"的调查结果——中国在非洲整体呈现的基本上是一个"经济大户"的形象！而采取相同检索方式检索同一时期非洲媒体涉及美国的报道，则有明显不同。仅就调查结果而言，在非洲人的心目中，美国的国家形象似乎更加丰满一些。由此可知，中国需要调整对非战略，让中国的文明形象也深入人心。

所谓矫正性话语意在强调不但要把今天的故事讲好，还要负责任地把过去的故事讲完，把自身的行为调整好，彻底扭转对方的误解与偏见。否则，今天的故事未必讲得好。

在这方面，国家外文局发布的《中国国家形象全球调查报告2014》给了我们重要启示。报告显示，在被调查的8个国家中，俄罗斯人对中国文化的熟悉程度最高，对"中国梦"最了解，2014年俄罗斯受访者对中国形象打分最高。但是在国际民众是否有意愿与中国人交往的列项中，俄罗斯倒数第二，仅次于印度。这种情形显然是矛盾的。究其原因，程老师认为，在苏联解体前后，以私有商贩为主力军的中俄贸易，给俄罗斯人留下中国人不讲诚信、中国商品是劣质货的刻板印象，尽管有失偏颇，但它并未得到解决，即便是回应、解释也没有，这仍然影响着今天的俄罗斯人对于中国的认知与评价。

程老师在总结中指出，话语既是一种权力，也是一种专业化、规范化的运行机制，需求得扎扎实实的落地效果。而转换性话语、解释性话语、修复性话语、矫正性话语等正是与落地效果直接相关的部分，是话语权有效运行的科学步骤和重要保障。其中任何一个方面的不作为，都应被视为责任范围内的失职。对外话语体系建设是一个系统工程，只有将战略与战术相结合，将宏观框架与具体方法、手段相结合，才能有效避免话语体系的抽象化、空泛化和表面化，实现精准传播，达到最佳效果。

文化自信的底气从何而来？

也许对外话语体系建设这个话题具有很强的张力，加之程曼丽教授个人的魅力，茶座吸引了众多具有海外经历的教师、驻外人员和外国留学生，在现场互动环节，彼此交流热络。凭着丰厚的学养和丰富的经历，程老师针对美国、俄国、尼日利亚和马来西亚等国留学生提出的问题，实事求是又富有创见地回答了当前我国国际传播能力建设中遇到的困境和展望。

在总结时，卓南生教授从一个新加坡人的角度，指出今天中国政府和学者对如何改善或完善对外话语传播能力充满着焦虑，这完全可以理解，因为中国改革开放进入一个新的阶段，从过去的经济贸易交流到今日的资本输出、人际交往和观光客的大量流动，接下来自然要面对文化摩擦，反过来也影响了中国的对外关系。这跟20世纪60—70年代日本的情况颇为近似，当时日本媒体最喜欢讨论的话题之一是"如何改善日本在东南亚的形象""日本人为什么令人讨厌"，今天中国官方、学者和新闻工作者所关心的诸多课题，在某种程度上和当年的日本有重叠之处。经过三四十年的努力，在表面上日本的形象似乎已有所改善，这当然和紧跟着国策成立于70年代的日本国际交流基金等所发挥的作用有关。

卓老师接着追问，在对外话语传播中，中国是否要走当年财大气粗的日本的道路？答案是否定的。国家形象的建构很重要，但是出发点是要平等、诚恳和互惠，而不是采取诸如笼络人心、宣传日本文化特殊论或优越论的"对策"。讲好中国故事是对的，但其实质内容是什么，底气在哪里？卓老师根据自己在中国的观察和体会，认为不少中国青年当前存在的主要问题是对自己的历史、文化与现状不甚了了，在引进西学、向日本和欧美学习的过程中，欠缺批判视点而容易成为西方（包括日本）话语体系及其理论框架的俘虏。其结果是既不能清楚地表达自己的观点，也没有办法深入地了解世界，特别是东南亚多元民族国家。卓老师认为，如何认清自我，认清世界，做到知己知彼，相互尊重，做到真正的文化自信，进而平等对话，是关键之所在。

会议室宽敞明亮，推窗望海，凤凰木吐绿，木棉花盛开，面对挤满走道或坐或站仔细聆听的茶友，程老师兴致盎然，挥毫写下"面朝大海，春暖花开"8个隶书大字，为"厦大新闻学茶座"留下一抹春色，场面热烈温馨。

（厦门大学新闻研究所　毛章清）

【27】

夏春祥：文人论政再思考
——台湾地区20世纪70年代《大学杂志》之研究

【主讲人简介】夏春祥： 台湾世新大学口语传播学系专任教授，社会学硕士、传播学博士，现为TSSCI收录期刊《传播研究与实践》主编。主要研究领域有口语技艺与媒介生态、传播哲学与媒介历史、文化研究、传播社会学等，代表性专著有《在传播的迷雾中——二二八事件的媒体印象与社会记忆》（2007），译作有《传播研究的典律文本》（2013）、《抗击柏拉图的阴影：人类传播研究导论》（2017）等。

2017年7月13日，厦门大学新闻研究所在新闻传播学院会议室举办了第27期新闻学茶座。受邀演说的台湾世新大学口语传播学系主任夏春祥教授，结合自己对20世纪70年代台湾《大学杂志》的研究，与大家探讨了近代中国文人论政的传统及其流变。他指出，在自媒体的时代，文人论政不再是少数知识分子的特权，人人都可以通过"文化治理"体现文人论政精神，继而以生活游击战的方式实践并参与当代社会的整体发展动力。

在言论传统与新闻实务之间反思文人论政

夏春祥教授首先向师生们展示了宋朝诗人杨万里的名诗《桂源铺》：万山不许一溪奔，拦得溪声日夜喧。到得前头山脚尽，堂堂溪水出前村。他介绍说，1960年9月雷震（1897—1979）因《自由中国》社论《大江东流挡不住》，以及参与在野政党筹组等因素，触犯台湾最高当局被捕入狱；1961年65岁生日时，胡适（1891—1962）不便亲自探访，却手书此诗赠予身系囹圄的雷震。夏春祥回忆说，在军事戒严时，了解这首诗的来龙去脉，令人深受感动。

长期致力于新闻史研究的夏春祥教授以其关于媒体记忆研究享名学界。近年对文人论政用力甚深，提出了许多富有新意的观点。《识读与媒介：新旧之间的文人论政》（2013）提出，文人论政指的是在新闻体例尽可能中立地报道事件的前提下，知识分子有意识地依据自由主义立场，透过管理技术将发表特定评论时所需要的媒体空间经营出来。《文人论政传统的厘清与辨明》（2014）则进一步指出，以往的新闻史研究中，提到文人论政，大多数首先联想到的是张季鸾、胡适之等文人所实践出的一种文化景象，却很少注意到甚至忽略了由英敛之等人在"经营/管理"上种种作为所扮演的角色。

建立在这样的探索基础上，他尝试将文人论政传统转变成包含"报导/评论""经营/管理"与"自由主义"等三种理念要素的分析工具，并以发行于台湾的《大学杂志》（1968—1987）作为具体案例进行分析、研讨。

《大学杂志》——探索对象的确立

之所以选择20世纪70年代的《大学杂志》，乃是因为它的承前启后有着独特价值。夏春祥具体介绍说，70年代是台湾社会的一个重要时间节点。社会学者萧阿勤认为，战后台湾重大的政治、文化变迁始于20世纪70年代；作家郑鸿生描述这段时间为"台湾的文艺复兴年代"。因为先是遇到退出联合国（1971）、钓鱼岛争议（1970—1972）等重大挑战。与此同时，党外杂志也得到蓬勃发展，《大学杂志》就是其中的关键刊物。台湾资深评论家南方朔曾在《中国自由主义的最后堡垒》一文中高度评价《大学杂志》的意义，认为其总体影响力超过了50年代的《自由中国》和60年代的《文星》。夏春祥认为，《大学杂志》的重要影响在于它一方面最早挑战了国民党在台湾统治的"法统说"，成为日后党外杂志的起源；另一方面又在明确而清晰的中国视野里，凸显出关怀台湾社会的现实意义——后来的发展中，这个绵延的整体分裂为两个对立的范畴——这也使得《大学杂志》的意义更加明确：它是台湾在统、独政治力量分裂前的一次大合作。

架构与分析——传播媒体的实践

接着,夏春祥教授以文人论政的理念性架构,从"报道/评论""自由主义""经营/管理"三个方面具体分析了《大学杂志》的传媒实践。

1.《大学杂志》的"报道/评论"

夏春祥认为,从1968年创刊到1971年改组前,《大学杂志》的内容主要是"校园文化"。1971年《大学杂志》改组之际,开始了由文学、艺术到政治、社会议题上的转变。在三周年特刊号上发表了一篇名为《给蒋经国先生的信》,作者署名是陈鼓应(主要撰稿者)、刘福增、张绍文。信中写道:

"报载先生在六十年度冬令青年育乐工作研讨会中,指出青年人有希望,国家才有希望;青年人有前途,国家才有前途。并勉励青年们:多讲、多说、多发表意见。先生说:'真理是经过辩论才产生的。'这话很对,我们愿在这里,提供一点小意见,供先生参考。在当前社会中,有不少青年人不愿说话,主要的原因可能是不敢说,或觉得说了也没用……其次,有不少青年人感到政府不信赖自己,我们这一代青年都是此地教育环境培养出来的。自己培养成长的子弟都不信任,还信任谁呢?有感于先生(蒋经国)对青年的关切,因而做出如下的几点建议:(1)多接触想讲真心话的人。(2)提供一个说话的场所。(3)若有青年被列入安全记录,而影响到他们的工作,或出国时,请给予申辩和解释的机会……"

这是陈鼓应等人对当时国民党下一任接班人蒋经国的建言,这种直接给政治领袖公开写建言信的方式在当时戒严的台湾从来没有人敢做的。夏春祥认为,《大学杂志》正是通过这种评论方面的积极努力,反而创造出台湾读者去思索一些在日常新闻中几乎不被处理、但是极为关键的根本问题,产生了报道的作用。同样,像陈少廷的《中央民意代表的改选问题》一文,显然也是借着评论产生报道的作用。在已经实施军事戒严20余年的台湾20世纪70年代,《大学杂志》凭借"报道/评论"的功能迅速吸引读者。

2.《大学杂志》的自由主义

比起以"报道/评论"吸引读者，夏春祥认为，《大学杂志》更为重要的意义是在贴近人民生活过程中，传递一种民国初年以来被仰望的意识形态——自由主义。改组之后，《大学杂志》自觉地借鉴《自由中国》的方法，遵循胡适之"从具体问题下手"的指导，努力在原有的社会体制之下，为各种自由主张争取合理空间的理论性陈述。比如，邵雄峰的《台湾经济发展问题》借由经济转向政治："当前最大的经济问题乃是整个方向道路问题……我们这个社会上下并没有充分辩论的机会，而整个社会的命运，就在没有充分大众参与的情形下被决定了。尤其社会的中下阶层，既没有发言机会，也没有代言的团体，受人摆布。"

资深评论家南方朔的《这是觉醒的时候了》，同样是将政治与民生相连："国家愈忧患，我们书生报国的心智愈坚定；国难当前，我们已抑制不住的满腔翻浪的热血。现在我们确知有少数的资本家已将其财产存入国外的银行，并将资金转移到外国投资。而这些台湾的资本家是我们全体国民忍受了农村的凋敝，老公的低工资，军公教人员的清苦生活所培养出来的，其有义务与台湾的命运认同，我们也有权力制止其将全国百姓的血汗累计的一点资金挪走。因此，我们主张政府以铁腕手段，制止资金外逃，严惩贪官污吏"。

杂志还开辟了"自由谈"专栏，提供读者有表达意见的平台；以及令人印象深刻的一种较正式的口语传播文本——座谈会记录。其中，连战台大法代会主办的《〈言论自由在台大〉座谈会记录》（上、下）更是可以说明杂志在自由主义追求上的来时路径。

3.《大学杂志》的"经营/管理"

夏春祥认为，台大言论自由座谈会内容的刊出，充分说明了《大学杂志》的"经营/管理"。据夏春祥对时任台湾大学讲师陈鼓应先生的口述访谈回忆："讲完之后，当然我们把记录整理之后，就透过我把这个讲稿在《大学杂志》发表，因为我觉得我们光在校园里讲不够，应该透过《大学杂志》发表。"一场原本在大学校园内的集体座谈，透过编辑委员的人际关系网络，由此转化成为影响大众的传媒内容。在实行军事戒严的20世纪70年代，言论禁忌由此一点点被改变。

夏春祥强调，言论空间的这一逐渐改变过程，乃是建立在《大学杂志》编辑成员一种新型的管理观点之上，他将这种新型管理观点称为文化治理。在 70 年代的台湾，在内外交困中，国民党准备让蒋经国接班，知识分子抓住当时稍稍松动的政治环境，巧妙地运用文化治理把政治的议题与社会领域、文化领域等结合，不断拓展言论空间。他举例说，1971 年 11 月，《大学杂志》轮值主编陈鼓应刊登一篇旧文《让我们来接受你的革命利剑——追念我的挚友王继春兄》。那是蒋经国 1943 年写的一篇悼念文章，陈鼓应在当时台湾紧张的政治氛围中重刊此文，发表后引发了海内外诸多猜测，被认为是蒋经国与知识分子群体的含蓄协议，以拉拢年轻人对抗党内老一辈保守势力。事实上，此一行为并无政治背景，纯属个人的编辑策略。在夏春祥看来，这种编辑策略恰恰体现了知识分子文化治理的意识。

同样，在《〈言论自由在台大〉座谈会记录》中，当时的座谈会主持人陈玲玉说了这样一段话："我们可以肯定：在台大，言论绝非不自由，否则，今天的座谈会不可能召开得成，但是在台大，有关言论自由的制度也绝非健全，否则今天的座谈会也没有召开的必要。"

夏春祥认为，这种巧妙的发言方式，无需触碰政治禁忌，却能最大程度地启发读者思考这个问题。还有《大学杂志》关于男性长发问题的讨论，也体现了文化治理与现实问题的拿捏，更呼应了当时由英国披头士与美国嬉皮士所发展出来的青年次文化脉动。

从文人论政到文化治理

夏春祥教授表示，法国学者福柯的思想深刻地启发了他对文人论政的研究。福柯认为，治理是对事物的准确布置，通过安排，将其引向合适的目的。夏春祥由此认为，文化治理是一种治理术，它有其连续性，无论是谁想要参与并关心国家的治理都必须懂得怎样自我治理，然后要懂得治理他的家庭、物产、土地，也就是我们古人所说的：修身、齐家、治国、平天下。

治理在某种程度上是"依靠经济学模式运用权力的艺术"；治理不只是管理，还涉及对人与物关系的治理：不仅是人治理物，而且是对治理过程、治理关系本身的治理；治理术是生活的游击战。20 世纪 70 年代的《大学杂志》，无论是重刊蒋经国旧文，还是讨论头发问题，都表明了编辑的策略意图。而这一意图，在夏春祥看来，表明了早在 70 年代，台湾社会内部就以自己的方式回应着西方 60 年代文化运动及其理念产物——文化治理，由此使得从清末民初鼎革之际由英敛之在大众传媒之中所表现出来的管理力量得到新的延续——更为深刻且细腻地表现在传媒经营之外的议题经营、版面经营、读者经营，以及台湾文化升级的社会经营等等。

虽然《大学杂志》后来并不顺利，但是在它摸索前进的过程中，可以看出在应对权力挑战中，文章报国的文人论政传统，已经转化为知识分子的自我反思与对于民众生活的介入和参与，继而酝酿出文化治理的新观念，并在文化治理的酝酿中，依然作为一种相信培养个人，可以建构大同社会的理想激荡着人心。

社会治理不会徒耗自己的青春光阴

在交流探讨环节，有茶友提问：在大陆，文人论政在政治生活中扮演的角色是多面的，有时候是正面的，有时候是负面的，该如何看待这种文人论政？夏春祥表示，文化治理概念也有品味问题，品味有高有低。文人论政不是一个不可讨论的概念，它本来就不是标准答案，本来就是帮助我们逼近现实的一个概念工具，如果是逼近现实，我不用让其完全承受着全面正面的评价，事实上，它会带来许多的风险和危机，这才是在社会的动态过程中，你永远要在文化治理的过程中提出一些想法。

一位参与茶座的学生提问，文化治理和概念与约翰·菲斯克的大众文化相似，后者认为，各个群体都可以在统治力量管制之下，开拓出自己的空间。但有些学者批评文化治理不会产生或者很少产生实质性影响，怎么看待这种说法。夏春祥教授表示，如福柯所讲，我们可以从自己的家庭做起，从小的方面做起，如果加入时间的概念，你怎么知道十年之后、二十年之后、三十年之后是什么样子？社会治理不会浪费自己的青春，当有一天把自己治理好了，把家庭治理好了，有一天国家需要自己了，这便成为丰厚的政治基础。虽然现在的你改变不了什么，但是想想十年前的大陆社会，你已经和过去的生活命运很不一样。

这种被描述为"生活游击战"的运动策略或许不能改变现在的整个政治结构，但是十年之后呢？就像在《大学杂志》中，当自己看到那些名不见经传的年轻人，针对台湾当时剪长发的议题发表文章、表达意见的同时，便可掌握到几十年之后那种隐藏、潜伏的社会民间力量正在蓬勃酝酿着。

本次茶座由厦大新闻研究所副所长毛章清主持，《国际新闻界》协办。

（厦门大学新闻研究所　曹立新　周存）

【28】

年月：两岸新闻报道的技与道

【主讲人简介】年月：厦门《台海》杂志社社长、主编。中国记协、全国妇联共同发起的"中国女记者百人行"成员，也是大陆首位由台湾"新闻局"正式批准入台采访的城市党报记者。著有《龙江人寻找龙江颂》《台海年月》《年月走宝岛》《乡关年月》等专著，作品曾入选联合国项目基金、国台办重点对台项目。她长期处在对台新闻报道的最前线，见证记录了许多重大事件；她时常往返两岸，深入台湾偏乡离岛，记录了两岸文化的差异、思想的撞击、历史与土地的感怀，以及血浓于水的情感。其中，《台海年月》由台湾时报出版社出版，并在台北举办新书发布会，《中国时报》人间副刊专版推介；《年月走宝岛》被凤凰读书频道首页推荐。

1987年底，在两岸同胞的不懈努力下，台湾当局被迫开放台湾老兵返乡探亲。随着第一批探亲台胞途径香港回到大陆，两岸长期隔绝的坚冰终于被打破，两岸交流交往的大门由此打开。

新闻交流是两岸交流的重要组成部分。作为两岸交流的记录者、见证者，新闻记者扮演着重要的推手角色。为了纪念两岸新闻交流30周年，2017年10月27日下午，厦大新闻研究所邀请了厦门《台海》杂志社社长、总编辑年月女士参加第28期的"厦大新闻学茶座"，以"此岸彼岸，年年月月——两岸新闻报道的技与道"为主题，分享了两岸新闻报道和新闻交流的经历和经验。

年月认为，两岸新闻报道需要日积月累，两岸心灵契合也需要日积月累，新闻记者需要年年月月地默默耕耘。她主张以"两岸报道"这个概念取代通常所说的"对台报道"。"对台报道"是单向的,有"加与"的倾向;"两岸报道"是双向的,在交流中报道,在报道中交流,正视分歧,迎接碰撞,促进融合。在两岸报道中,"技"只是方法,"道"才是根本,是情怀,是思想。缺乏情怀的拥有和思想的投入,两岸报道就很难深入人心。

基于这样的两岸报道理念,年月从"重大事件不能缺席""日常生活时时关照""此岸彼岸美美与共"三个方面与大家分享了两岸报道的心得。作为10年来一直冲在两岸报道最前线的新闻人,温婉细腻的年月,从本人的生命经历开始叙述从事两岸新闻报道的缘分。

台湾对福建人来说,有着非同寻常的存在和意义。年月是漳州龙海人,从小生活在海边的一个小渔村,老家对面就是金门。那里充满了奇幻与想象的童年记忆,隐约地牵系着她与台湾产生奇妙的连结。"风从对岸来"。这种同声相应、同气相求的经历和情怀直接影响了年月对台湾、对两岸的认知。作为两岸有影响力的媒体人,台湾在年月的笔下,多了一些温情,少了一些戾气;多了一些理解,少了一些抱怨;多了一些宽容,少了一些焦躁。年月的两岸报道,让台湾这片土地变得美丽温润起来。

年月依托厦门媒体,脚踩闽台两地,长年笔耕不辍,以独具一格的视角去观察、记录两岸。两岸大交流、大开放始于2008年。那年,她作为大陆赴台旅游首发团的第一批记者进入台湾,开始零距离聚焦两岸的风云变幻。就在这一年,年月开始执掌以涉台报道为主要特色的时事生活杂志《台海》,每期娓娓道来的卷首语是杂志的点睛之笔。如果说大型纪实性报告文学《龙江人寻找龙江颂》(2002)倾注了年月对家乡人民、土地的关爱与思考的话,那么《年月走宝岛》(2012)已经把关爱的眼光投向对岸,用脚去丈量台湾的土地风貌,用心去记录台湾的社会脉动。2017年10月,台湾时报出版社把年月撰写的《台海》杂志卷首语结集,出版了《台海年月》一书,用66个故事记录下了两岸交流的真实情况,涵盖海峡两岸时事、生活、经济、文化、娱乐、体育和军事等众多领域。

年月认为,作为一个新闻人,在两岸新闻报道中,重大事件不能缺席,一定要投身新闻现场。年月以高端访谈闻名两岸,江泽民、吴仪、王毅、连战、吴伯雄、王金平等两岸政要都曾是她的专访对象。此外,年月还专访过金庸、王蒙、林毅夫、南方朔、星云大师等文化名人。她以一帧一帧的历史照片,讲述一个又一个的新闻故事,认为参与重大新闻事件报道,对记者的"技"——采访突破能力、新闻判断能力和导向把控能力是几何倍数的提升。还有,参与重大新闻事件报道,对记者的"道"——情怀、思想和信仰有时是刹那间成倍地累积。年月以《台海》杂志2017年9月期封面文章《回到1987——开放台湾居民返乡探亲30周年》为个案,配以台湾《中国时报》摄影记者黄子明拍摄的大陆老兵返乡探亲的大量照片,详细叙述了这件事对当时年轻记者黄子明职业生涯的重要影响。这里,记者不是一个冷冰冰的职业角色,还是一个带着人文情怀温度的记录者。

年月还认为,两岸新闻报道重大事件毕竟只是少数,不可能天天都有重大事件,更多的就是日常生活。从事两岸报道,关注更多的是两岸的文化传承、学校教育、公益事业、创意产业、家庭婚姻、职业素养、防灾意识、食品安全、旅游度假、宗教信仰等等,也就是说两岸同胞生活的方方面面都要特别留心去观察。如何客观真实呈现此岸彼岸,作为一个新闻人,不但要从大陆民众观点出发去看台湾,还要从台湾民众观点出发来看大陆,希望能促使两岸民众理解到,要破除现今两岸的政治文化隔阂,就必须要以民众间的相互交流了解来寻找答案。

年月提出以"两岸流动"的方法从事两岸报道。一方面要深入大陆去寻找台湾人的故事,看台湾人在对岸的生活现况;另一方面也回到台湾来看两岸频繁交流下,对台湾本土社会带来的冲击和影响。同理,这个视角也适用于在台湾的大陆人。这种记录了两岸民众日常交往的点点滴滴,有时反而更真实,更能触动你我的内心。年月忠告新闻学子,要成为一个两岸报道的优秀记者,应该有情怀,有思想,有历史高度,还要深入基层,走向民间。也就是说,要去基层来感受社会的脉动,站在历史高度思考两岸关系的走向。她寄语新闻学子,要多积累知识,其中文字功底也需要积累。台湾那些优秀的记者,不管是摄影记者还是文字记者的文字功底,值得新闻学子学习与借鉴。

此岸彼岸,美美与共,这样才能促进两岸同胞的心灵契合。接地气的两岸报道,相当于给两岸同胞打开了彼此的认知窗户,非常有必要,也非常有意义。从事两岸报道,一定要深入两岸历史的发展脉络,体会它的温度,它的情怀。这需要我们秉持三点,第一要有同理心,第二要有同胞情,第三要有自信心。

　　厦门大学是大陆台湾研究的重要基地,年月的两岸报道理念,给参与茶座的师生留下了长长的思考。本次茶座由新闻研究所副所长毛章清主持,由《国际新闻界》协办,来自校内外教师、学生和媒体人40余人参与了这次茶座。

（厦门大学新闻研究所　毛章清）

【29】

卓南生：明治维新150周年
看日本近代化模式

【主讲人简介】卓南生： 1942年生于新加坡，早年在新加坡华中和南洋大学受教育。1966年负笈东瀛攻读新闻学，毕业于早稻田大学政治经济学院新闻系，后获立教大学社会学（专攻新闻学）博士学位。1973年返回新加坡，历任《星洲日报》社论委员兼执行编辑、《联合早报》社论委员兼东京特派员。1989年转入学界，先后在东京大学新闻研究所、京都龙谷大学任教，现为龙谷大学名誉教授、北京大学客座教授、厦门大学新闻研究所所长。主要中文著作有《中国近代报业发展史1815—1874》（增订新版）、《日本的亚洲报道与亚洲外交》和《卓南生日本时论文集》（全三册）等。

2018年3月28日，厦门大学新闻研究所主办的第29期"厦大新闻学茶座"新年再度开张。日本龙谷大学名誉教授、厦大新闻研究所所长卓南生教授与现场四十余名师生分享他的观察和体验：《明治维新150周年看日本近代化模式》。

本次茶座在新闻传播学院举行，由陈培爱教授主持。陈教授首先向大家介绍了卓南生教授与新闻学茶座、厦门大学新闻传播学院的深厚渊源，卓教授表示自己中学就读的新加坡南洋华侨中学（创办于1919年）与厦大有着共同的校主——陈嘉庚先生，因此对厦大有着深厚的感情，来到厦大讲学颇感亲切。

卓教授注意到，如今很多人在对比中日近代化进程时都会提出一个问题：为什么日本成功了中国没有成功？在茶座的开头，卓教授就向与会者抛出如下问题：日本的近代化是否真的成功？其"成功"的代价是什么？日本的近代化模式是否值得中国及亚洲其他发展中国家学习？要回答这些问题，首先得先弄清楚日本的近代化模式是什么。

今年（2018年）恰逢明治维新150周年，卓教授结合自己留学日本的经历，对比1968年"明治维新百年祭"时日本国内的纪念活动，向大家阐释了当年关于日本近代化模式的论争，以及今年明治维新150年纪念"低调中不低调"。

卓教授生于新加坡，在20世纪60年代东南亚反殖民统治的声浪中抱着"在亚洲研究亚洲问题"的心情，一反当时留学殖民宗主国英国的主流选择到日本留学。1966年他初到日本时，一边看到战前"侵略有理"的遗毒还在传播，另一边看到日本作为战败国的凄凉街景和民众普遍的缺失信心。当时，民众难以找到作为日本人的自豪感，闹市中常可以看到断手断脚的日本兵奏着军歌变相当乞丐，战后美国占领军麦克阿瑟将军将日本评为"第四等国"给日本人带来了巨大的屈辱感。日本人信心之恢复，应该说是在20世纪70年代末期美国人撰写的《日本名列第一》出版之后。

《日本名列第一》出自美国教授傅高义之手，原是想警告美国人要好好努力，否则会被日本人赶超，但此书在美国并未取得良好的传播效果。卓教授曾经拿这本书作为日本大学三年级学生的讨论教材，发现大多数日本学生都可以轻易地找出这本书里跟实际不符的部分，但它却成了一本在日本国内广受欢迎的畅销书。因为，不少日本读者看了此书的书名就乐了。

与此同时，受此书影响，学习日本的运动在很多地区展开。卓教授当时供职于新加坡《星洲日报》（《联合早报》的前身之一）。他与当时共同主持笔阵的另一位留日校友邀请了好几位新加坡的前留日毕业校友举行座谈会，就新加坡该如何学习日本展开讨论。彼此达成的共识是：不可盲目崇拜和一味歌颂，既要看到日本近代化的扭曲历程，也要注意其负面影响。比如当时日本由于只追求利润、利益的经济发展而产生了很严重的环境问题（当时日本被称为"公害大国"），新加坡就应该以此作为反面教材，吸取教训。卓教授提到，也正是这样的平衡态度，在很大程度上消解了不少旅居新加坡的日本有识之士面对日本模式被过度美化的不安。

紧接着，卓教授跟大家分享了1968年日本官方高调主办"明治维新百年祭"及日本知识界围绕近代化问题的一场论争。

1968年明治维新百年纪念之际，日本社会正处于"国论二分"的状态，对于国家的出路和走向，以执政党自由民主党和最大反对党社会党为首的两股势力针锋相对，持截然不同的看法。前者支持《日美安保条约》，主张跟美国缔结军事同盟并且在内心里希望修改宪法。后者则反对《日美安保条约》，认为该条约使战后的日本人把一切交给了美国；他们反对安保、反对战争、拥护和平宪法，势力十分强大；他们高喊"好男不当兵""别把子女送上战场"等口号，游行抗议此起彼伏，学生与警察的武斗时有发生，防卫厅直辖的防卫大学校在日本不被学界承认，自卫队就宛如三岛由纪夫所说的"私生子"。如何在声势浩大的反战浪潮中扭转舆论劣势，如何分化反战、恐战、厌战三股力量，成了时任首相佐藤荣作当局及其舆论机构与智囊的工作重点。

从长期对策来看，教科书和大众媒体肩负主要的责任。通过篡改教科书去说服"恐战""厌战"的人士，歌颂战争的光明面，并通过对大众传媒的控制操纵舆论，为民众的"厌战病""恐战病"开出药方。与此同时，官方还策划了三场大型"演出"，即1964年的东京奥运会、1968年的"明治维新百年祭"和1970年的大阪万国博览会，来营造上下一心的"舆情"，增强民众的爱国心和自豪感。

卓教授认为，"明治维新百年祭"跟东京奥运会和大阪万博会相比貌似规模比较小，实际上恰恰相反，后两者都只是一时性的，而"明治维新百年祭"实际上就是想让日本的官方历史观深入到每一个社会阶层。二十余名内阁部长全部出动，重要的团体代表、知识分子被网罗进庆典的筹委会，可见庆祝工作的浩浩荡荡。

通过这三场动员舆论的"大演出"，日式的爱国主义和重新显耀日本国威再度被鼓吹起来，国民的视线被更多转移到历史的"光明面"。

而在官方高调纪念明治维新一百周年时，日本国内知识分子也展开了对明治百年来日本所走过的路的热议。正面评价者认为，明治时代英明的圣贤果断引领日本走上了近代化国家的道路，使日本成为亚洲唯一曾经拥有殖民地的工业强国；反对者认为，正是因为奉行"脱亚入欧""富国强兵""弱肉强食"的路线，军国日本堕入战争的深渊，成为一败涂地的战败国，并沦为"亚细亚的孤儿"。

值得注意的是，在这场论争中，有一个外国人显得格外热心，他就是美国的日本史专家、哈佛大学燕京研究所所长、1961年至1966年曾任美国驻日大使的赖肖尔教授。赖肖尔对日本的近代化予以高度评价，首先他认为日本是唯一以自力发展经济而获得成功的非西方国家；其次，日本的现代化经验可以成为后进国的一个指南。

针对赖肖尔大使忽略日本依靠武力和掠夺邻国起家的基本事实，大谈其"近代化"神话的言论，卓教授援引了早期留学日本的台湾大学许介鳞教授的一番话。许教授指出："'为什么日本能这么快速达成现代化，而中国却远远地无法步入现代化轨道？'如果从美国学者'现代化'这种价值观来看，日本近代史包括侵略亚洲的轨迹，正是可以被肯定的了。"卓教授认为，许教授的这番话对于时下某些不明就里、轻率提出"日本能为什么中国不能"的"近代化一切论"者，无疑敲响了一记警钟。由此可见，赖肖尔对日本近代化模式的推崇，除了"学术上的论争"，还有其作为外交官更深一层的战略考量。

在有关的论争中，当局舆论的诱导也体现在了战后日本某些知识分子对近代日本史的总结之中。

被喻为"国民作家"的历史小说家司马辽太郎将明治史与后来的昭和史完全剥开，他将前者定位为"光明的年代"，后者定位为"黑暗的年代"，为重新激发起日本民众的"爱国心"起到了重要作用。

被喻为"开明人士"的亚细亚主义研究者、日本的中国问题专家竹内好则对战争持微妙态度，而与"司马史观"异曲同工。

卓老师提醒与会者应该警惕以上两种分割历史的迷惑性。

对比起50年前的明治维新百年纪念，2018年的"明治维新150周年"之所以显得低调，卓教授给出了如下几个方面的原因：第一，与50年前需要争取"厌战病"者跟"恐战病"者到官方立场的背景不同，"国论二分"已经不复存在，佐藤荣作时代的分化反战力量的策略已经成功，安倍已不需为此操心；第二，本来是隐隐约约不可提出的理论，包括"近代的超克"和"ABCD包围圈论"，现在已经不是禁区，而且还可以出口转内销；第三，歌颂明治维新的政治家们梦寐以求的修宪即将成功，到那时再来大肆庆祝也为时不晚。为此，"明治荣光"日本人的自信已经回归，大型的"演出活动"已欠缺其迫切必要。

卓教授在结语中指出,"明治维新 150 周年纪念"表面上的低调与日本不低调的政治日程是相互呼应的。

本次茶座的详文见本书第二部分论文篇《日本近代化模式及其官制"舆情"走向》。

(厦门大学新闻研究所　邹文雪)

杨仁飞：当前台海热点问题的若干思考

【主讲人简介】杨仁飞： 厦门大学南洋研究院博士。曾任职广东省社会科学院历史研究所、澳门日报社。现任厦门市台湾学会副秘书长、研究员，厦门社科联特约研究员。主要研究方向为港澳台历史与政治，著有《澳门近代化历程》《澳门史话》《中国澳门》和《台情述评文集》（专著与合著）等多部学术著作，相关调研报告被有关部委采用，澳门研究与东南亚华侨华人研究的一些研究成果获广东省与福建省市优秀社科成果二、三等奖。

2018年10月31日，厦门大学新闻研究所主办的"厦大新闻学茶座"第30期在厦门大学新闻传播学院举行，厦门市台湾学会副秘书长杨仁飞博士就当前台海热点问题的若干思考与在场三十余名师生进行分享和交流。

杨博士首先对"台海问题"的概念及其与"台湾问题"进行辨析。她认为，"台海"不仅限于狭义的台湾海峡概念，而是一个更广义的概念与名词，涵盖台湾问题、两岸关系、涉外关系等，有地理的概念、政治的概念，也可以是文化的概念。台海形势受到中美、中日关系的影响，而台湾问题从根本上说是中国内政的延伸，同时，两岸关系的前途命运应该掌握在两岸的中国人手里。

在这一前提下，杨仁飞博士就四个方面的问题跟在场师生进行了分享。第一，过去曾有一种说法，说民进党搞"台独"是玩假的，而蔡英文上台后是否像有人认为的那样，民进党把"台独"玩假成真了？第二，为什么"台独"会迎来全面执政的高潮，蔡英文的"台独"有哪些新论述、新的政策措施在推进？第三，保存中华文化较完整的南台湾为何是民进党铁杆的营地？民进党当局正在恢复日本殖民时代的记忆，为何没引来台湾社会全面的反弹？第四，在中美对抗一浪高过一浪的情况下，是否物极必反，否极泰来，未来两岸走向统一的进程会否加快？

将"台独"当成神主牌，民进党当局"玩假成真"？

过去台湾岛内一些人经常引用陈水扁一句话，"台独，说做不到就是做不到"，而蔡英文上台后民进党当局的所作所为是否把"台独"玩成了真的？对于这一问题，杨博士将视角拉回到"台独"史与民进党执政的历史，从一个世代、两个世代甚至更久远的历史角度来看"台独"的变与不变。她认为"台独"是注定要失败的。

从日本战败台湾最后一位殖民总督安藤利吉发起"台独"运动到"台独"执掌台湾地区执政权，杨博士回顾过去这70年"台独"的发展脉络，指出其发展与三大因素有关：一是战后国民党在台湾执政失败；二是美日明里暗里扶持、支持民进党上台；三是民进党在很长一段时间里努力塑造清廉、爱台湾的正面政党形象并制造出一套欺骗人的"台湾主体意识"。

而从民进党自身的发展脉络来看，最初作为各个反对国民党力量的聚集，民进党并不完全是"台独"的政党，曾经推动两岸老兵探亲，主张两岸开放交流。而随着两岸开放时代的到来，民进党没有在时代的洪流中找到与大陆的连结，反而在"台独力量"的左右下，于1991年和1999年分别通过"台独党纲"和"台湾前途决议文"，明确、固化了其政党的"独"性。

杨博士指出，民进党自身也未尝料到2000年可以靠着国民党的分裂上台执政，而在2008—2016年下台的8年里，这个政党始终没有反思贪污丧失民心的原因，甚至更未想过经历陈水扁贪污失去执政权后能在2016年重新拿回执政权，因此严格意义上，民进党有关"台湾独立"的准备是不充分的。

"文化台独"新论述,不再"法理台独"?

蔡英文当局的"台独"路线与传统的"台独"论述和政策有哪些差别,其共同的本质又在哪里?杨博士认为,这其中有变与不变,得从一些关键的论述与政策,尤其是"文化台独"说起。

首先,关于"维持现状"的说法。2016年,面对上台执政的"最后一里路"即两岸关系问题,受到"台独党纲"与"台湾前途决议文"约束的民进党为了赢得执政权,提出了"维持现状"说。对此,杨博士指出蔡英文含糊其辞,既不讲明白维持的到底是什么样的现状,也不谈如何维持两岸现状。实际上,蔡英文的所谓"维持现状"是维持"台独"的现状。

其次,近年来"台独"思想与论述出现了一些重要的变化。在发现了赤裸裸的"台独"政治主张难以撼动中间选民甚至引起民众反感之后,民进党将自己包装成"爱台湾、本土势力"的代表,开始从各种政治学、社会学的词语中寻找"台独"新的罩衣,比如"在地化""反殖民主义""主体意识"等。杨博士强调,有必要揭穿民进党以"在地化"包装"台独"思想的真正目的以及它的危害性。

杨博士同时表示,民进党及"独派"所宣传的"在地化",其实是一种替代中华文化的文化再造过程。他们将中华文化定位为"外来文化",且需要被改造、调整,进而形成或融入台湾文化中,成为台湾文化的一部分。而我们需要认识到,"在地化"只是"台独""去中国化"、去"中心化"的借口,目的是从思想、文化、民俗等层面与中国传统文化作区隔。

杨博士同时注意到,民进党联合一些知识分子正在进行所谓"台湾理论""台湾方法"的建构。他们以"主体意识"作为论述基础,正在为"台独"理论提供合法性、科学性的支撑,同时也为"去中国化"作思想准备。这种"文化台独"的政策实践充分体现在推动"文化基本法"立法、"去中国化"课纲微调、推倒历史重建文化现场三个方面。

与此同时,杨博士指出,台湾理论与"文化台独"的溯源是日本殖民台湾的历史。

首先，日本始终是"台独"的海外大本营。第一批"台独"人士与"台独"组织诞生于日本，民进党从创党之初直至今日都与日本保持着千丝万缕的关联。其次，日本对台湾长期而细腻的工作中一直在不遗余力塑造殖民先进论，同时努力经营与民进党的关系。最后，日本始终有一股实力强大的亲台势力，台日关系的亲密程度远超于新闻呈现的程度。

过去几年，南台湾地区成为民进党的铁杆营地。一方面，当地居民的祖先大多从闽粤移民而来，与大陆民众长期受到同样的文化的影响；另一方面，以闽南人为主的南台湾却有不少人支持民进党政权，而民进党恢复日本殖民记忆的所作所为为何也并未引起台湾社会的全面反弹？针对这些问题，杨博士归纳了五个方面的原因。

一是1945年来台的国民党辜负了台湾民众的期望，特别是"二二八"事件耗尽了台湾基层民众的信心，民进党便将此作为清算国民党历史的工具，使省籍矛盾难解，政治矛盾升级为"统独"矛盾；

二是2016年以来国民党面对民进党及"独派"曲解"本土化"无力反抗甚至也不愿抗争，对"文化台独"冷漠至极；

三是民进党在中南部长期执政的基层群众基础仍然没有很大改变；

四是战后台日关系依然十分密切，"哈日风"在台湾社会弥漫已久；

五是台湾中国文化与民进党的政治操控存在着两张皮的问题。政治人物拜神灵并非有真的信仰，只是拜给民众看，而"生财有道"的公庙由于利益关系与民进党保持着密切联结。

国际局势风起云涌，台湾因素如何影响统一进程？

2000年陈水扁上台后逐步将两岸关系逼到死角，蔡英文是否会重蹈覆辙？

杨博士的看法是：民进党"台独"政党的属性使得其在两岸关系问题上无法跳出上台初期温和、中期转向对抗的轮回。她认为，将"台独"视为神主牌的民进党与主张统一的大陆注定在领土、主权等问题上南辕北辙，不该寄希望于民进党执政下的两岸关系会雨过天晴。

杨博士提到，在"文化台独"路线的推动下，民进党的"法理台独"仍在继续。而由于2005年中国大陆《反国家分裂法》的制定，明确了大陆动武的条件，民进党不敢公然搞"法理台独"但又不甘放弃"台独"的幻想，于是以渐进的形式推动事实独立。

不过放眼国际局势，杨博士认为中国大陆处理台湾问题的真正对手还在美国而不在台湾，中美关系到底是质变还是量变，她认为这是需要分析的问题。

杨博士的发言，引发了与会者热烈的讨论。本次茶座由厦大新闻研究所所长卓南生教授主持。

（厦门大学新闻研究所　邹文雪）

【31】

洪诗鸿：日本媒体怎样看待"华为事件"

【主讲人简介】洪诗鸿： 日本大阪阪南大学流通学系教授，兼任阪南大学企业信息研究院院长。1984年考入对外经贸大学，1986年获日本国费奖学金赴日留学，主攻国际经济，1996年京都大学经济学研究科博士毕业。主要研究方向为日企的对外投资与产业竞争力。历任大阪政府部门和多个企业团体顾问，2008年开始组织并举办多次日本企业家论坛。

2018年12月25日，厦门大学新闻研究所主办的第31期"厦大新闻学茶座"在厦门大学新闻传播学院举行。围绕当下热点事件，日本阪南大学洪诗鸿教授以"日本媒体怎样看待'华为事件'"为主题，从经济学专业的视角，与在场四十余名师生展开交流。

在正式梳理日本各大媒体对"华为事件"的报道之前，洪教授先对此前华为在日本的知名度和发展状况进行了介绍。

洪教授提到，在2018年12月之前，日本曾有"深圳热"和"华为热"的现象。这首先体现在一些日本经济团体和学术团体纷纷组团访问深圳，他们对深圳的创业环境、网络经济，以及众多的"独角兽企业"都非常关注，华为就是其中的一大重点。与此同时，日本的诸多报纸和周刊杂志频频出现有关深圳的专题，关注深圳的年轻创业者、中国的科技创新公司以及企业专利等等，这些媒体基本上是以相对正面或惊叹的眼光在关注着华为。

而华为事件后各大日本媒体是如何进行报道的？洪教授对日本各大新闻社的报道和新媒体上的声音分别进行了呈现。

作为日本著名的三大综合性报纸之一，《朝日新闻》在事件前曾简要对华为在关西成立研究所的消息进行过探讨。洪教授补充道，华为在日本一共有三个研究所，在招聘日本高科技人才时因给出的高薪曾在日本社会引起了轰动，有些日本企业还表示愿意与华为展开合作。因此在此事件之前，日本报纸对华为已有所关注并且持较为赞赏的态度。在事件发生之后，《朝日新闻》在12月11日曾发出"排除5G""排除华为通讯基站"的声音，但都是一些简短的报道，少有评论。针对华为事件，该报12月13日采取惯用手法，即找到两派观点持有者分别发表看法。一方认为继续使用华为的机器可能造成信息的泄露；另一方则认为，所谓网络安全问题并不单是华为的问题，使用任何一个国家的机器都可能产生问题，因此单独把华为机器排除并无法解决问题。12月14日，《朝日新闻》则从美国政界今日高涨的"中国威胁论"对华为事件的背景进行分析，并介绍FBI官员的看法，指出华为的机器有可能作为情报谍报的机器被使用。紧接着在15日也报道了中国官方的回应，介绍中国驻加拿大大使对美国和加拿大行为的批评。19日，《朝日新闻》刊登了东京大学教授藤原归一的言论，批评美国的冷战情绪和冷战思维，认为不应该制造新的冷战，中美两个大国之间的冲突应该可以避免。洪教授指出，从报道可以看到该报在面对华为这个问题的时候，还是比较慎重的。

另一大报纸《日本经济新闻》在华为事件之前曾以比较客观的态度报道过当今时代智能手机已经超越国界的现象，提到在整个日本市场中，中国的手机进步非常快，华为智能手机已占领日本市场将近50%的份额。事件发生后的12月13日，《日本经济新闻》所载文章基本上站在政企不分指控的立场，称对美国敲打华为感到违和。14日，该报对美国排挤华为作出了分析，一方面提到武器的问题，另一方面是当时世界上最大的设备厂商——思科公司控告华为侵权，报道罗列了华为跟思科公司较量的一些过程，同时也指出美国对自己高科技霸权的执着态度，曾向日本施加压力。12月16日，该报还对华为P20手机进行了介绍，报道华为产品的高人气。在12月18日，该报对排除华为后对日本企业的影响作了分析，尤其提到日本的几大供应厂商此前与华为的上千亿日元业务往来，因此事件会受到重大影响。19日，该报报道了华为轮值主席胡厚崑对华为安全问题的澄清和该公司花费2200亿日元以应对安全问题的一些举措，还对中美之间涉及机器间谍行为的历史进行了整理。

此外,《日本经济新闻》旗下一家面向企业界人士的周刊杂志《日经商务杂志》也在专题中指出,排除华为将使日本企业付出严重代价。该刊同时提到,不光是华为,美国的思科公司实际上是最有间谍嫌疑的,因此美国的机器也并不一定可靠;另外,日本企业界与华为有着良好对话,对华为比较认可,二者甚至在一些方面属于利益共同体。比如在华为事件之前,华为前任轮值主席郭平被邀请给日本企业家上课,鼓励日本企业应该更有自信。同时该刊还关注美中对立对 WTO 自由贸易体系可能产生的破坏,由此对市场较小的日韩等国造成的影响。

《日本经济新闻》的相关报道并不多,并且十分慎重。只在 12 月 18 日稍微介绍了华为每年从 80 家日本公司购买 6800 亿日元零部件的事情,以及此次事件可能对此产生的影响。

另一大报纸《读卖新闻》在事件之前曾对华为在日本的动向、发展进行过介绍,对华为基本上持比较赞赏的态度。但在事件后,用语开始稍显微妙。比如提到华为是中国技术霸权的排头兵,同时特意提到华为创业者是军人出身、与共产党有很密切的联系等,而其微妙还体现在以上大部分消息都是摘自美国的媒体。日本政府为了配合美国的行动,在涉及行政服务、公共工程等领域禁止对华为设备的采购和使用事宜,《读卖新闻》对此向公众特别是受影响的失业者作了一定说明,相比于其他媒体,其步调跟日本政府比较一致。

除了上述传统媒体,洪教授还对新媒体的相关报道进行了介绍和分析。

事件发生后,在日本最大的搜索引擎雅虎上输入"华为技术"等关键词,搜索到的基本都是华为 CFO 被逮捕的消息。洪教授指出,新媒体不同于传统媒体,在消息真伪的证实上自我要求不严格,因此呈现出的报道也大多是来自各种媒体、各种信源信息的汇总,甚至被与其他事件进行捆绑,有很多捕风捉影的报道,却少有自己的分析。

而在比较能集中反映年轻人动向的视频网站 YouTube 上,阅读量较高的视频基本偏向负面,洪教授提到,这些内容也大多来自欧美国家的报道中一些比较哗众取宠的观点,主要目的是赚取关注度,因此也不太可能有较为深刻的东西。

洪教授还指出,新媒体上也有一些批判日本政府跟随美国排斥华为的声音，但总的来说这类声音还是占少数。

在总结时，洪教授指出，日本的主流媒体，无论是报纸还是周刊杂志，倾向于认为华为事件是美国霸权挑起的事件。原因之一是日本学术界和产业界对美国的这种技术霸权有着深刻的历史教训和宿怨，历史上日本很多的产业在快要超越美国的时候都受到了打压，从20世纪70年代美日的纤维贸易摩擦，迫使日本在纤维、电器、钢铁等产品上自设出口上限；到80年代汽车跟汇率的问题，日本汽车业在美投资设厂进行产业链融合；到90年代的以半导体产业为代表的日美势力范围的划分。洪教授特别提到90年代克林顿政权时期，劳拉·泰森在《谁敲打谁》中提出的"战略性贸易管理"的概念，即美国放弃WTO的自由贸易原则，在半导体等一些战略性产业对日本进行一连串的市场改造，限制其发展。

回归到中国5G的问题，洪教授认为这是美国技术霸权的故伎重演。洪教授将德国的工业4.0和日本的智能社会5.0与"中国制造2025"进行比较，指出工业4.0的重点在制造机械的智能化和标准化，智能社会5.0的重点在能源环保和老龄产业，二者并没有去抢占美国的面包，而"中国制造2025"宣称要在互联网、通信、宇航、半导体、医疗器械领域成为世界强国，在当前的4G时代，美国的高通把控了技术核心，掌握着主导权，而华为的5G技术标准已经在国际会议上得到确认，在当前的WTO贸易规则体系下，这意味着即将到来的5G时代将是中国掌握核心技术标准，无疑让美国感到危机重重，因此美国政府与思科、高通等公司联合起来与华为进行对抗。

至于受众的识别能力，洪教授指出，随着经济全球化、产业链的延伸，报道开始出现阶层分化的现象。在面向企业高端人士、旨在为其经济和商务活动提供信息参考的经济类媒体，其报纸立场便显得相对冷静客观，而其他日本的主流媒体则对中国有比较刻板的负面报道，其间甚至受日本政府看美国眼色的倾向影响。洪教授还提到，以年轻群体为主要用户的新媒体深受网络右翼的影响，声音比较极端，并且大多是为了博眼球，少有理性客观的分析，而今后的舆论战场又主要会在新媒体上，所以必须要引起重视，活用好新媒体。

在讨论环节，与会者从排除华为可能对日本普通民众产生的影响、记者俱乐部制度对舆论的影响、日本民众对中国的态度等方面进行了探讨。

　　本次茶座由厦大新闻研究所所长卓南生教授主持。他在总结时补充道，从新闻传播的视角来看，此次华为事件日本的媒体也许对美国的处理方式有所微言，但基本上其编辑方针仍然和官方与美国保持一致，特别是在安全保障问题上，不少媒体强调应与体制不同的中国划清界限。卓教授认为，这既与日本记者俱乐部操纵舆论的体制不无关系，也与安倍政权的亚洲外交战略密不可分。来自校内外的师生热烈参与了讨论。

（厦门大学新闻研究所　邹文雪）

苏俊斌：新闻算法伦理权衡的两个尺度

【主讲人简介】苏俊斌：厦门大学新闻传播学院副教授，2008年毕业于清华大学社会科学学院，获博士学位。主要从事网络传播、广播电视等领域的教学与研究，合编教育部"十二五"普通高校国家级教材《当代广播电视学》，发表在 CSSCI \ SSCI \ EI 数据库可检索的论文 14 篇，任英文 SSCI 期刊审稿人、中国网络传播学会常务理事。

2019 年 3 月 23 日下午 2 点 30 分，第 32 期"厦大新闻学茶座"在厦门大学新闻传播学院新闻楼四楼会议室举行。厦门大学新闻传播学院苏俊斌副教授以"新闻算法伦理权衡的两个尺度"为主题与在场的三十多名师生展开了交流讨论。

苏俊斌首先说明了其研究所涉及的几个关键词："算法"是为了解决特定问题而由专业人士设计的可以被机器执行的计算和决策步骤，"新闻算法"（news algorithm）则是算法在新闻采集、生产、分发、接收和反馈等诸多实践环节中的应用，其结果是原有新闻工作者的部分职业劳动被机器所替代；"伦理"是关乎先后次序的行为规范，所谓"知所先后，则近道矣"；"权衡"（trade-off）意味着判断、抉择以实现平衡。接着，苏教授从"研究'新闻算法伦理权衡'的现实背景""作为职业伦理原则的'客观性'""马克思主义实践观的两个尺度""研究新闻算法'把关'所涉伦理问题的纲领"以及"打开新闻推荐算法的'黑箱'：把关决策与伦理议题"等五个方面进行论述。

研究"新闻算法伦理权衡"的现实背景

通过引述搜索引擎和彭博社使用算法的应用实例，苏教授指出算法早已与传统新闻工作者在新闻实践的一些环节展开协同工作。如今，内容产业与计算技术和联网技术的融合已是大势所趋，在此背景下，算法必将更深地嵌入新闻实践。2019年1月25日，习近平总书记带领中共中央政治局在人民日报社就全媒体时代和媒体融合发展举行第十二次集体学习时指出，"要探索将人工智能运用在新闻采集、生产、分发、接收、反馈中，全面提高舆论引导能力"。苏教授认为，这一系列的现实背景需要学界和业界思考：传统新闻职业伦理规范在人与机器协同实践的新条件下是否仍然能够指导实践？人工智能的运用为新闻实践带来了怎样的伦理风险？

作为职业伦理原则的"客观性"

"客观性"是苏俊斌讨论"新闻算法伦理权衡"的切入点。针对"客观性"这一哲学命题，苏俊斌首先梳理了Lorraine Daston和Peter Galison在《客观性》著作中对科学史上关于"客观性"三个认识阶段的总结，即"忠于自然（Truth-to-nature）"（17世纪到18世纪）、"机械客观性（Mechanical Objectivity）"（19世纪）和"训练有素的判断（Trained Judgment）"（19世纪末20世纪初）。这些客观性的认识也以某种方式折射到新闻实践中，例如Adolph Ochs于1896年在《纽约时报》的发刊词中所传达的理念就属于朴素的"客观性"观念。然而，这种"客观性"很难实现，个体新闻工作者对该原则的落实也总是存在弹性。正是在此意义上，算法以其决策步骤的确定性、计算的高效性以及内容分发的精准性，使其在介入新闻实践时具有了一定的正当性。

马克思主义实践观的两个尺度

新闻传播领域是否也和自然科学领域一样，会从诉诸朴素的"客观性"理念，转而过渡到依靠算法实现"机械客观性"呢？苏俊斌在马克思《1844年经济学哲学手稿》中找到了思考实践的"价值尺度"和"真理尺度"。马克思主义"实践观"对于人们思考人工制品及其隐含的"物的尺度"和"人的尺度"以及"价值尺度"和"真理尺度"提供了指导思想。"新闻算法"相应地需要从"价值尺度"和"真理尺度"来进行权衡。

研究新闻算法"把关"所涉伦理问题的纲领

算法在新闻实践中担当着"把关人"角色,且算法的自动化决策不仅未排除主观性,还引入了新的"机器偏见"。而无论是从算法的设计,还是从其收集数据、训练数据、建模、筛选、分类、预测直至作出最终判断的流程来看,解决算法自动化决策所面临的准确性、客观性、公正性、透明性以及隐私保护等问题,都要求人们打开其"黑箱"进行审视与检验。而面对"怎样打开'黑箱'"以及"打开'黑箱'应该看什么"两个问题,苏教授提出了相应的研究纲领。

该研究纲领主要从三个层面展开:在宏观理论层面,对新闻伦理和赛博伦理规范进行分析对比,尝试从中提取出可以思考算法伦理问题的规范性原则。在中观层面,利用调查法总结算法在新闻采集、生产、分发、接收和反馈等诸多新闻实践环节的"把关"作用。在微观层面,对中国、美国和欧洲的新闻算法专利文本进行内容分析。最后,基于微观层面和中观层面的研究,构建应然和实然之间的对话,并尝试为未来人工智能新闻业在自律方面的专业准则以及在他律方面的政策规制提出对策性建议。

打开新闻推荐算法的"黑箱":把关决策与伦理议题

苏教授认为在那些介入新闻实践的算法中,新闻推荐算法的运用有典型意义且值得深入思考。之后,苏教授介绍了其研究团队的最新成果。他们发现既有之算法伦理研究的知识传统可以被总结为"偏见和歧视""隐私与透明度"以及"个体自主性"三个议题。随后,他们从"美国发明专利数据库"和"欧洲专利数据库"中获取了111个新闻推荐算法专利文本,在利用内容分析法分析的基础上,建构了"新闻推荐算法'把关'涉及的价值要素"框架和"各'把关人'在'把关'流程中需要遵守的伦理原则"框架，并在回答"新闻推荐算法'把关'的过程中还涉及哪些'把关人'""新闻推荐算法'把关'涉及的价值要素有哪些"以及"多元'把关人'协作的过程中是否遵循了上述伦理规范"三个问题的基础上，打开了新闻推荐算法的"黑箱"。

他们的主要研究发现认为，算法设计师、媒体工作人员、用户、专家、第三方平台和新闻提供方分别是主导型、辅助型、参与型、咨询型、协作型和先导型"把关人"，六类"把关人"的意志内嵌于新闻推荐算法的"把关"逻辑中，协助算法完成新闻的个性化推送。新闻推荐算法"把关"涉及的价值要素包括"待推荐新闻要素""用户特征和行为要素""第三方数据""推荐系统功能要素""专家要素"和"新闻提供方要素"六大类共二十七个子类。其中，"新闻特征"和"线上历史足迹"是新闻推荐算法"把关"涉及的基础价值要素，"用户兴趣偏好"是算法作出新闻推荐决策的核心价值要素。在数据收集、处理以及结果呈现阶段，虽然用户的"形式个体自主性"能够在一定程度上得以实现，但"无偏见原则"和"准确性原则"难以践行，"个人信息自决权"难以保障，"真实性原则"被忽略。

最后，苏教授认为新闻从业者的专业技能既有可被算法替代的部分，也有不可被算法替代的部分，在新闻实践中将人工智能置于人的有效控制的需要，更凸显了新闻从业者专业技能在算法时代的重要性。

本次茶座由厦门大学新闻研究所副所长毛章清老师主持，厦门大学新闻研究所所长卓南生教授、厦门大学新闻传播学院许清茂教授、岳淼教授等与会师生还从新闻史的角度对西方报刊的"客观性"观念进行了反思和批判、对技术选择过程中的价值理性和工具理性等问题展开了热烈讨论。

（厦门大学新闻研究所　张梦）

【33】

林念生：纪录片的真实性
——从历史角度探讨

【主讲人简介】林念生： 本科毕业于美国纽约州立大学奥斯威戈分校，硕士、博士毕业于威斯康星大学麦迪逊分校，本硕博专业均为广播电视电影。专长于广播电视电影媒体制作、影视编剧和传媒企业经营与管理。1979年开始数度从美国到北京广播学院（今中国传媒大学）讲学，在新加坡、韩国、美国以及中国台湾、香港等国家和地区任教近40年。曾担任台湾China News英文报社长、台湾世新大学第五任校长、朝阳科技大学人文与社会科学学院院长、香港浸会大学电影电视系系主任，2007—2013年担任厦门大学新闻传播学院教授。

2019年5月10日下午，第33期"厦大新闻学茶座"在厦门大学新闻传播学院举行。本期茶座的主题是"纪录片的真实性"，由林念生教授主讲，30余名师生参与。

林念生教授主讲的内容主要包括两个部分：一是纪录片的发展和过程；二是纪录片的特质。首先林念生教授从历史角度，以10年为间隔，为师生讲述了美国纪录片各阶段发展过程。他讲到在1929年经济大萧条期间，由于摄像机很贵，纪录片的拍摄者绝大多数来自社会精英阶层，选题焦点集中在社会问题与社会改革两个方面。第二次世界大战期间，美国的纪录片题材转而集中到政治宣传方面。二战之后到20世纪50年代，以关注社会问题为导向的纪录片更是推陈出新，数量也不断增加。如法国出现了"真实的电影"流派，即强调及时地用自发的、自然的方式拍摄纪录片，这反映了纪录片的真实性。20世纪六七十年代时，纪录片成为一种非常好的传播工具。由于技术的发展，开始出现了小型摄影机，比如出现了16mm、8mm，甚至小于8mm的超小型摄影机，而且摄影机价格越来越便宜。林念生教授回忆1973年在威斯康星大学读书时，就是用8mm的摄影机拍摄了自己人生中第一部片子。随着人们生活水平的提高，摄像机的普及，很多人开始用摄像机记录生活，这些属于生活纪实片。

林教授认为："纪录片讲究真实，是现实与真实的再现，而故事片是虚拟的，是真实的重塑。"他提到英国人希望用故事的手法拍摄纪录片，因为用故事手法可以拍历史事件。纪录片的主要功能是反映社会问题，越南战争使得美国伤亡惨重，一位记者通过拍摄纪录片的方式，将战争的真实场景通过电视呈现在美国人民面前，促使反越战群体出现。类似作品还有1974年获奥斯卡最佳纪录片的《心灵与智慧》（Hearts and Minds），该片同样是关注越战却不仅仅关注表象，而是深入探讨战争的根源。此外除了战争题材，受到广泛关注的题材还有美国农场主剥削非法移民工人利益、生态环境保护等。

"纪录片是一种从批判角度以纪实的手法和客观的立场，关切社会政治、经济、文化、教育、军事、艺术等方面的题材，从而深入探讨社会议题的影片。"林教授指出从20世纪30年代经济大萧条以后，纪录片在讨论社会改革时往往采用一种批判性的视角看事情，所以西方纪录片具有浓厚的批判色彩。可以对纪录片"documentary"来做一个分析解读，分为"document"和"-ary"，"document"是文献或者文档，"-ary"后缀有"关于什么的"意义，合起来可以理解为纪录片是与某事相关的档案。因此，林念生教授指出纪录片不应仅停留在问题表象上而要进行深入探讨，纪录片要注重从本质上讨论社会问题。纪录片又区别于新闻片，虽然二者都是真实地记录现实，新闻片主要关注事件的基本要素，如"5W1H"[①]，而纪录片则需要深入谈本质问题。这是纪录片与其他形式片子的本质区别。从纪录片题材选择角度看，林念生认为纪录片关注的是人与人、人与自然、人与社会，拍摄的是实实在在的东西。

---

① "5W1H"，指新闻六要素：时间、地点、人物、事件的起因、经过、结果。即五个"W"和一个"H"，Who（何人）、What（何事）、When（何时）、Where（何地）、Why（何因）、How（如何）。

在纪录片拍摄手法方面，林念生教授指出早期纪录片的影像和声音是分开记录的，将影像和声音结合到一起非常不容易，这时声音部分会通过旁白和配乐的方式添加，从而达到了人们希望产生的一些戏剧性效果。20世纪50年代后，摄像机开始有了专门录音的功能可以同步录音。但是由于需要提前设计拍摄时的机位，这种手法受到了强烈反对。林教授也认为这是一种形式上误用，因为这违反了纪录片应该不加任何设计的原则，纪录片特点是到现场就直接拍。纪录片的"真"也体现在它的操作方式上，它喜欢用摄像机长镜头直接拍，并根据实际环境调整机位，以区别于故事片的故意操作，纪录片是"真实地""客观地"把大环境拍下来。纪录片不仅在摄影上讲究"真"，在声音上也讲究"真"，并且二者要同时真实。因此西方近几十年很少采用旁白配音方式。林教授又强调早期的纪录片属于"docudrama"而不是"documentary"。

在讨论环节，林念生教授与在场师生展开了热烈的讨论。首先，林念生教授补充道，他认为纪录片确实是真实场景的再现，但只是在一定程度上的真实，是一种有选择的真实。这是因为纪录片在展示事件的过程中，通过组织、安排、剪接等手段已经将发生的事件进行了处理，所以不能保证绝对的客观。但是林教授认为工作人员在拍摄纪录片时要努力做到客观，尽量不要用配乐等方式进行操纵，从而最大程度保留片子的真实性。在纪录片的功能上，林教授认为由于纪录片本质上是深入探讨社会问题的片子，因此纪录片可以促进社会进步。厦门大学新闻研究所副所长毛章清老师说："如果从传播效果的角度看，一部有关越南战争的纪录片可能会改变战争的走向，那么美国纪录片的发展是否受到了史学传统的影响？"林念生教授持有相反的意见，他认为纪录片的制作主要受到两个方面的影响，一是西方资本主义社会发展规律，二是西方人所强调的个人自由的理念。他指出有一段时间欧洲国家就非常注重个人自由创作，哲学观影响他们拍摄纪录片。对于观念会影响到纪录片的拍摄，苏俊斌副教授问道："您在对于纪录片的研究过程中，是否受到马克思主义的影响？您认为马克思主义辩证唯物史观对纪录片的创作有哪些影响？"林念生教授认为应该从纪录片历史发展过程中看它的特征。纪录片是形式和内容的统一，是客观真实的再现。形式是系统，从形式看内容，作为纪录片创作者要尽量接近客观。好的纪录片不是把事实机械地呈现出来，而是要通过形式和手段彰显出作为本质的深刻内容。林念生教授认为，纪录片应该是非常专业的片子。这里，林念生教授谈到了自己曾经拍摄的纪录片《保钓：海外的五四运动》，这部片子是爱国精神的呈现。创作手法比较西方，片子在"优酷"的点击率有84万多。他讲到自己拍这部片子是希望提升大家的爱国主义精神。厦门大学新闻传播学院硕士生衣哲问道："拍纪录片时，我们通常会遇到技术和选题的两难问题，请问该怎么解决呢？"林教授认为技术问题在拍摄实践中可以解决，至于选题问题，他建议同学在学校多读书，拥有广博的知识，将来看世界的角度就会不一样，拍出来的纪录片也会和别人不一样，这就还需要拍摄技术的支持，用形式系统彰显纪录片深刻内容。

本次茶座由厦门大学新闻研究所副所长毛章清老师主持。新闻传播学院的许清茂教授、苏俊斌老师、史冬冬老师、迟月利老师、杨颖老师等，还有 2010 届校友雏艳出席了本次讲座。

（厦门大学新闻研究所　李悦闻）

【34】

周昌乐、苏俊斌：人工智能与新闻业的未来
——从媒介史的视角探讨信息技术在新闻业变迁中的角色

【主讲人简介】周昌乐：1990年毕业于北京大学理论计算机科学专业，获理学博士学位，曾任厦门大学信息科学与技术学院院长，现任厦门大学智能科学与技术系教授、厦门大学哲学系兼任教授。长期从事人工智能及其多学科交叉领域的研究工作，任福建省仿脑智能系统重点实验室主任，兼任厦门大学艺术认知与计算实验室主任，担任《心智与计算》国际网络学术期刊主编。学术兼职有中国人工智能学会理事，福建省人工智能学会理事长等。

【主讲人简介】苏俊斌：厦门大学新闻传播学院副教授，2008年毕业于清华大学社会科学学院，获博士学位。主要从事网络传播、广播电视等领域的教学与研究，合编教育部"十二五"普通高校国家级教材《当代广播电视学》，发表在 CSSCI \ SSCI \ EI 数据库可检索的论文14篇，任英文 SSCI 期刊审稿人、中国网络传播学会常务理事。

2019年7月14日下午，厦门大学新闻学研究所在厦门大学思明校区新闻楼四楼会议室举行第34期新闻学茶座。本次茶座的主题是"人工智能与新闻业的未来：从媒介史的视角探讨信息技术在新闻业变迁中的角色"，两位主讲人分别为厦门大学信息学院周昌乐教授和厦门大学新闻传播学院苏俊斌副教授，他们以对话的方式对该主题进行了讨论，并与现场听众交流互动。

本次茶座由厦门大学新闻研究所副所长毛章清老师主持，厦门市台湾研究会会长杨仁飞、厦门大学新闻传播学院岳淼教授、佘绍敏副教授、厦门大学信息学院、人文学院、新闻传播学院等多个学院30名博士生、硕士生、本科生参加了本次茶座。

人工智能与新闻传播密切相关，新闻业的发展要从人类自身优势出发

周昌乐教授首先发言，他通过猜谜语的形式向观众提问："来自东南西北，打一个英语单词。谜底是什么呢？是 NEWS。"周教授说到，news 是由四个字母组成，拆开来看可以看作代表东南西北（north, east, west, south），而新闻就是来自五湖四海。新闻的传播需要传播渠道，周教授进而谈到了人类历史上传播技术和手段的变革。他对信息的传播方式进行了回顾。传统的新闻是通过百姓之间的奔走相告进行的。后来美国科学家发明了电子管，实现了人类第一次跨越大西洋的电子通信。随着技术的发展，电子计算机成为重要的技术支持。互联网的发展，又使我们的传播方式发生了翻天覆地的变化。我们的手机，电脑都是以此为基础互联信息的。我们可以用手机随便发信息，而这也带来了此后的信息量暴增，信息过载的一个后果是信息真实性难以确认，这个时候就需要人工智能技术进行辨识和聚类，利用大数据进行数据挖掘，寻找大量数据里面的可利用之处。从这个角度上来说，人工智能与新闻传播是密切相关的。

周教授接着为大家介绍了目前世界上的前沿技术，分别是脑机融合技术、合成生物学。周教授介绍说，在 2018 年 "Nature" 上的一篇论文讲述了三个美国人用脑机双向通路共同完成一个俄罗斯方块任务的研究过程。周教授据此结合相关影视作品进行大胆设想：也许以后可以用脑机融合技术连接人类和机器人，就是说机器人去处理社会事务，他们获得的体验直接传输回人类的大脑，然后人们可以进行脑联网，由此实现信息的快速传达。周教授指出这种处理信息的方式极大地威胁新闻业的存在。

周教授对新闻工作者进行警示的同时，也深入阐述了人与机器的区别。他提出："人类的优势就是具备创造能力、有情感体验、有自我意

识的大脑，这是远远超过机器的。人类会犯错误的，不要小看这一点，因为创造能力的基础就是犯错机制，如果人类不会犯错，那么人类就不可能创新。"周教授说人工智能的发展如历史上其他技术一样，必然会带来职业的更迭，而我们要做的就是在明辨人与机器区别的基础上，注重培养人类的优势特点，跟上时代的脚步，从而在社会分工里保住自己的地位。

信息技术对新闻业的影响不是单方向的，对新闻业未来的思考要包含三个层次

接着周教授的发言，苏俊斌博士引用了两个事件对周教授的发言进行了补充，他首先提到1844年有线电报诞生之初就被用于传送新闻，通讯的速度问题得到了根本解决，1858年跨大西洋海底电缆的铺设，更将两个大陆纳入即时通讯的可及范围；随着电报技术在新闻业中的应用，新闻的表达方式也出现了新的改变，新闻通讯社所提供的新闻产品转而采用了一种不持党派立场的写法。这两个事件，可以为周教授所提出的"信息技术对新闻传播业的推动和改变"观点提供佐证。

苏俊斌博士接下来又对周教授的"技术改变新闻业"观点进行了修正。他认为我们不应该只看到技术对新闻业乃至对整个社会的单向影响，实际上社会对技术演化也产生作用。他举例说，"新闻纸"作为打印在纸张上的新闻其实早已有之，但并不等同于现代意义上的报纸。进而提出"判断现代意义上大众传播的诞生并不是依据其技术器物的层面，而是依据其信息交换的方式"。现代意义上大众传播的本质特征为：内容以近乎免费的方式播撒；单方向、无差异传播。位居传播系统中央的传播者要承担巨大的传播成本，普通人并不具有这样的能力，这就决定了传播者和接收者在政治经济上的地位是差异悬殊的，传播者掌握着优势的政治资源和经济资源。而当今基于新兴媒体的传播与之前基于传统媒体的传播的最大不同，在于信息接收者被赋予了发布信息的可能性。

20世纪40年代，先后出现了控制论、信息论、系统论，兴起了以新三论为代表的系统思维，以系统方法分析人的大脑机能，逐步设计出现代意义上的计算机器。与此同时，1969年Paul Baran提出的分布式通

信网络象征着对工业社会通信系统的强健性问题的求解,这其实就是现代所谓"人人都有麦克风"的网络雏形,即每个节点都可以传送信息给其他人,即使某个节点出现问题,整个通信系统也可以继续正常运行。

苏博士总结说,技术变异是没有方向性的,而人类的需求是有方向性的,适应人类需求的技术变异获得生存。这实际上是一种适者生存的演化机制。利益集团以投资的方式对技术进行筛选,只有被选中的技术才能获得生存和发展所需要的资源,才能发展出与其相适应的商业模式。这都说明了并不是技术单方向推动社会(新闻业)发展,而是社会反过来也塑造着技术演化的轨迹。苏博士据此提出,我们对新闻业未来的思考要考虑三个层次:最基础的层级是技术(人造物)的层级;进而是围绕技术(人造物)的运行而形成社会组织的层次;最后是该社会组织所镶嵌其间的宏观社会结构。当今人工智能的发展,体现出了我们的社会结构本身具有某种自主性,这是一种人与机器、社会与技术双向选择、相互作用的结果。

周教授赞同苏博士以"进化论"方法对技术发展进程的理解,他以量子力学和广义相对论在日常生活中的应用及其发展状况为例,指出技术具有"需求导向",即技术发明能否传播开来与老百姓的需求密切相关。

对话与讨论

周昌乐:反对资本垄断,发挥大众对新闻舆论的影响作用
苏俊斌:以全球化视野重新衡量新闻业

关于受众对信息的需求,周教授提出了"谁决定什么可以报道、什么不能报道?"的问题。苏博士回应说,大众传播的模式决定了处于传播系统中央的传播者需要对内容进行筛选和过滤,传播者是"把关人",在人工智能时代,算法进入新闻生产的诸多环节,"把关"过程往往是由人与算法协同完成的。未来网络和智能将会越来越广泛而深入地渗透到社会生活的所有方面,在信息产业资本的推动下,生产日益集中,最终会不会出现"超级把关人",使得信息技术的演化反而走到了人类信息需求的对立面呢?

周教授分析说，"超级把关人"的存在实际上是资本垄断所导致的问题。当前互联网和信息产业里大公司靠其强大的资本力量实现了不同程度的垄断，损害了信息共享和信息流动。我们应该反对这样的现象。这个问题的根源主要在于人而不是技术，技术本身是没有价值倾向的。另外，大众媒体也会受到大众舆论的影响，在一些网络舆情热点事件中，屡次出现网民舆论影响主流媒体议程的情况，说明大众也是有主动性的。网络和人工智能在技术上提供的可能性是跨地域的，未来网络社会发展的趋势一定是全球化的社会。

苏博士赞同周教授关于全球化社会的看法，他认为当代媒体的演化总体来说受到联网技术和智能技术的影响，在这个潮流之下全球范围内不同国家、不同地区、不同文化的人们相互依赖关系更加紧密，新闻业更迫切需要以全球视野来选择新闻议题、审视新闻价值，而这就是"全球新闻"（global journalism）未来发展的社会土壤。

在两位老师阐述完自己的观点后，主持人毛章清对两位老师的发言和对话进行了要点梳理，然后他向周教授提问："新的传播技术将如何促使新闻业发生变迁？"

周教授认为，目前的人工智能技术与计算技术的区别就在于现在的算法有更多的数据支撑。数据掌握越多，对全局的掌握也就越好。但是另一方面分析数据是统计意义上的东西，会抹杀个性化。新闻界对个性化的需要会极大程度地影响其未来发展，在客观性方面人工智能有极大的优势。

针对周教授关于人工智能在客观性方面具有优势的观点，苏博士明确提出了反对意见。他认为人工智能可能会存在算法偏见。人工智能的特点在于"不知疲劳，效率高，可以处理大量信息，能够发现以前基于人力难以达到的新的洞见，'数据新闻'（data journalism）有其优势"。但是不能把这种优势绝对化，人类应该在机器智能的基础上发挥理性作用。

在观众提问环节，有人问道："在对同一事件的不同报道中我们应该怎样辨别真假呢？"苏博士认为信息可以分为"真的假新闻"（对真实报道的断章取义）和"假的真新闻"（谣言）两类。他通过明晰信息种类，帮助同学理解新闻的真假所在。而周教授则指出同学应该丰富自己的阅历，通过传播者的文本选择剖析其文字背后的目的。有人提问：

"在人工智能迅速发展的当下，是否会加剧假新闻产生？"苏博士以2016年英国脱欧、美国选举为例，阐释算法在其中起到的作用，并以"洗稿"盛行、过期消息在网络上广泛流传等例子指出"人工智能为'真的假新闻'赋能"的客观事实。

最后，主持人毛章清老师对本次茶座的讨论进行总结。他表示对于技术的发展我们根本无需恐慌，政府和市场都在为此努力，融媒体的出现就是新闻事业转型的有力尝试。而众多新闻从业者最终实际上是要回到新闻的本真上来，首先要解决新闻何以存在，进而解决新闻以何存在。无论传播媒介怎么发展，归根到底要明确新闻是为何传播，为谁传播的问题，这才是探讨新闻业发展的要义所在。

（厦门大学新闻研究所　尤佳　李悦闻）

【35】

余清楚：正能量、主旋律的声音如何唱响网络

【主讲人简介】余清楚： 厦门大学新闻传播学院院长、教授，人民日报社高级编辑，北京市政协委员。主编《中国移动互联网发展报告》（2017年卷、2018年卷），主持2019年国家社科基金重大项目"人类命运共同体视阈下中国国家形象在西方主流媒体的百年传播研究"。

2019年10月14日下午，厦大新闻楼411会议室座无虚席，门口也挤满了人，还有一些人站在窗外侧耳聆听——"厦大新闻学茶座"第35期"正能量、主旋律的声音如何唱响网络"如期举行，主讲人是谐趣幽默、自带流量的厦大新闻传播学院余清楚院长，主持人是新加坡著名学者、日本龙谷大学名誉教授、厦大新闻研究所所长卓南生教授。

作为一个报人，余教授有着丰富的新闻实践经验，1989年从中国社会科学院研究生院新闻系毕业后，在人民日报社30年，历任人民日报社江西记者站站长、报刊管理部主任、中国报协秘书长、福建分社社长、人民网总编辑。2019年5月卸任人民网总编辑之后，正式就任厦门大学新闻传播学院院长，实现了从媒体人向新闻教育工作者的转变。这是余清楚院长第一次参加茶座，以学者身份对当前互联网的舆论场进行思考和表达观点。

截至2018年12月31日，我国网民数量达8.29亿，手机用户量达8.47亿，短视频用户量达6.46亿，这个数字还在刷新中。在短视频方面，我们国家在全世界发展最快，用户量达6.46亿。给出一组数据之后，余教授指出，在"人人都是记者""人人都有麦克风"的互联网时代、新媒体时代、移动时代，更需要好的导向、好的内容、好的声音。

把握好互联网传播规律，维护好网络意识形态安全，营造天朗气清、风清气正的网络空间，这是中央管网、网民爱网的必然要求。但是如何让主旋律、正能量的声音唱响网络，这是网络管理者、网络媒体人和新闻传播教育工作者必须共同面对和必须解决的问题。

坚持正确导向，做满满正能量的网站

余教授以习近平总书记的讲话破题，"网络空间是亿万民众共同的精神家园。网络空间天朗气清、生态良好，符合人民利益。网络空间乌烟瘴气、生态恶化，不符合人民利益"[①]。随着网络技术的飞速发展，人们在享受海量信息所带来的便利时，也带来了诸多问题。其中，网上谣言、低俗淫秽色情、网络诈骗、暴力恐怖、毒品犯罪等各类不良有害信息的快速传播已形成社会公害，严重影响民众的身心健康。"保护网民健康上网、净化网络环境是网站必须承担的社会责任；要始终将内容建设和规范运作作为办网之根和立身之本，增强网民辨别和抵制传播各类不良信息行为的能力，明确低俗、暴力、谣言等各类有害信息内容的界定标准。"他特别列举了低俗色情、诈骗网贷和网络游戏存在的危害，警示高校学生要洁身自好，提升媒介素养。

余教授认为，网络评论的作用非常大。他详细讲述了人民网"三评王者荣耀"的例子。2016年8月份左右，"王者荣耀"手机游戏盛极一时，影响了许多人的正常生活。他连续三天在人民网发表了亲手撰写的评论文章，标题分别为《娱乐大众还是"陷害人生"》《加强社交游戏监管刻不容缓》《过好"移动生活"倡导健康娱乐》，引起强烈社会反响，有效地涤清了社会风气。他认为，"网评不是无情物，化作春泥更护花"，主流媒体正确导向具有巨大的力量。

余教授总结了三条"主流网站"经验。一是正面宣传要找主流网站、主流媒体。这是主流网站、主流媒体的公信力所决定的。企业家、艺术家很乐意接受人民网的采访，因为别的网站编造的成分多，假的东西多，发出来人家都不相信，主流媒体的正面宣传显得格外重要。二是关键时刻要找主流网站。比如群体事件、突发事件，关键的时候找主流

---

① 习近平：《在网络安全和信息化工作座谈会上的讲话》，2016年4月19日。

媒体、主流网站是非常必要的。三是澄清谬误要找主流网站。人民网派了12名记者去现场报道天津化学品爆炸案，第一时间告诉外界死伤人数，舆论一下就平息了。

习近平总书记对《人民日报》的要求就是八个字："中流砥柱，定海神针"。"什么叫中流砥柱？就是不管世界上风云变幻，不管社会上众说纷纭，《人民日报》作为中央机关报发出的是党的声音，一锤定音。习总书记就是要求《人民日报》发挥中流砥柱和定海神针的舆论引导作用。什么叫定海神针？就是我说了算。《人民日报》在很多时候需要发社论评论。我们发出的就是中央的声音，我说的这个大一点，不客气地讲就是总书记的声音。《人民日报》要做好'定盘星'，发挥好导向作用、旗帜作用、引领作用，推动社会向前发展。"

习近平总书记强调，要把马克思主义新闻观作为党的新闻舆论工作的"定盘星"。"除了导向作用，主流媒体、主流网站还有旗帜作用和引领作用。在政治方向方面，我们要坚持两个，一个是坚持正确的舆论导向，一个是坚持正确的政治方向。坚持这两点需要四个力：传播力、引导力、影响力、公信力，特别是公信力。如果这个社会没有主流媒体，怎样维护党中央权威？怎样维护国家利益？又怎样维护社会的公平公正？"

坚持内容为王，做最好内容的网站

传统媒体时代，衡量媒体影响力的一项重要指标是发行量，网络媒体时代则以"综合用户量"为参照，不再用发行量确定了。《人民日报》有330万份的发行量，还有全国最大的综合客户端——人民日报客户端，更有号称"中国第一网"的人民网。到2019年上半年，《人民日报》"综合用户量"高达7.62亿，其中人民网的用户量达2.58亿，因为人民网有PC端、"两微"，还有很多地方频道。《人民日报》、人民网仅在Facebook账号上的用户量就达到5000多万。

余清楚教授详细罗列了各种数据之后说："当今社会进入一个移动媒体的时代，大家获取信息、知识和新闻的平台已经转移到了新媒体。无论什么时代，内容为王这个核心竞争力不会变。人民网总网、地方频道、海外频道，不算图片，不算视频，每天上网光文字量就是6000万字。2015年4月18日，我到人民网上任提的第一个口号就是'把人民网打造成中国内容最好的网站'，但是做内容非常不容易，尤其网络。在人民网做过优质内容的年轻人去其他公司面试时都会受到重视，可见在网络媒体时代内容仍然是非常重要的。"

2016年2月19日，习近平总书记在党的新闻舆论工作座谈会上发表了重要讲话。余教授明确提出，"我们要老老实实、认认真真地按照习总书记的要求，做有思想、有温度、有品质的新闻。"对此，他谈了以下观点。

首先要做到原创、独家、首发。"这是我在全国最早提出来的。之前新闻界普遍的共识，认为网络媒体不写稿子，只是在做整合。我到人民网后，把在人民日报社工作的经验移植到人民网来，坚持做原创、独家、首发内容，把人民网打造成'网上的人民日报'。经常有人问《人民日报》和人民网的关系，我常说这是老子与儿子的关系，因为红色基因一脉相承。由于对内容的重视，人民网磨炼出了一批优秀的写稿记者。"

其次是讲好网络故事。"习总书记说，对外传播要讲好中国故事，传播好中国声音。这句话既是激励鞭策，又是批评指正。当前我们的内容制作还比不上西方国家，新闻传播领域'西强我弱'态势仍然存在。希望同学们认认真真学点东西，讲好网络故事，讲好中国的网络故事，讲好习总书记的网络故事！"余教授向在场的同学发出这样的号召。如何更好地讲述当代中国改革开放和民族复兴的故事？那就是要"听习总书记话，跟习总书记走，学习、解读习近平新时代中国特色社会主义思想"。余教授笑称："我是网络上第一个写'维护习近平同志为核心'评论文章的人，这篇文章获得了当年中国新闻奖一等奖。"

再次是移动优先、视频优先。2017年是人民网的"视频年、直播年、融媒体发展年"，余教授以当年全国两会报道和十九大宣传报道为例，详细介绍了人民网"移动优先、视频优先"的报道过程和先进经验。2017年全国两会期间，人民网推出大型直播《两会进行时》，既有前方记者的一线报道，又有后方演播室的高端访谈，还有会场花絮及创意微视频。该栏目荣获2018年第二十八届中国新闻奖特别奖。在十九大宣传报道中，人民网着力推动融团队、融产品、融渠道呈现大会盛况，在新闻"可视化"上做文章，报道形式多样，报道效果显著。人民网还与腾讯视频合作，将人民网的优质内容在腾讯视频同步播出，腾讯视频也借此弥补自己平台上内容的不足，达到"强强联合"。

最后是培养"四力记者"。2018年8月召开的全国宣传思想工作会议上，习近平总书记指出："宣传思想干部要不断掌握新知识、熟悉新领域、开拓新视野，增强本领能力，加强调查研究，不断增强脚力、眼力、脑力、笔力，努力打造一支政治过硬、本领高强、求实创新、能打胜仗的宣传思想工作队伍。"2019年1月25日，中共中央政治局在人民日报社就全媒体时代和媒体融合发展举行第十二次集体学习，习总书记再次强调"培养四力记者"的要求。作为一个老报人，余教授期许自己在这个新媒体时代依然"有所作为"，善用网络新平台，不仅身体力行"四力要求"，还培养锻炼了一批优秀的新闻工作者。

坚持策划先行，做勇创新、善策划的网站

余清楚教授认为："好新闻需要策划。在互联网时代，新媒体时代，进一步强化和助推了头脑风暴时代、创意时代、策划时代。当今时代，我们不缺资金，不缺人才。我们就缺头脑风暴和创意。你做的产品，你做的节目，你做的东西，都是策划出来的。我最喜欢开小范围闭门会、策划会、碰头会。头脑风暴，集体智慧，集思广益，就有可能产生'爆款'作品、好产品。"

他列举了人民日报客户端当年度爆款产品"军装照"，几个亿的粉丝量，就是靠策划出来的。"'军装照'能火，一是推出时机好，抓住了'建军90周年'的时间点；二是满足网民需求，让很多人无法实现的军人梦'美梦成真'；三是黑科技的应用，把人们的照片做得庄重俊美、英姿飒爽，给人带来前所未有的体验。这是'军装照'在短时间内，借助网络社交平台，实现'亿'数量级的独立用户访问成功'秘诀'。"

余教授指出，当今这个时代，对于媒体来说就是平台为王、技术为王、内容为王，我们要擅于利用现有资源，做善策划的网站。

坚持服务民众，做敢担当、负责任的网站

作为中国社会科学院新闻法专业的研究生，余清楚教授对新闻媒体的舆论监督和批评报道，深有体会。"我现在依然认为舆论监督和批评报道是媒体不可或缺的一个重要的要素。报纸、广播电视，特别是网络，不搞舆论监督、不做批评报道，怎么为老百姓说话？怎么为民族鼓与呼？怎么代表党的利益和人民的利益？"

在此，他提出了三点具体的做法：一是要做干净的网站。没有低俗、庸俗和媚俗的内容。不要让我们的小孩在网上受到污染，受到伤害。二是要做辟谣的网站。谣言止于智者，但是谣言也止于知者。人民网专门有个辟谣栏目"求真"，通过记者的实地调查，做了很多辟谣的报道。三是要做为群众解决实际问题的网站。要走好网上群众路线，要让跳动的字符承载民心、贴近民意，用科技手段打造新的工作模式，让为民服务的事业行驶到高速公路上。互联网应当成为领导干部践行网上群众路线的新阵地，成为新形势下做好群众工作的新法宝。"我在人民网做了一个全国最大的网上民意平台，就是地方领导干部留言板，以互联网为抓手，构建了网上网下同心圆，提升治理能力，给群众实实在在的幸福感和获得感。现在留言量已经突破了100万条，解决了很多实际问题。"

余教授与在场师生分享了一座祠堂起死回生的故事。由于房地产开发，福建省福州市仓山区有一个陈姓村落胪雷村已经全部拆除，2000余名村民搬迁。在当地各方努力无果的情况下，有着700年历史的最后一栋建筑陈氏祠堂也面临被拆除的命运。陈姓是福建的开山鼻祖，这个村落还是著名数学家陈景润的家乡。2014年5月，当时还是人民日报社福建分社社长的余教授，以"记者余清楚"名义写了一篇《记忆不存 乡愁何寄》现场考察文章，在《人民日报》"一线视角"上发表，引发社会高度关注，迫使房地产开发公司就地保留。

余教授由衷感慨："批评就是生产力，批评是有力量的"，声明要做"坚持服务民众，做敢担当、负责任的网站"。

坚持创新理念，做融合发展、立体传播的网站

在关于媒体融合发展的政治局专题学习会议上，习近平总书记提出了"全媒体"这个新概念，之前称为"融媒体"。"全媒体"下面还有四个分概念：全程媒体、全息媒体、全员媒体、全效媒体。

余清楚教授认为，全媒体、融媒体时代具有以下传播特点：一是全媒传播。报纸、广播、电视、杂志、文字、图片、视频、专访、两微、客户端、手机报等形式全用上。二是立体传播。总网和地方，国内和国外，网上和网下，PC端和移动端，主流网站和商业网站、自媒体，各种传播渠道并存。三是移动传播。当前传播平台向移动端转移，传播方式向视频化转移，传播关系向互动式转移。

余教授强调我们要尽快去理解体会这些新词汇以及背后的新闻环境变化情况。"当前信息传播不仅是一个平台为王、技术为王和内容为王的时代，还是一个用户为王的时代。用户既是传播对象，又是内容传播的参与者，参与性是一个显著特征。现在的突发事件、群体事件都与网民参与密切相关。重要的是，网民、用户的参与度，实际上决定了产品的流量和点击量。"余教授列举了当时风口浪尖中的无锡大桥塌方舆情事件，说明当前传播关系向互动式转移的趋势。"我国14亿人口、8900万党员，都是人民网的用户。他们满意不满意，他们觉得好不好，反映了我们这个媒体办得好不好，传播得好不好。如果我们主流网站不努力，也会被边缘化。"

余教授呼吁，"新时代媒体人一定要跟紧时代发展的趋势，适应新的传播关系，运用新的传播形式把更多的受众吸引到主流媒体上，用正确导向引领整个社会的发展。让正能量的内容充溢网络平台，天暖气清，风清气正。让主旋律的声音弥漫网络空间，强劲有力，昂扬嘹亮。"

在互动提问环节，老师和同学们积极参与讨论。余教授对10多位师生的问题逐一作了回答。有学生认为，"我国互联网设置了防火墙不利于正能量、主旋律的声音对外唱响"，余教授从法律上、技术上、国与国之间的互联网交流政策上作出回答，"我国网民的数量庞大，可以充分表达意愿，应该也是最开放、最自由的，但是我们也有游戏规则和制度约束，比如说不能让低俗、庸俗的东西在网络上传播。我们也不一

定要通过与网上的反动声音进行辩驳才能显示我们爱国，没有这个必要。"

有学生根据国际传播"西强我弱"的现状，提出如何才能做到既坚持正确导向又可以传播中国故事，余教授从技术层面、报道理念，特别是对待内宣和外宣报道的差异性上存在的问题给予回答，认为很多时候对外宣传的稿件就是国内报道的一个翻版，"厦大新闻传播学院要旗帜鲜明地把国际新闻专业这个优势强项发挥出来，为我国对外宣传、国际传播培养后续人才。"

针对学生提出的"在客观报道和正向舆论引导之间应该如何平衡"问题，余教授认为，作为媒体人，不仅要客观真实，还要理性实在，在第一时间报道反映事件进展时，也不能轻易被一些舆论所左右，尤其是针对突发性事情、群体性事件的报道，存在一个时度效的问题，"中央已经有信息公开方面的文件，媒体、媒体的主管部门和受众，可能都要有一个互相适应的过程"。

针对厦大好几次上人民网头条，阎立峰老师希望余教授介绍"什么样的新闻报道才能上人民网头条"。余教授表示："我作为人民网总编辑上班的第一天，我就在人民网 Logo 标识上加了一句话，叫做'网上的人民日报'。我对党报、党网是有感情的，因此我对人民网的要求很高，提出人民网要做到'三高'：高高在上、高人一等、高人一筹。我给人民网的头条定了三个标准，一是政治性，二是重要性，三是可读性。"余教授认为，习总书记在厦门工作过，对厦门大学非常了解，在厦大百年校庆来临之际，厦大不仅要上人民网的头条，估计还有可能上《人民日报》的头条。

最后，卓南生教授作了热情洋溢的总结。书法造诣颇深的余清楚教授还欣然为"厦大新闻学茶座"题词——"闻以载道 新火相传"。

（厦门大学新闻研究所　毛章清　尤佳）

第二部分

论 文 篇

中国近代新闻史研究的虚像与实像*

卓南生

今天跟大家交流的还是老题目，就是"中国近代新闻史的虚像与实像"。实际上，这个题目早在我们各届师资特训班中和学员们交流过，也体现在2015年出版的拙著《中国近代报业发展史1815—1874》（增订新版）的自序中。经过这20多年来与中国大陆及港澳台地区的交流，特别是在过去北京大学新闻学研究会主办的五届新闻史论师资特训班学员的互动当中，我深深感受到有必要把这个问题讲得更明确些。拙著《中国近代报业发展史1815—1874》（增订新版）主要增加了两篇文章，其中一篇是两万多字的自序，即"我对中国近代新闻史研究的一些思考"（详细考究，请参阅此文）。今天尝试用比较简单明了的语言表达我的基本看法，至于互动，留待明天的茶座。

先解释一下我跟中国新闻史学界交流的一个背景。我是新加坡人，在20世纪80年代后半期才开始到中国大陆跟新闻史学界打交道。可以这么说，在我起步摸索中国新闻史研究的最初二十年，基本上只和日本新闻史学界交往。在那个年代，不管是老师也好学生也好，日本新闻史学界基本上是没有人搞中国新闻史的，我曾经用"踽踽孤行"和"自娱自乐"来对我当时的心情进行自我解嘲。到后二十多年，也就是我跟中国新闻史学界交往之后，我慢慢了解到中国新闻史学界对中国近代新闻史研究的状况，并不是像我那样可以置身度外、自娱自乐式地回答一些学术问题，彼此既有共识也有困惑与争议。在跟新闻史论师资特训班学

---

* 本文为作者在2015年10月31日北京大学新闻学研究会与厦门大学新闻传播学院共同主办的"北京大学新闻学研究会年会暨第五届新闻史论青年论坛"上的主题发言，由湖南大学新闻传播与影视艺术学院副教授阳美燕记录与整理。

员的交流中，我更深深体会到有必要把某些基本的问题说清楚。我发现，今天中国国内的有些争议，从我的角度来看，并不是根据实际的情况提出的，用中国国内流行的用词来讲，有些争议是来自所谓的伪命题。

焦点：近代报纸跟"古代报纸"有没有关联性？

争议的焦点是什么呢？首先，是关于近代报纸跟"古代报纸"到底有没有关联性。一种说法是，近代报纸是舶来品，因此跟"古代报纸"没有任何关系；另一种说法是，两者有其共性。那该怎么看待这个问题呢？接下来我会跟大家细谈。

我研究中国新闻史是从1970年硕士研究生时开始的，现在回头来看，也许我那时候的选题，有更加明确的问题意识。当时我研究的重点是"关于19世纪华字新闻纸产生之缘由与特征的考察"，案例是以《察世俗每月统记传》和《遐迩贯珍》为中心。实际上，当时的问题意识很明确，就是：19世纪中国近代新闻纸到底是怎样产生的？它的特征又是什么？到了博士论文阶段，我研究的时间段从1815年延长到1874年，我将之定位为中国近代新闻纸从萌芽、成长到确立的全过程。当时日本出版社认为谈"形成过程与确立"之类的书不好卖，所以最后将书名改成《中国近代新闻成立史1815—1874》（日文版，1990），而后来到台湾出版时，书名就改为《中国近代报业发展史1815—1874》（中文繁体版，1998），到大陆出版时，书名也是《中国近代报业发展史1815—1874》（中文简体增订版，2002）。这回出版的是增订新版。其实，最能准确回答问题的，就是我博士论文的题目：《近代型中文报纸的形成过程与确立——从1815年〈察世俗每月统记传〉创刊至1874年〈循环日报〉的诞生》，即中国近代报纸到底是怎么产生的，其形成过程与确立又是怎样的，全书通过具体的文献考究来呈现。

从概念到概念的误区："近代报纸"才是报纸？

接着，就得回答这么一个问题：早期宗教月刊与后来成型的"新报"，两者之间存在着怎样的连续性与不可分割性？现在学界有一种说法是，中国的"古代报纸"不是报纸，洋人引介进来的报纸才叫报纸，这两者之间是毫无相干的，你把"古代报纸"与近代报纸相提并论，是非常滑稽可笑的。这样一种套用西方关于报纸概念的说法，似乎言之有理。但我个人认为实际上是站不住脚的。为什么呢？

有些中国学者喜欢咬文嚼字，热衷于概念游戏。例如，有人从今日的概念出发，强调杂志是杂志，报纸是报纸，报纸跟杂志是两个概念，杂志是书册型的，报纸是印报机印的，不可混为一谈。也有人不顾历史背景，不假思索地说，《察世俗每月统记传》是在马六甲办的，它不能称为中国的报纸，所以要推翻戈公振和方汉奇的说法。这样的看法应该怎么对待呢？其实当这些论争出现时，我就很自信地认为这些问题在我的书里都有了明确的答案。后来在历届特训班的培训中，我认为这一类的观点需要回应，于是把我书中绪论的第一个注解拿出来详加解读，因为这个问题在我起步学习近代报业史的70年代就已经解决了。

近代化中文报纸的萌芽期特征："报纸"与"杂志"尚未严格区分

首先，关于报纸周期的问题，我的书绪论的第一个注解的开头语是这么写的："19世纪萌芽期近代化中文报纸的特征之一是'报纸'与'杂志'尚未严格区分，有人称之为'报纸杂志混合型'。""报纸杂志混合型"，这是中国早期近代报纸的一个特色，其实日本报纸也是这样，即先有一个混合时期，后来出版周期由长而短，前后具有不可分割的关系。说得浅白些，我们不能说，蝌蚪不是青蛙。在形成青蛙之前有一个蝌蚪的阶段。有的人咬文嚼字说，这（蝌蚪和青蛙）是两码事。但如果经过实证研究的话，就会发现，《察世俗每月统记传》跟后来的报纸有着不可分割的关系，有关这一点，我在书中的各个章节都有明确的论证。我坚持一个看法：论从史出，而不是先有论，然后再去找证据，牵强附会地去论证。

另外一个问题是，《察世俗每月统记传》是在马六甲办的，为什么要在马六甲办？当时西方传教士是出于什么考虑？……认真考察时代的背景和史实，不难发现当时传教士是因为不能在中国办报与居留，在不得已的情况下跑到东南亚去办报的。他们当时在寻找具体办报地点时，有两个考虑：一是不要离开中国太远，二是该地点要有很多华侨。至于发行的地区与对象，更明确定位为中国与中国人。这就说明了，《察世俗每月统记传》既是东南亚近代中文报纸的起源，同时也是中国近代中文报纸的鼻祖。如果忽视了这一时代背景，而只是咬文嚼字来论述，说它是在马六甲办的，就不是中国报纸，我觉得，这不是从史实出发、实事求是看问题的观点和研究态度。

那么，近代型报纸（即"新报"）跟传统的邸报之间有没有差异呢？肯定是有的，戈公振将近代型报纸之前的报纸定位为"官报"，后来有一种看法认为官报的说法并不完全准确，因为宋代已有民间报纸。为此，我们不能因为邸报是封建王朝时代的报纸，就说它不是报纸，跟近代报纸完全没有关系，这一观点需要论证。我的基本看法是：洋人早期来华办报时，口口声声强调他们所办的是"新报"，实际上就意味着他们脑海中是有"老报"或"旧报"概念的。当年传教士报人是怎样理解"新报"与"邸报"的差异的？有关这一点，在我书中的第五章早已介绍①。1853 年，《遐迩贯珍》编者麦都思在其序言中就对此有所说明。可见有关洋人眼中"新报"与"老报"概念的差异，并不是什么新发现，新闻史学界早已知晓。

宗教月刊的首要宗旨："必载道"而非"传新知"

另外，有些研究者似乎持有某些一厢情愿的想法，以为"文以载道"是中国知识分子的传统，是士大夫阶层的特性，西方人办报秉持的是"客观"与"平衡"的专业精神。怎么跑到中国来就变成了"文以载道"呢，而且文人爱发议论，就是不客观，不专业！这样的想法和定位其实并不符合当时的实际情况。我在 20 世纪 70 年代细阅《察世俗每月统记传》的原件时，就发现了这样的基本事实：这份洋人所办第一份中文宗教月刊的发刊词，即 1815 年 8 月 5 日该刊的第一页，就已经讲得清清楚楚，"察世俗必载道理各等也……最大是神理。其次人道。又次国俗。"至于所谓"新知"，知识与科学，编者米怜很明确地将之定位为"宗教的仕女"。换句话说，所谓"传播新知"并非摆在首位，而

---

① 详见［新加坡］卓南生《中国近代报业发展史 1815—1874》简体字增订版第 77 页，增订新版第 77 页。

只是视之为手段，因为如果只是传教的文字，刊物肯定没人看，所以我们不能仅从表面现象，就不假思索地认为西方传教士东来的首要目的是传播西方文明，即"新知"。这只要看看早期传教士实际上是怎么来到中国的，答案就非常清楚。他们当年是跟着西方的炮舰、跟着寻求广大市场与低价原料的商人、跟着鸦片、跟着"猪仔"买卖一起来的，传教士身兼外交官、鸦片买卖掮客，在中国实行欺诈、贿赂等手段。从这些不可否认的事实来看，严肃的新闻史研究者就不会轻易夸称西方传教士是来进行文化传播或者视之为跨文化传播的。

洋人在华"新报"特征："国益"优先与双重标准

正如前面所说，《察世俗每月统记传》从创刊第一天开始，就开宗明义，强调该刊每期"必载道"，即我们所说的"文以载道"。由此可见，西方人有西方的文人办报，东方人有东方的文人办报，旨在传播其认可的道理，在这一点上中西方是相同的，问题的区别在于：为何办报、为谁办报？传教士为的是宗教与欧美政府及其企业的利益，封建时代中国文人为的是维持统治者帝王的体制。《东西洋考每月统记传》是中国境内的第一份中文宗教月刊，现在有了影印本，对研究者来说当然是一件好事。如果是在原件影印本的基础上，再借助它的历史背景，和它的中英文发刊词，及其报人在同一年代的活动，你就会知道，编者郭士立和小马礼逊来华是不怀好意的，这是一个不争的事实。实际上，编者在面向英文读者的刊物中就说得很清楚，这份报刊要出版，是为了维护在华欧美人士的共同利益，旨在改变中国人对西洋人的偏见。用今人常用的话说，是要改变西方在中国人心目中的形象。编印《东西洋考每月统记传》的这两个报人的另一种身份是什么呢？郭士立曾三度乘着鸦片船去侦探中国各港口的军事设施，也曾通过贿赂的手段买通清朝官员，是鸦片贩卖的协助者，同时还是《南京条约》的中文起草者。至于小马礼逊，是英国在华最高官员商务代表，英国全权特使兼驻华商务监督义律及其继任者璞鼎查的随员与翻译，在《南京条约》谈判的过程中，对英国利益的维护，比其他英国官员有过之而无不及。当你知道了这些基本事实，再来看其报刊中的所言所语，到底哪个是虚是实，就很清楚了。

同样的，美国传教士在中国所办的中文报也有类似特点。1854 年，美国传教士玛高温医生创刊于宁波的《中外新报》是第一份以"新报"命名的中文报，该报有几个特色：一是美国人在中国办的第一份中文报纸；二是以传教为主线；三是编辑方针将美国利益摆在至高无上的地位，还有就是报道、评论态度持双重标准。谈到中国问题时，该刊对人权问题、道德问题、教育腐败、缠脚陋习等等，描绘得很深刻；但一谈到美国的利益时，它就坦然表示，那是两回事，美国的利益是不可退让的。这一点跟今日美国的 CNN、英国的 BBC、*The Times* 的中国报道态度其实是有相通之处的。这次中国国家主席习近平访英，如果有留意《泰晤士报》的态度就会一目了然。西方主流媒体亚洲报道的这种双重标准，到了今天仍然一点都没有变。换句话说，美国人在中国办的第一份中文报纸或者说英国教会在中国境内办的第一份报纸，带来的并不是某些人士一厢情愿想象的那么"客观"与"平衡"。

如何评价"新报"带来的冲击？

那么，对"新报"这类报纸，我们该怎么看待呢？我基本上没有否定它带来的办报模式及其正面影响，因为邸报或者《京报》等官报有它的局限性，但对于这些"新报"带来的冲击，实际上当时中国的报人已经看到了（其优缺点），而要怎样利用这些优点和克服这些缺点，在我前述著作的结论里、特别是在有关《循环日报》的小结中已经说得很清楚。当时的报人包括王韬等，将西方传教士旨在改变中国的西洋形象的传播媒介——近代报纸，转变成为中国人维护自己权益的论坛。他们知道报纸的功能，因此也知道，只有中国人自己办报，才能为中国人的利益呼喊，因为他们都明白，中国早期报馆是洋人出资经营的，中国人只是在洋人的报馆打工，报纸由谁出资，老板是谁，就得为谁说话，中国编辑没办法在那里发出自己的声音。因此，西方报纸带来的冲击、给中国先驱报人带来的启示，就是自己出资，自己操权，办一份为中国人说话的报纸，"以子之矛攻子之盾"，反向形成了中国近代报业发展的原动力。在我的书里，有关《香港中外新报》《香港华字日报》《循环日报》三者的对比，很清楚地回答了这个问题。当时香港报人由于最早接触外界，既看清来华西人的不怀好意，又洞悉国际形势的走向，他们也对腐败的清政府表示不满，殷切期望中国富强。因此，当他们在争取并掌握了报纸传媒这个工具之后，即逐步地发挥了忧国忧民、要求改革的舆论作用。这是我们在回顾和总结早期报业史时，应该予以高度评价的。

可以这么说，王韬这些知识分子在特定时期，对洋人所办的"新报"也曾有过期待、有过幻想，但最终他们决定自己集资办报，哪怕是广告不多，却是自力更生的途径。

宗教月刊（编者）如何看待中国"古代报纸"？

接下来我想谈谈报史学界近年来关心的另一个问题，即"近代报刊"（"新报"）与"古代报刊"是否有关联的问题。早期的宗教月刊，特别是鸦片战争后具有"准新报"特色的"宗教月刊"，究竟是怎么看待中国的"古代报纸"，怎么看待邸报的呢？我的研究结论是，当时"宗教月刊"的编辑们都知道中国有着传统的媒体邸报（即"古代报纸"），因此为了要迎合中国人的阅读习惯，比如，《察世俗每月统记传》的封面会引用中国人熟悉的"人无远虑必有近忧"这些语录，所以他们是以"老报"、《京报》的读者群为对象办报的。从另一个角度来看，他们后来都自称为"新报"，正好说明了他们意识到了中国有"老报"或"古代报纸"的存在，而不是说，洋人来了，中国才突然有了一种"报纸"。从方法论来研究，我个人认为辨析"新报"和"老报"两者之间的巨大差异是对的，但如果是说两者毫无关系，那就说过头了。有关这一点，我很赞同方汉奇教授在大英图书馆阅读早期报刊原件后的如下看法：

> 这份报纸（指《察世俗每月统记传》）的封面是用黄色毛边纸印刷的，外观很像国内报房出版的黄皮京报，我认为，这和它在封面上印有孔子说的"多闻，择其善者而从之"那句话一样，是一种包装。用孔子的话，是一种思想上的包装；用黄色纸做封面，是一种发行上的包装，目的都在迎合中国读者的习惯。①

---

① 方汉奇：《在大英图书馆看报》，《方汉奇文集》，汕头大学出版社 2004 年 12 月精装版，第 647 页。

方老师跟我个人交谈时，还提到戈公振的《中国报学史》1927年版、1928年版的封面及其第一页，都是与京报一样的黄色，这明确地告诉读者，中国的近代报纸和"古代报纸"是前后有关联的。实际上，我在中国大陆出版的《中国近代报业发展史1815—1874》增订版和这次的增订新版之所以用黄色作为封面的主色，也是有这种含义，即近代报纸和古代报纸有其连续性，有共通、相通之处。

早期商业报纸如何安置邸报？

"新报"和《京报》曾经有一段时期是两者同时存在的，那么，当时两者的关系是怎样的呢？宗教月刊第一次转载《京报》内容的是郭士立的《东西洋考每月统记传》，时间是1837年5月17日，当时编者最感兴趣的是清朝大臣关于鸦片问题的奏章，但我发现该报跟后来的《遐迩贯珍》都有同一个现象：它不是无条件地原文转载，而是有倾向性、引导性，附有编者按语，加上诸多点评。《东西洋考每月统记传》表面上看是到中国传播"新知"，但实际上当它把"新报"的概念传到中国时，是带着强烈的舆论诱导目的的。该报刊是为何、为谁服务的呢？它的定位很明确，是为在华洋人的共同利益服务。对于西洋或洋人不利的言论，怕读者被"误导"，《东西洋考每月统记传》及宁波《中外新报》等经常都会以"余思""窃思"之语来点评或夹叙夹议。有人批评现在媒体在报道时夹叙夹议，渗入诸如"我认为"之类的词语"不客观"，认为这是有引导性的中国文人论政的写法，殊不知洋人东来办报、传播"新知"时，就是带来如此这般不平衡、不专业的模式。

那么，商业报纸，即《香港船头货价纸》等出现之后，这些中文"新报"又是怎样安置"老报"、邸报的呢？我的研究发现，它跟传教士办报有若干异同：第一，商业信息虽然大量增多，但重视《京报》这一点没变；第二，在转载《京报》时不加评论，而是把《京报》完完整整的全录或者选录。我发现的早期《香港华字日报》不仅非常重视清朝的科举考试，还在报纸上刊载考试录取者的名单。为什么呢？因为它十分重视中国《京报》原有的读者群，要争取这些传统的读报人。从这点上来看，该报在处理《京报》的内容时，比传教士办报时似乎更加宽松与客观。可以这么说，在某个阶段，"古代报纸"跟"新报"

同时存在，两者并存，甚至于有一个时期实际上是"新报"的头版头条新闻全都是录自《京报》，我认为这是《京报》"回光返照"时期。当然，最终，《京报》随着它所依托的封建王朝的消亡而被历史淘汰，这是历史的必然性。但是，把近代报纸和"古代报纸"完全分割开来看，认为两者完全没有关系的说法，我认为是不成立的。

结论

下面，我简单地介绍我对"新报"与邸报两者关系的结论：

（一）中国近代报刊之诞生，并非出自中国的"内因"，而是来自"外因"。

（二）东来拓教的西方传教士之所以引介"新报"的概念，并不是为了传播"新知"，而是为了"载道"。

（三）在西方传教士、政客和商人，也就是教、政、商"铁三角"相互扶持、相互呼应的背景下，宗教月刊一打进中国本土，就很明确地自我定位为要为在华欧美人士的共同利益服务，为改变中国人对洋人的印象而办报。最明显的例子就是《东西洋考每月统记传》。同样地，美国人在中国办的第一份中文报纸即宁波《中外新报》，在引介泰西日报的概念时，其编辑方针就是高举美国利益至上的"国益论"和双重标准，远离客观和平衡的原则。现在有些学者想当然地认为西方的客观、平衡原则就是从那时开始的，但认真研读原件，不难发现这并不符合基本事实。

（四）洋人在引进"新报"（包括其先驱的宗教月刊时期）的概念时，也留意到《京报》受众的阅读习惯并试图迎合他们，用方汉奇教授的话来说，"用孔子的话是一种思想上的包装；用黄色纸做封面，是发行上的包装。"正因为西方传教士报人心中有着邸报和《京报》，因此他们得向读者说明他们所办报纸与中国原有报纸之间的差异，于是自称为"新报"，这种以"新报"自称的做法，其实就是承认中国有"老报"或"旧报"的存在。

（五）这些"新报"在宗教月刊时期就十分重视《京报》，但在转载时经常不忘加上按语或注解；到了商业报纸时代，《京报》更备受重视，新闻版常将之摘录或全文刊登。

（六）对于"新报"的政治倾向，王韬等最早接触"新报"的人士都有所感慨，他们经常批判西报借事生风、制造混乱，他们强调办"华人资本，华人操权"的报纸的重要性，这成为他们后来决心创办《循环日报》的动因：中国人自办中国人的报纸。

换句话说，这些不满的情绪正是促使他们出资自办"新报"的原动力。从这个角度来看，萌芽期中国近代报业发展史，其实就是一部中国人要求摆脱外国势力对传媒的控制、争取言论自由，从而表达国家民族意识的斗争史。由此可见，盲目颂赞与夸大"新报"传播"新知"的贡献，突出"近代报纸"在其欧洲发祥地的"民主性"与"开放性"，进而想象东来"新报"的纯朴性，显然是漠视萌芽期中国近代新闻纸的形成与确立之基本过程、特征和事实。年轻朋友们对欧美的自由、民主也许十分憧憬，但我是新加坡人，作为大英帝国与大日本帝国统治下的殖民地人民，从我们睁开眼睛第一天开始，就知道东、西洋人的民主与客观是怎么一回事。近代报纸在其欧美的母国，在特定时期也许还有体现"民主""自由"的某种机制的一面，可是当它输出或引介到殖民地或者比他们落后的地方时，其体现方式和内容从开始就完全两样。

在研究方法论上，我同意区别"新报"跟"古代报纸"的差异，将两者作为不同的事物来考察，辨析两者的概念与实质之异同是有生产性的。但如果因此而不假思索、欠缺论据地将两者全面剥开，否定其联系性，或者全面否定"古代报纸"存在的说法，我想这不是脚踏实地的研究态度。我认为，我们研究报业史的，必须坚持正本清源、论从史出的大道理。

战后冷战与东南亚华文报的
生存空间与嬗变[*]

卓南生

我的母校——新加坡南洋华侨中学（简称华中，创办于1919年），在1955年南洋大学诞生前被称为东南亚华文最高学府。

华中的代表性建筑物是钟楼、礼堂和大操场。华中的钟楼与黄仲涵纪念礼堂和集美大学的钟楼与礼堂是一模一样的，华中的大操场和厦门大学的大操场没有两样。这不是一种巧合，而是因为其设计师与蓝图出自同人，我们都有共同的校主、共同的倡办人——陈嘉庚先生（1874—1961）。不仅如此，我们华中的校训，也和你们一样："自强不息！"

"自强不息"的精神，对于在东南亚求生存与发展的华人来说尤为重要。1955年正式诞生、1980年夭折的南洋大学（也是我的母校）的不成文校训，也离不开"自强不息"和"力争上游"。

自强不息：华社、华校与华文报密不可分

翻开战前的东南亚史，不难发现有华人聚居之处，就有华社、华校与华文报，三者的关系密不可分，三者都是在"自强不息"的精神感召下相互支援、相互扶持的。当时华社（包括开明的社会贤达和劳苦大众）都知道"取诸社会，用诸社会"的道理，有钱出钱有力出力，创办了无数大大小小的华文学校，保存与发扬中华文化，也为当地社会培育了不少有用的人才。

---

[*] 本文为作者在2017年12月23日华侨大学集美校区福建省传播学会2017年年会的主题发言，全文刊载于2018年9月24日新加坡《联合早报》。

至于散落在东南亚各大小城市的华文报，也都将"为华社服务"及"充当华社喉舌"视为己任。我曾就职的新加坡《星洲日报》（1929年创刊），在创刊时就宣称其办报动机之一为"提倡各科教育，沟通中西文化以增高我国华侨的位置"①，即"提高国人知识，补助学校教育之不足"②。

在那个年代，华社的效忠对象，不用说，是中国；华社就是"侨社"，华社的领袖就是"侨领"。同样的，华校就是"侨校"，华文报就是"侨报"。

也许是因为深刻体会到自己的命运与祖国的国力盛衰密不可分的缘故，战前走出国门的东南亚华侨对自己祖国和家乡的动静与发展格外关注。他们不仅仅是时局的旁观者，也是积极的参与者。这既体现在19世纪和20世纪之交时康有为、梁启超"保皇派"与孙中山革命派在南洋舆论阵地的争夺战上，也具体反映在20世纪30年代东南亚各地华人响应陈嘉庚先生领导的"南洋华侨筹赈祖国难民总会"（简称"南洋筹赈会"）的号召，热火朝天地支援祖国人民抗日救亡的运动。3000余名南侨机工热烈报名，取道安南（越南）或缅甸进入云南，赶往刚建好、充满惊险的滇缅公路运载军事物资，生动地说明了这一点。在这场抗日救亡与新加坡的保卫战中，各地的华文报也发挥了积极的作用。

抗日、反殖、独立运动催生身份认同的转变

到了战后，东南亚的形势有了极大的变化。首先是东南亚各地掀起民族主义的热潮，反帝、反殖，争取独立运动的声浪响彻云霄。其次是在美苏冷战的体制下，东南亚成为冷战前哨战的所在地。这两个因素无疑地规定与制约了东南亚华文报（与华社、华校的命运一样）生存与嬗变的走向。

先谈谈东南亚民族主义兴起带来的冲击和影响。

经过了1942年至1945年三年八个月日本侵略军残暴的统治（不少

---

① 《发刊词》，新加坡《星洲日报》1929年1月15日。
② 见《本报简史》，卓南生编：《从星洲日报看星洲50年1929—1979》，星洲日报社1979年版，第A5页。

东南亚的教科书称之为"史上最黑暗的年代"),东南亚各国的不同民族(包括华族)从切身的体验中,充分认识到要保卫自己的家园、自己的生命、自由与财产,只有摆脱殖民统治当家作主,争取独立。东洋的军国主义者不可信,西洋的殖民主义者也不可靠。因此,当英、美、法、荷新老殖民宗主国在战后重返其殖民地时,就面对着在战火中诞生与成长的各地反帝、反殖、争取独立运动的民族主义者的强烈反对和抵抗。不少华族人士也积极参与这场反殖运动,他们对当地的认同感有了极大的转变。

面对着这场风起云涌的反殖运动与响彻云霄、要求"孟迪加"(马来语,意为"独立")的呼声,以我较熟悉的新马(新加坡和马来半岛)而言,老牌殖民宗主国大英帝国在一面采取镇压行动的同时,也开始摸索各种以控制代替统治、拖延其撤退时间表的宪制改革方案。1957年马来亚联合邦的独立、1959年新加坡的自治、1963年马来西亚的成立、1965年新加坡的独立,无疑是在这样的背景下各股政治力量碰撞、博弈与调整的产物。

值得注意的是,正是在这样一个政治大变局的时刻,曾经支援抗日救国、亲历日本残暴统治、直接或间接参与反殖运动的新马华族各界人士也在积极展开争取当地公民权的运动。与此同时,他们也在力争华文教育的平等地位,并在陈六使先生(1897—1972)慷慨解囊与福建会馆的拨地支持下,万众一心创办了中国境外唯一的华文大学——南洋大学。

多灾多难的南洋大学的牌坊建于1955年,也是象征第三世界崛起的首届亚非会议在印度尼西亚的万隆举行的年头。那时我是小学六年级,记得当时白天上课听老师谈万隆会议振奋人心的精彩故事(我的第一本剪报集,尽管都是图片,就在那个时候),晚上看四处举行的争取公民权运动的群众大会,偶尔也和同学们三三两两上街或到乡村为支持南洋大学建校基金的篮球比赛义赛的入门票募捐,朦朦胧胧中似乎产生了有别于"华侨"的"华人"的意识。

特别是在万隆会议上,中华人民共和国总理周恩来先生还明确表示反对双重国籍,呼吁各地华侨华人在中国与各所在国之间作一抉择,吁请已入籍当地的原有侨民效忠所在国,为所在国社会作出贡献,更给东南亚各地华人社会带来了巨大的冲击。以我个人及同年代年轻人的经历而言，我们究竟是"中国人"还是"马来亚（包括新加坡）人"的论争与身份认同的挣扎，一直贯穿在我们的六年中学生涯中。当时主流的看法是："既生于斯、长于斯，就要落地生根，与所在国其他民族共同为新兴国家的建设作出应有的贡献。"到了南洋大学，这种马来亚本土意识就更加强烈了。由于我们的教学媒介语是中文，就将之戴上"不效忠"的高帽子，显然是不公允的。

正是在这样的大变局下，作为东南亚华人"喉舌"的新马华文报也竞相顺应潮流起了变化，最明显的例子之一是以往刊于报纸上端的"中华民国xx年x月x日"改为"公元19xx年x月x日"，各报也从"侨报"逐步转为与当地接轨的"华文报"。在版面的排序上，各报也逐渐从原本的"国际新闻版""本地新闻版""南洋新闻版"，改为本地新闻优先的顺序。与此同时，由于新马（新加坡和马来西亚）分家，原本分别隶属于新加坡《南洋商报》和《星洲日报》的吉隆坡分社，也跟着与新加坡的母报分家，并遵循两国官方的协议，长堤两岸不同国度的报章不得越境发行。新马报业进入了一个新的局面。

冷战前哨站定位下被扭曲的华人社会形象与论调

以上着重谈论了战后东南亚政局的变化与东南亚各地华人从效忠"祖国——中国"转为效忠各所在国，以及各华文报逐步摆脱"侨报"意识的简单背景。接下来，我想扼要地介绍战后冷战对东南亚华文报生存与成长的制约与影响。

前面提到，东南亚是战后美苏冷战体制下前哨战的所在地。特别是在1949年中华人民共和国成立之后，"反共、反华"已成了美国亚太战略下配套出笼的公开旗号。加之随后越南战争之爆发、激化并促使白宫陷入不可自拔的泥沼，"越南不保、东南亚各国将相继赤化"的所谓"骨牌论"甚嚣尘上。与此同时，将东南亚华侨、华人视为"中共第五纵队论"的言论也广被推销。在欧美和日本的"华侨问题"与"东南亚问题"专家的议题设定下，东南亚华人的效忠对象一直备受质疑。日本的某些专家和媒体更公然将华人人口居多的新加坡称为"华侨王国"和"第三中国"，并将东南亚各地的华人定位为"中日对决"中的"潜在的中共助手"。①

出自同样的战略目的和逻辑，西方世界（包括日本）主流学者与媒体，也在极力鼓吹和渲染"东南亚华侨（或华人）操纵东南亚经济命脉论"。最典型的例子，是反复散播毫无依据的所谓"仅占人口5%（有的说是2%或3%）的华侨却牢控印尼经济80%"的言论。② 这些言论，冀图将东南亚华人制造为"榨取者"（即"剥削者"）和"东方的犹太"，为东南亚各地的"排华"运动提供口实和"合理性"的理论依据。

一边是怀疑华人的效忠对象，一边是制造"华人剥削者"的形象，东南亚的华人一直蒙受大大小小的"莫须有"罪名和各种苦难。以印度尼西亚为例，不管是1965年9月30日反共军人发动的军事政变，或者是1998年贪污腐败的苏哈托独裁政权被迫辞职的印尼动乱中，华人都被列为声讨和排挤的对象，成为代罪羊。这样的局面，别说是华文报，就连学习中文、阅读中文的基本权力都被剥夺。在一段相当长的时间里，印尼、泰国等都不允许有华校的存在。为了让年青一代学习中文，有些印尼华人假借日语学校，私下为学生补习中文。由于中文报纸被禁止发行与流传，新加坡的华文报曾一度成为每天被偷运至印尼的厚利"走私品"。泰国和菲律宾等国家的华校与华文报，尽管在不同时期面对的难题未必完全一致，但都有共同的不幸遭遇和记忆。不少国家允许华校复办和解除华文报出版与流通禁令，是在20世纪八九十年代中国与东南亚各国相继建交或恢复邦交之后的事。

至于华人人口占绝大多数或在比例居高的新加坡和马来西亚，尽管华文报从未走进历史，但华校的存亡与走向一直是两地有识之士担忧之所在。早在1960年，新加坡的著名东南亚史学家许云樵教授（1905—1981）就发出警告：如果没有懂得华文的新读者群，华文报是办不下去的。他指出："最要紧的，我们得努力培养华文报纸的读者，为百年大计而奋斗，否则'皮之不存，毛将安附'？希望大家警惕，一思，再思，三思！"许云樵教授1960年的这番谈话，显然并非杞人忧天。如果

---

① 详见［新加坡］卓南生《日本的亚洲报道与亚洲外交》第三章"战后日本的华侨与华人论——日本传媒与专家论调分析"，世界知识出版社2008年版，第48—63页。

② 详见《印尼动乱与日本的反应》，收录于［新加坡］卓南生《日本外交》（《卓南生日本时论文集》三卷本），世界知识出版社2006年版，第327—331页。

没有后来大量中国新移民的流入，及电子版在国外普及，新加坡华文报处境恐怕更为堪忧。尽管如此，摆在新马华文报管理层面前的首要难题，仍然是如何保住原有报份而不往下迅速跌落。从这个角度来看，东南亚华文报纸媒今日的困境，远比其他国家面对科技发展而带来的新媒体竞争严峻，还有其与生俱有、难以克服的中文阅读者之日益锐减的难题。

同样地，东南亚其他国家的中文报在中国与各国恢复邦交及新移民涌入的背景下，在表面上中文报虽呈现雨后春笋的现象，但归根结底，其受众仅限于看懂中文的年老一辈及新到的"新华侨"或过客。

寄语传统"侨乡"的学界与报界

了解了东南亚华社、华校与华文报战前战后的沧桑史，及华人社会在二战期间及战后紧随着时局变化而产生的身份认同之转变，我们（东南亚各地华人与中国）固然应该珍惜我们的共同血缘关系、文化认同和美好的共同记忆，也应加强联系与互动，发挥最大的正能量，但得认清彼此的关系已转为"远亲"的现实。战前或独立前的东南亚各地传统的"侨报"的基本定位，也已转为各所在国的"华文报"。

可以这么说，在中国改革开放、中国与各国建立或恢复邦交及随后而来的大量新侨民之前，"华侨"与"侨报"在东南亚已一度成为死语。这是我们在回顾战前、战后东南亚华社与华文报嬗变史时不能不留意之处。

与此同时，对于战后冷战时期源自欧、美、日的东南亚问题专家、"华侨问题专家"形形色色、似是而非的"捧杀论"——"华侨、华人控制东南亚经济命脉论""客家人或福建人掌控东南亚论""东方犹太论"等得格外留神与保持戒心。因为，与"棒杀论"相比，"捧杀论"在实际上具有更大的杀伤力。

抛砖引玉，谨此与有传统"侨乡"所在地的福建新闻与传播等专业的学界、报界同人共勉之。谢谢！

日本近代化模式及其官制"舆情"走向*

卓南生　杜海怀**

日本政府操纵舆论的手法一向娴熟，正如日本前首相宫泽喜一在当选首相之前接受一家日本刊物的采访时所言，无论是战前还是战后，日本人都倾向于对日本政府的盲从。二战前，日本人民盲从政府的是国定的教科书，而在战后取而代之的就是大众媒体。[①]"划一性"[②]"煽情性""集中豪雨型"的日本媒体报道方式使日本官方牢牢地控制住了社会舆情的走向。

日本在明治维新之后，成功地走上了军事、经济强国的道路。对此，我们经常会听到类似于"日本能？为什么中国不能？"这样的疑问。这个问题的弦外之音是日本近代化成功了，为什么中国不能成功？是不是中国哪方面出了问题？针对这一系列问题，本论文着重探讨战后以来"日本近代化模式"的提倡与日本官制"舆情"[③]密不可分的关系，并进而分析其对中国现代化发展的启示意义。

---

* 本文根据厦门大学新闻研究所所长卓南生教授于2018年3月28日在"厦大新闻学茶座"第29期所作的《明治维新150周年看日本近代化模式》主题报告由杜海怀重构而成，全文刊载于《新闻与传播评论》2018年第4期。

** 杜海怀：厦门大学外文学院博士研究生、华侨大学外语学院副教授。

① ［日］《周刊东洋经济》1991年6月8日号，第21页。

② "划一性"即统一口径。日本传媒迄今仍保持着"划一性"的特征，主要源自于明治帝国国会成立初期"记者俱乐部"的成立。在二战后，美式民主改革虽冀图将日式"记者俱乐部"改为"亲睦团体"的欧美俱乐部，但未奏效。排他性、封闭性甚强的日式"记者俱乐部"迄今仍然是官方操纵舆情最有力的工具。

③ 日本官制"舆情"：即指日本官方诱导下的社会舆论走向。

"国论二分"下的"明治维新百年祭"（1968 年）

要解读上述的问题，首先得注意这些议题设定背后的潜在意识与逻辑，即大前提是先肯定日本"近代化"是成功的。那么，日本的"近代化"是否真的成功了呢？其"成功"的代价又是什么？中国和亚洲的其他发展中国家是否应该重走日本明治维新当年"近代化"模式的道路？实际上，这个问题在半世纪前（即明治维新百年纪念）的日本国内曾被热烈讨论过。

1. 回顾"明治维新百年祭"

2018 年是明治维新 150 周年，与 50 年前的"明治百年祭"相比，日本各界的反应显然不那么热衷。1968 年"明治百年祭"的时候，在官方的引导下，日本官民一体举国欢庆。时任首相佐藤荣作于 1966 年成立了"明治百年纪念筹备委员会"，该委员会由首相亲自主持，委员包括内阁阁僚 20 人，各界的团体代表 25 人。此外，还有"学识经验者"，即知识分子、著名文化人（包括前东大校长、哲学家、文学家）等 42 人参加。由如此浩大的委员会阵容可知，当时的"明治百年祭"是轰轰烈烈举行的。

之所以出现如此盛况，与当时的社会背景有密切的关系。1968 年是所谓的"国论二分"的时代。"国论"是指国家的"进路""国家的走向"。对于当时日本该何去何从，日本国内有两个截然不同的看法。简言之，就是舆论一分为二，一边"支持《日美安保条约》"，一边"反对《日美安保条约》"。支持方坚持与美国结成军事联盟，是潜在的"修宪派"（尽管当时提出修改宪法的时机尚未成熟，但内心想要修改宪法者大有其人）。反对势力是所谓的"护宪派"，他们认为《日美安保条约》是将战后日本人的一切都交给了美国，让日本捆绑上美国的战车。以执政党自民党和最大反对党社会党为代表的这两股势力针锋相对。

2. 佐藤荣作政权面对的困境

在一浪高过一浪的反战潮的冲击下，佐藤荣作政权的当务之急是设法扭转舆情以及分化声势浩大的反战力量。当时，反战阵营主要有三股力量：其一是坚定果断的"反战人士"，其二是讨厌战争的"厌战人士"，其三是害怕战争的"恐战分子"。坚定反对侵略战争的"反战分子"不容易教化，但这部分人员为数不多。毕竟，二战后的日本并不是经过彻底反思而重新走上和平的道路的。反战阵营中人数更多的是"厌战人士"（因为战争没有带来好处，战争让他们流离失所，家破人亡）和"恐战人士"（许多人害怕战争，特别是广岛长崎的原子弹爆炸的悲剧，更令不少日本人"谈战色变""谈核色变"）。日本政府当时便致力于改变大部分人的"厌战"和"恐战"的情绪，从而分化反战的阵营。

3. 日本当局采取的长期对策——教科书与大众传媒

日本当局要分化这三股反战势力，最有效的长期对策是通过篡改教科书的内容，让教科书去说服这些"厌战""恐战"分子。长达35年的家永三郎"日本史教科书诉讼案"，正是在这样的背景下发生的。与此同时，另一手法是操纵大众传媒，渲染复古情调和提倡战前的精神。

不仅如此，为了营造"舆情"，日本政府还策划了大型"演出"。具体而言，就是1964年的"东京奥运会"、1968年的"明治维新百年祭"和1970年的"大阪万国博览会"。这三项"大型演出"实际上都旨在推动舆论。从表面上看，1968年的"明治维新百年祭"要比"东京奥运会"和"大阪万国博览会"的规模小，实际情况恰恰相反，因为后两场活动毕竟都是一时性的，而"明治维新百年祭"却能将官方的史观深入渗透到每个阶层。如前所述，当时，日本内阁网罗了各界名流，成立了"明治百年纪念筹备委员会"，谋求和策划分化反战阵营的工作。这样做的目的：一是为了重新叙述历史，歌颂"明治维新"的光明面，让日本民众走出战争的阴影；二是带回"民族的荣光与信心"；三是激发日本民众的"爱国情绪"，炫耀日本的"国威"；四是为了转移国民的视线，企图让国民不要老记住日美安保（AMPO），最好是多思考万国博览会（EXPO），让1970年成为EXPO年而不是AMPO年[①]。

明治维新百年祭引发的大论争

"明治维新百年祭"的时候，日本知识界对日本"明治维新"百年

[①] 即较早前时任外长三木武夫所说的，1970年不是安保（AMPO）年，而是万国博（EXPO）年。

来所走过的道路,有两种截然不同的观点。可惜当时的中国正处于"文化大革命"时期,中国的知识界对"明治维新百年祭"引发的这场大论争缺乏临场感,甚少有人论之。

1. 对"明治维新"两种截然不同的观点

从结果论来看,日本官方在这场论争中取得了最终胜利,但当时的论争是非常激烈的。"明治维新百年祭"的策划者和支持者认为:英明的明治圣贤引领日本走上近代化国家的道路,促使日本成为亚洲唯一的工业强国,且拥有海外的殖民地。与此相反,不少日本开明人士,尤其是史学界,都负面评价日本自"明治维新"百年来所走过的道路。他们认为明治以西方列强为范本,奉行"富国强兵""弱肉强食"的政策,是日本迈向军国主义的起点,也是日本人民蒙受战争灾难的源头。简言之,日本之所以走上后来的"大东亚战争"是与当时的所谓"先贤"的决策密不可分的。为此,明治诸多所谓"先贤""军神"在战败后纷纷遭到强烈批判,并从教科书中消失(但现在又有了复活的迹象)。

2. 明治维新后的对外膨胀野心与侵略

反对"明治维新百年祭"的学者认为,明治维新后的历史就是一部日本对外膨胀和对亚洲国家侵略的历史。他们对当时所谓的明治"先贤"作出的各项国策选择进行了尖锐批判。具体而言,这些国策有:"明治维新"之后,仅五年的时间(1873年),西乡隆盛就想落实"征韩论";1874年日本又以"牡丹社事件"为借口,出兵台湾;1879年消灭琉球国,设置冲绳县;1882年颁布军人敕谕;1890年颁布教育敕语;1890年山县有朋发表"外交政略论",主张保护"主权线(边境线、国境线)"和"利益线"(日本当局后来高嚷的"满蒙是日本的生命线",其实就是此赤裸裸的帝国主义路线的延伸与发展,这样的"地政学"观也反映在战后日本保守界人士将印尼视为"战后的满洲"的言行上);1894—1895年,日本对清朝发动了"甲午战争";1904—1905年,日俄战争爆发。

在"明治维新百年祭"的反对派看来,盲目歌颂明治"先贤"的功绩及其道路的选择,无疑意味着日本并未吸取历史的惨痛经验教训。他们认为当时日本的对外膨胀路线是在"国益论""国威论"的引导下,以牺牲亚洲邻国的利益为依归的侵略路线。亦即,日本的近代化路线实际上是建立在对外侵略的基础之上的。

3. 歌颂明治的最大理论依据——"近代化成功论"

"甲午战争"本质上是侵略战争,这点在国际上已普遍达成共识。但迄今还有不少日本人的认识仍然停留在1894年、1895年"甲午战争"刚发生时的阶段。他们先把日本定位为"文明"的近代化国家,而中国则被定位为"野蛮的""未开化的"国家。于是乎,文明的国家攻打野蛮的国家是理所当然的"义战"。

"义战"论源自欧美帝国主义的"白色人种负荷论"。欧美帝国主义者认为"白种人有义务解放有色人种"。其逻辑是"文明国"讨伐"野蛮国"是天经地义的事。依据这一理论,甲午战争时被定位为"开化之国——日本"攻打"因循陋习之国——清国",是对后者的启蒙和教化。只要日本国民接受如此这般的逻辑,日本官民便可上下一心毫无罪恶感地对清国发动战争。这样一种"近代化一切论"在近年来颇为畅销的蒋廷黻①(国民党前"外交部长")的《中国近代史》中也可寻见其踪影。这本1938年出版的《中国近代史》反复强调了一个观点,即"近代化"的实现极端重要,只要实现"近代化"就是好国家。诚然,20世纪七八十年代的中国最重要的战略目标就是改革开放,实现"现代化"。从此角度分析,这本书固然有一定的参考价值,但倘若不计手段,将"近代化"视为"一切",就未必是正道。所以,对此必须保持高度警惕。

4. 日媒对"三国干涉还辽事件"的反应

所谓"三国干涉",是指当年甲午战争中国战败,《马关条约》签订后日本在俄、德、法三国的逼迫下把辽东半岛还给中国的事件。得闻这一消息,当时积极鼓吹这场战争的《国民新闻》的老板德富苏峰亲自到前线采访,甚至亲笔书写战地报道。在德富苏峰眼中,将通过武力方式赢得的土地再亲手奉还中国,这是日本的一大耻辱,用他自己的话来说,他当时痛惜的心情是"欲哭无泪"。为了铭记此耻辱与土地,他在离开旅顺的时候,亲手用手帕将当地的泥土包回日

---

① 蒋廷黻(1895—1965),民国时期的历史学家、外交家,台湾"中研院"院士。1935年,蒋廷黻得到蒋介石的赏识,弃学从政,任国民党行政院政务处长,1945年被任命为中国驻联合国常任代表,1961年任台湾驻美"大使"兼"驻联合国代表",被誉为国民党官员中"最知外交的人"。

本，暗示着日本有朝一日必将夺回这得而复失的果实。日本所谓的优秀的报人对这场侵略战争的支持程度由此可窥一斑。

另外，还有一份当时很有影响力的报刊——《日本》，在其专栏中针对这一事件刊登了一篇标题为《卧薪尝胆》的文章，其野心更是昭然若揭。日本媒体诸如此类的行为已经远超所谓的"爱国主义"或"民族主义"，是明明白白的"侵略主义"，或者说是"狭隘的民族主义"。1895年作为甲午战争的战败赔偿，台湾被割让给了日本，日本媒体无不对此欢呼。在1901年日本的天长节（11月3日，即明治天皇的生日），《日本》更迫不及待地在其版头页上刊登出将台湾纳入日本版图的新日本地图。①

5. "日本近代化成功论"的背后

在"明治维新百年祭"的论争中，谁也不能忽视一位大肆鼓吹"日本近代化成功论"的专家——美国哈佛大学燕京研究所所长，也是美国前驻日大使赖肖尔（E. O. Reischauer）②的存在与影响。赖肖尔对日本的"近代化"给予了正面的评价，他认为日本人应该为"近代化的成功"而感到骄傲，因为"日本是唯一以自力发展经济而成功的非西洋国家"。但是，身兼外交官的史学家赖肖尔并不是站在客观的历史角度来谈日本的"近代化模式"的。历史的真相是日本的"近代化"过程并非赖肖尔所言的"自力发展""外援皆无"，相反，日本是靠侵略起家的，是依靠侵略邻国来获取成功的。正如早年留学日本，致力于日本政治史研究的台湾大学许介鳞教授指出的："对日本的现代化给予'无偿援助'的，就是韩国或中国等亚洲各国。"③

赖肖尔还认为"日本迅速达成产业现代化的历史经验，可以成为后进国的指南"。这里的"后进国"是指东南亚各国，暗指日本将成为东南亚各国的老大哥。若是在战前，赖肖尔势必不会提出如此观点，因为

---

① 据日本外交史专家三谷太一郎查阅的报纸原件显示，明治三十四年（1901年）11月2日，《日本》版头页上的日本地图还没有纳入台湾，而11月3日（明治天皇的生日）的同版位置，已将台湾纳入日本版图。详见三谷太一郎《日本の近代とは何であったか：問題史的考察》（《日本の近代是什么：问题史的研究》），东京：岩波书店2017年版，第144—146页。

② 赖肖尔（1910—1990年），美国历史学家、外交家，1961—1966年任美国驻日大使，1966年辞职返回哈佛大学任教。

③ 许介鳞：《近代日本论》（日本文摘书选12），台北：故乡出版社有限公司1987年版，第20页。

彼时太平洋战争，日本偷袭珍珠港，美日双方是敌对国的关系。但是，到了战后，在美国冷战的战略下，美日缔结"军事同盟"的《日美安保条约》，日本成为了美国在亚洲最忠实的小伙伴。作为美国的外交官，赖肖尔的发言显然另有其他用意。事实上，日本经济在战后之所以那么快就复苏，依靠的就是朝鲜战争和越南战争的特需。

赖肖尔为了取悦日本，还刻意对德川时代的日本封建制给予肯定的评价，他对日本的吹捧鼓舞了不少日本的保守人士。毕竟，日本从美国占领军"白脸天皇"麦克阿瑟口中的"第四等国"，到美国驻日大使赖肖尔的盛赞为"近代化优等生"，是多么振奋人心的事！林房雄的《大东亚战争肯定论》便是在这样的土壤中堂堂正正诞生的。

彼时日本国内正处于反战情绪的顶峰，关于"近代化模式"的论争也十分激烈，赖肖尔等人"日本近代化成功论"的言论很快引起各界开明人士的批判。对此，前述的台湾大学许介鳞教授在其著作中便一针见血地指出：

> "为什么日本能够这么快速地达成现代化，而中国却远远地无法步入现代化的轨道？"如果从美国学者的"现代化"这种价值观看来，日本近代史包括侵略亚洲的轨迹，正是可以被肯定的了。[①]

许介鳞教授对外交官兼学者的赖肖尔这种不分黑白是非的"近代化一切论"的观点进行了深刻的批判，其弦外之意是这种观点无异于提倡"侵略有理"。许教授的批判，对于时下有人高唱"日本能，为何中国不能"的曲调，显然值得高度重视和深思。

日本战败后的反思

"日本的近代化模式"是否值得提倡，应该如何正确对待？不妨参考以下几个日本著名知识分子对这个问题的看法和反应。

1. "国民作家"司马辽太郎为何得到热捧

[①] 许介鳞：《近代日本论》（日本文摘书选12），台北：故乡出版社有限公司1987年版，第14页。

首先是司马辽太郎的看法。谈起司马辽太郎，很多人便会联想到李登辉，李登辉之所以公开发表其"台独"的主张是在与司马辽太郎对谈之后。是司马辽太郎勾起了李登辉对"皇民时代"的缅怀。

司马辽太郎不是严格意义上的史学家，他是一名历史小说家。不少日本史学家指出其作品不乏虚构的编写。在"反战""厌战""恐战"占主流的时代里，日本民众缺失民族自信心。司马辽太郎的历史小说《明治的国家》《坂上之云》等在战后之所以受到热捧，成为日本的"国民作家"，主要是他鼓舞了不少日本人，找回了民族的"荣光"。他的作品反复得到了日本主流报纸、杂志的连载和日本电视的播映。这些历史小说的特点是将历史剥开为两部分。他把"昭和史"定位为"黑暗的年代"；而将涵盖了"甲午战争""日俄战争"的"明治史"定位为"光明的年代"。言下之意是，日本是在后来才走歪路的，初期其实是正面的，必须予以肯定。司马辽太郎甚至还强调，"甲午战争"和"日俄战争"是日本被迫而战的"祖国保卫战"，是"自卫之战"①。

司马辽太郎的历史观（日人称之为"司马辽太郎史观"），背后潜藏着日本保守派一个极为远大的战略。日本当局明白，想要一次到位地否定日本的侵略战争是不现实的，只能依靠分段的手法。我们搞学术研究不仅要细心辩证分析，更要留意总体的"整合性"，否则很容易落入各种假象和陷阱。明治、大正、昭和三个年代原本是连贯的一段历史，是互为因果的。然而，司马却试图将这三个年代进行了"切割"，认为"日俄战争"之前的日本是"光明的""正面的"。战后，许多外国留学生到日本以后，也被日本某些学界人士成功"洗脑"了，认为"日俄战争"是国与国之间的战争，是两个大国之战。"甲午战争"也是日本与清朝政府，两个帝国之间的战争，据此来否定两场战争的侵略性。然而，不容忽视的是，这两场战争的战地都发生在中国，而非日本，这是一个值得深思的问题。

总之，司马辽太郎通过"重新书写"历史，"漂白"了"甲午战争"和"日俄战争"的侵略性，在一定程度上唤起日本人狭隘的"民族自信心"。

---

① 针对司马史观，不少日本学者提出尖刻的批判，详见［日］中村政则《怎样看待司马史观的质疑》，岩波小册子 NO.427，岩波书店 1977 年版。

2. 竹内好对"大东亚圣战"的礼赞

竹内好是"亚细亚主义"的研究者，也是赞美者。竹内好具有复杂的多面性，他是中国问题专家和研究鲁迅的学者。在20世纪五六十年代，竹内好还是个积极反对《日美安保条约》的知名人士，被誉为"开明派""自由派"的知识分子。然而，竹内好本人也是一位"亚细亚主义者"，他不认可日本对中国的战争，因为他认为这是亚洲人对亚洲的战争。但他对日本侵略东南亚，却持不同的态度。1941年12月8日，日军偷袭珍珠港，同时攻打到马来半岛、香港等地方。竹内好十分兴奋和激动，写了一篇臭名昭彰的文章——《大东亚战争与吾等之决议》，引起了战后日本学界的批判。如果说战争期间，他支持日本向白种人宣战这点还"情有可原"的话，到了战后，日本发动的侵略战争性质愈加明朗化了，作为一个反对《日美安保条约》，以"开明人士"的姿态出现的知识分子本应收回这篇文章，或者承认这篇文章的错误才对。但是，竹内好坚持不收回，甚至为自己辩护，认为这篇文章具有其合理性和正当性。1994年，时任日本通产大臣的桥本龙太郎在国会上曾经公开表明，日本侵略中国是侵略，也承认日本殖民统治了朝鲜。但对日本攻打东南亚各国的战争是不是侵略的问题，他表示十分"微妙"。桥本龙太郎这样一种"东南亚侵略战争微妙论"与竹内好的思维和逻辑可以说是如出一辙的。桥本当时的这番讲话引起日本国内外舆论的强烈反响，但是这样一种"东南亚侵略战争微妙论"的观点当时却得到了时任首相村山富市的认可和掩护。

战前理论的重新包装和再生产

1968年"明治维新百年祭"引发的论争是日本国内两股旗鼓相当的力量之间的抗衡。如今，"明治维新百年祭"后日本又走过了50年的历程，当年的论争并没有得到解决，依旧留下了许多的残留问题。战前诸多理论现在又经过日本官方的鼓吹和一部分保守派文人的响应之后重新包装和再生产，并对亚洲邻国展开了新的攻势。

1. "ABCD包围圈论""部分有功论"

战前日本当局为发动战争，炮制了所谓的"ABCD包围圈论"，A是美国（America）、B是英国（Britain）、C是中国（China）、D是荷兰

(Dutch)，亦即日本是在受到 A、B、C、D 四国的孤立和包围下被迫开战的。但这样的论调在战后始终未退出日本的论坛。

另外，以退为进是日本官方与保守人士在论述战争问题时的惯技。翻开战后史，不难发现他们在面对"舆情"不利时，总会在口头上先承认错误，之后便会提出诸如"难道日本是一无是处的吗""明治维新以后的日本全都不好吗"等等问题。这样，"部分有功论"便应运而生了。在20世纪60年代就有一些自我标榜为"自由派"的活动家提出东南亚国家后来之所以独立是多亏了日本打先锋，赶走了白种人才实现的。像这种似是而非的论调，从"全面否定"到"部分有功"，再到全面为"侵略"正名的动向，是值得人们注意的。

2. 为"近代的超克"翻案

近年来，常可听到有人谈论"近代的超克"[①] 的问题。"近代的超克"一词的出现可以追溯到日本发动太平洋战争的时期。彼时，太平洋战争爆发之后，日本官方提出了"打倒鬼畜美英"的口号。以"富国强兵"为国策的明治维新百年来的目标就是要"追越欧美、赶超欧美"。不仅要学习"西学"，更要超越"西学"。"近代的超克"实际上是一个具有煽动性的口号。在太平洋战争全面爆发之后，日本官方提出要打倒白种人的目标，这需要依靠御用文人的舆论宣传来助阵。日本当时一些比较有影响力的刊物便策划了一些专题，邀来了一些知名文人搞"座谈会"，这些文人不少是哲学或文学出身，他们所谓的"近代的超克"论谈得十分暧昧和模糊。但是"近代的超克"这个词却作为产物遗留了下来。这个概念的提出目的是帮助日本当局用理论、用学理来包装日本发动"大东亚战争"，使其"合理化"，旨在说明日本发动"大东亚战争"是在向西方、西学挑战，其目的是要跨越西方。

日本战败之后，许多文人一提到"近代的超克"这一敏感话题都觉

---

① 依日本《广辞苑》与《明镜国语辞典》的解释，"超克"一词是"克服"与"超越"的意思。针对"近代的超克"这一用语，学界最常引用的说法是竹内好《近代的超克》一书。根据竹内好《近代的超克》一书的解释，广义的"近代的超克"，是一个操控了战争时期日本知识人的流行语，或者说相当于一个咒语。"近代的超克"与"大东亚战争"结为一体，发挥了一种象征符号的功能。狭义的"近代的超克"，指杂志《文学界》1942年（昭和十七年）九、十月所载学术讨论会纪要。"近代的超克"一词因这次座谈会而流行起来，成为一个象征符号。详见［日］竹内好《近代的超克》，李冬木、赵京华、孙歌译，生活·读书·新知三联书店2016年版，第366—367页。

得是个羞耻的话题，不愿多谈。即便是那些当年参与"近代的超克"论谈的文人战后也都不想再触及这一话题。而竹内好却偏偏要重提这一敏感话题，并认为应该对其重新评价和解读。在反战呼声很高的那个年代，许多人对竹内好的这一提法不以为然①，所以后来几乎没有什么反响就不了了之了。

但在日本迈向"总保守化"②的时刻，"近代的超克"似乎有死灰复燃的征兆，其特征之一是此类思潮还蔓延到海外学术界。日本有个别自由派学者表示这原本是个敏感的话题，但既然连受害国也有学者正面提及这个话题，日本就没有什么可以顾忌了。于是乎，"近代的超克"再次流传。经过重新解读、输往外国之后，据说有些人想当然地就将其用"反对欧美霸权"的哲理来理解，这显然是"美丽的误会"。不仅如此，"近代的超克"还成功地实现了"出口转内销"的转型，经过海外学界的解读和翻译后再重新传到日本，并且影响了日本国内的部分知识分子，这是一个值得关注的动向。

3. "亚细亚主义"布设的诱惑与陷阱

所谓"亚细亚主义"，对于日本人来说，原本就是一个无法说清楚，但却容易诱人堕入"大国梦"的圈套和陷阱。③ 为此，我们对于"亚细亚主义"不能采取模棱两可的态度，应该明确以下三点：

第一，任何源自东京的"亚细亚主义"其本质都离不开"日本乃亚洲盟主"这样的结论框架。

第二，日本国内无论是"亲美派（美国重视派）"还是"亲亚派（亚洲重视派）"的论争，其本质都是"日本重视派"。

第三，留意"大东亚理念"的遗毒。只要日本人不放弃战前的史观，日本与亚洲对历史的认识与评价的差距与其说在缩小，不如说正在日益扩大。

---

① 京都大学的井上清教授就直接点名予以批判。详见［日］井上清《戦後日本の歴史》，东京：现代评论社1966年版，第20页。
② 有关战后日本政坛总保守化的过程与现象，详见［新加坡］卓南生《大国梦与盟主论——总保守化的日本政治与外交》，台北：联经出版事业股份有限公司1995年版。
③ 详细内容见［新加坡］卓南生《源自东京的亚细亚主义为何令人生畏》，卓南生：《日本社会》（卓南生日本时论文集三卷本），世界知识出版社2006年版，第467—469页。日文原文刊于《每日新闻》1995年1月11日，原题为"東京発'アジア主義'の怖さ"。

结语

相比"明治维新百年祭"日本国内举国上下轰轰烈烈的纪念活动，2018年的"明治维新150周年"纪念活动似乎显得低调。之所以如此与时代背景有很大的关系。

首先，50年前日本官方之所以要高调纪念"明治维新"是出于软化日本国民反战情绪的动机。在那个"国论二分"的时代，当局的当务之急是争取国内"厌战派"和"恐战派"等反战阵营的力量。再看当今的日本，"国论二分"的局面已不复存在，反战阵营已溃不成军。在日本政坛"总保守化"的背景下，佐藤荣作政权当年"分化反战阵营"的策略已基本奏效。换言之，当今的安倍政权已经不需依靠"明治维新150年祭"营造"舆情"。

其次，原本隐隐约约不敢公开提出的包括"ABCD包围圈论""近代的超克论"等侵略有理的理论不仅不再是"禁区"，甚至还被重新包装与"出口转内销"。

最后，应该指出的是，对于歌颂"明治维新"的日本当局和保守人士而言，他们梦寐以求的"修宪大业"即将大功告成。就目前日本时局来看，"修宪"是势在必行的，只差一个适当的时机而已。

当前的日本，"明治荣光"已经复兴，大和民族自信也已重塑。不但"明治维新150周年纪念"不会隆重展开，即便是到2018年的10月23日，即日本明治维新改年号的纪念日那天，也不会像半个世纪前那样隆重地庆祝。因为安倍政府明白，假以时日（近年内），修宪大业一定成功。届时，师从"先贤"路线的当局再向"先贤"们献上其修改好的新宪法作为最大的祭品，隆重纪念一番也为时不晚。

概言之，日本"明治维新150周年纪念"表面上的不高调，其实是与日本官方的高调修宪筹备互为表里、相互呼应的。

卓南生教授谈甲午年纪念甲午战争的意义与误区[*]

毛章清　张肇祺[**]

甲午战争是中国近代历史的一道坎，难以逾越和忽视。2014年是农历甲午年，我们该如何纪念120年前这场影响深远的战争？换而言之，纪念这场战争的意义何在？2014年9月14日，卓南生教授在厦门大学主讲"甲午年谈纪念甲午战争的意义"，为与会者带来了不完全一样的解读，引起共鸣和热议。本文是茶座的详细内容。

中日媒体在报道和纪念甲午战争上的落差

1. 中国媒体报道的"隆重与多种声音"

对一个新闻事件的报道和评论倾向，在中国经常用"舆论导向"这个概念，但是在日本则用"舆论诱导"来形容。也许日本人以"诱导"来表述日本的舆论宣传会更为精准，因为日本的舆论宣传并不采取强制性的手法，而是在不知不觉中诱使人们相信它的一切，跟着它走。从这个角度来说，20世纪80年代之后，特别是在90年代日本政治"总保守化"的过程中，日本传媒配合官方的政策，诱导人民从反对修改宪法转而支持修改宪法，是十分成功的。

当前中国和日本的媒体对报道和纪念甲午战争的基调，有很大的差异。从表面上看，中国的媒体纪念活动很隆重，多种声音并存，但是仔细分析各媒体论调的内涵，不能不说是差异颇大。"以史为鉴"，这是

---

[*] 本文根据厦门大学新闻研究所所长卓南生教授于2014年9月14日在"厦大新闻学茶座"第2期所作的《甲午年谈纪念甲午战争的意义》主题报告重构而成，全文刊载于《新闻与传播评论》2015年第4期。

[**] 毛章清：厦门大学新闻研究所副所长；张肇祺：厦门大学新闻研究所秘书处秘书。

中国媒体报道的共同基调，主流的看法是批判安倍政权冀图摆脱战后体制的举措，警惕日本军国主义的复活，重走战前的老路。但对于中国究竟为何失败，到底差错出在哪里，中国媒体的反思出现诸多分歧。有的认为是体制的问题，强调这是一个新兴的资本主义国家跟一个落后的封建主义国家的一场战争，中国战败的原因不是中国人差，而是在那样的体制下，清政府不重视人才的结果，伊藤博文跟李鸿章的命运就不同。有的则归结于国民性的问题，认为日本人比较发愤图强，中国人比较苟且偷安等。有的中国论者把所有可能的原因（包括相互矛盾的）都罗列了，什么说法都有，因为这似乎是最妥善最安全的写法，但当你把所有的观点都罗列时其实是什么都没有讲，没有焦点。

从关键词上看，中国的媒体报道无处不谈"富国""强军"和"中国梦"，这是很统一的。不少论者都同意近代中国的积贫积弱是导致战争失利的主因，也都同声表示要实现"富国梦"与"强军梦"，但却避开或少谈如何"富国强军"、为何"富国强军"的具体问题。

2. 日本媒体报道的"低调与平静"

相较于中国舆论界形式上的隆重和声音上的多种，从表面上看，在报道和纪念甲午战争这一重大历史事件上，近年来日本舆论界就显得低调而平静。与10年前日本主流媒体大肆渲染"日俄战争100年"相比较，日本大众传媒对于2018年"甲午战争（日本称之为'日清战争'）120年"相关话题的文章并不多见。与中国媒体提醒民众要牢记甲午战争的教训来比较，日本方面从主流媒体到边缘化的小众媒体则几乎若无其事，仿佛已经忘记了甲午战争。但认真分析，在日本近代史上被誉为"日本国民国家形成"的甲午战争，与1904年的日俄战争一样，是奠定日本军国主义根基之所在，日本政府和媒体对这个重要纪念日是不可能遗忘的。

这里有一个最明显的例子。2010年在钓鱼岛海域发生"撞船事件"之后，当时日本官方以日本国内法扣押中国渔船、拘捕船长和渔民（渔民先获释放），但在中国强烈抗议和未获美国首肯的背景下，不得不连船长也释放。针对此事，日本执政党民主党的一部分少壮派议员认为这是一场"奇耻大辱"。他们形容这是"相当于日清战争后日本面对三国干涉的国难，日本国民对此痛恨至极"，联名呼吁时任日本首相菅直人要"堂堂正正高举国益旗帜"，掌舵"战略性外交"。所谓"三国干涉"，就是当年甲午战争时期《马关条约》签订后日本在俄、德、法三国的迫使下把辽东半岛还给中国的事件。俄、德、法三国出面干预当然不是路见不平拔刀相助，而是不愿看到日本独享辽东半岛。在媒体的渲染和鼓动下，对于当年大日本帝国的臣民来说，如此通过武力手段夺取的战胜品却得而复失，是令人难以忍受和愤怒的事情。当时日本全国为之骚动，为之哗然，引发抗议风潮。

在这次抗议风潮中，日本的知识界和新闻界扮演着重要的角色。当时以鼓吹甲午战争为己任的日本报纸《国民新闻》主持人德富苏峰在回忆获悉这一消息时，用"欲哭无泪"这样的字眼来形容那时候的心情。在这位名报人眼中，已经通过武力方式掠夺的他人土地，为何还要归还人家？这是不能容忍的！德富苏峰不仅亲自指挥这场战争的新闻报道，派遣记者到现场，而且还亲笔撰写评论，为这场"义战"摇旗呐喊。在日本，媒体和战争是紧密挂钩、相互联动的，一位日本著名的新闻学者在论述日本媒体与战争的紧密互动关系时，就指出日本的报纸是伴随着战争成长的，日本的报份是伴随着战争增加的。当时还有一个很有影响力的报刊《日本》在其专栏中，刊登了一篇广为流传的文章，标题就叫做"卧薪尝胆"，期待有朝一日，可以重夺其得而复失的果实。由此可知，甲午年前后，当时日本的媒体是如何支持这场侵略战争的，因为日本媒体散布这样的历史观——侵略无罪，不但无罪，而且有功！

由于战后没有彻底的反思，尽管日本的普通民众、普通知识分子不一定认可当年的侵略战争，但是执政党民主党的少壮派议员却旧事重提，竟然把"释放船长"这件事情与甲午战争时期的"三国干涉还辽"事件相提并论。而令人感到惊讶的是，日本学界和新闻界，并未对此发出不同的反对声音。

日本媒体论述甲午战争背后隐藏的历史观

1. 日本新闻媒体的舆论诱导

日本舆论界表面上似乎声音多元，有些议题媒体还争论得面红耳赤，比如《朝日新闻》跟《产经新闻》天天在争吵，如果认为它们在立场和观点上针锋相对、势不两立的话，这就与事实不符了；至于一些中文媒体紧跟着日本媒体的说法，把《朝日新闻》定性为左派，进而将它与右派的《产经新闻》摆在对立面来表述，那又错得更远了。实际上，在事关日本"国益"问题上，《朝日新闻》跟《产经新闻》基本立场是相似的，只是在具体问题上有时一个唱红脸一个唱白脸，彼此在"演双簧"罢了。

就以不久前朝日新闻社社长木村伊量发表的"刊登错误新闻而迟迟未更正表示道歉"谈话来说，这与其说是《朝日新闻》的"突然转向"与"变质"，不如说是表明日本舆论诱导的统一口径又进入了一个新的阶段。

日本的舆论诱导是十分巧妙的。在表面喧闹的背后，日本的舆论界口径其实是相当一致的，尤其是在所谓的"国益"问题上，其中的一大原因是与日本的新闻体制密切相关，"记者俱乐部"制度就是日本政府与媒体相互勾结、诱导舆论的重要途径。日本的新闻报道有三大特征，即"划一性""集中豪雨型"和"煽情性"。所谓"划一性"，实际上就是对重大新闻事件的统一报道口径，尤其是在对外问题上，无论什么媒体都是如此；所谓"集中豪雨型"是指每当发生一个重大事件的时候，无论是自认为"高级报纸"如《朝日新闻》《读卖新闻》《日本经济新闻》等，还是"大众报纸"的体育报等，日本的媒体经常会采取一种倾盆大雨式或狂风暴雨式的报道方式，几乎每版都是同一个话题来集中报道和渲染；所谓"煽情性"是指日本并没有形成严格意义上的"高级报纸"，迎合小市民的煽情的报道方式经常出现在日本的主流媒体上，尤其是日本的电视，更反复地播报某个特定的新闻和画面。比如"中国冷冻毒饺子"事件，日本的各种媒体口径一致，反复播报，几乎在一夜之间就把中国的饺子批倒批臭，谁也不敢问津。

在甲午战争这个问题上，近年来日本主流媒体少有评论文章，表面上非常平静，但认真分析，不论是在参拜靖国神社、修改教科书，还是领土纠纷、修宪派兵等敏感问题上，都有"甲午""马关"的影子。日本社会有一个普遍看法，认为甲午战争没有错，甲午战争不是侵略。直至今日，甲午战争在不少日本人眼中还是一场"正义之战"。这是日本媒体对甲午战争的一个基调。说得确切些，对于当前急于"摆脱战后体制"的安倍政权来说，如何看待《马关条约》，怎样为大日本帝国发动的甲午战争进行"正当化""合理化"的解释，具有现实的政治意义。

当下的日本媒体似乎对甲午战争视若无睹、漠不关心，这是一个表面现象，绝非有如日本某些"开明人士"常说的"打人的容易忘记，被打的却忘记不了"这么简单。日本媒体对甲午战争表面上近乎失声的现象，背后隐藏着历史观的问题，那就是怎么看待历史，怎么解读历史。

2. "义战论"与"近代化文明论"

不少日本人对甲午战争及随后签署的《马关条约》，丝毫不存有"侵略"与"掠夺"的羞耻感和罪恶感，最主要的原因是战后日本对甲午战争没有彻底反思，当中有它背后的思想逻辑，那就是"近代化的文明国"战胜"未开化的野蛮国"具有合理性、正当性。

在第二次世界大战之前，被日本政府吹捧为大和民族纲领的历史观是"皇国史观"，其核心思想是神化大和民族，把日本说成是"神的国家"，主张以天皇为中心，以对天皇忠诚与否作为评判历史人物和历史事件的唯一准绳。与此同时，明治维新之后，日本自认为已经攀上文明之梯，日本是亚洲唯一的"文明国"，中国是落后的、"未近代化"的"野蛮国"，"皇国史观"的拥护者把甲午战争定位为"开化之国——日本"与"因循陋习之国——清国"之间的战争，"文明国"攻打"野蛮国"，占领"野蛮国"的土地、掠夺"野蛮国"的资源是合情合理的。这就是日本的所谓"义战史观"。实际上，这是日本政府为发动战争而巧立的名目，用日语来说就是"大义名分"。它与二战期间日本为了侵略亚洲，从而提出"大东亚共荣圈"这个"大义名分"，是何等相似！

这种思维方式，显然是日本学习西方、服膺西方弱肉强食的丛林法则的结果。历史上欧美帝国主义国家就是抱着"白人负有解放有色人种的神圣使命"这样的名目来推行殖民主义政策的，以"感化人"为皈依的传教士成为先头部队。在中国新闻史上，有一个鼎鼎大名的传教士郭士立，既是《东西洋考每月统记传》宗教月刊的倡办者和主持人，还是鸦片战争时期《中英南京条约》的中文起草者。如何认识和评价郭士立及其新闻传播活动，关乎研究者的基本史观。就当时的时空和语境而言，西方传教士当年来华办报，绝非仅是为了传播福音，更非所谓的跨文化交流，而是名副其实的文化侵略。

3. 司马辽太郎史观与竹内好礼赞"大东亚战争"的后遗症

日本对甲午战争没有丝毫反思意识，这既与战前"皇国史观"和"义战史观"紧密相连的历史认知有关，也与战后日本学界和舆论界对这段历史不彻底的反思和总结密不可分。1945年8月15日，日本被迫无条件投降，20世纪五六十年代，是日本社会欠缺信心的年代，弥漫着悲观失望的氛围，很多开明的日本人士对日本所发动的历次战争也在进行各种反省，不少日本人感觉在亚洲人面前抬不起头来，作为日本人一无是处，有些人还想移居海外。1970年，日本著名文学家、右翼政治狂热分子三岛由纪夫就是因为目睹日人反战、厌战、恐战之热潮，看不到"皇国"的前途和光明而切腹自杀"殉国"的。但在20世纪80年代，特别是90年代日本政治思潮趋于总保守化之后，当年那些反思者在日本已成为"败北者"。

在为日本发动的甲午战争作"合理化"解释的进程中，被誉为"国民作家"的司马辽太郎的影响很大。司马之所以被中国人所熟悉，也许最主要的原因是因为他与台湾的李登辉对谈，诱发李登辉的"台独"思维。其实司马的问题，不仅是"台独"问题，而是混乱了日本人的战争史观。司马所创作的日本近代长篇历史小说，竭力讴歌明治时代，鼓舞了日本人的信心，由于司马的历史小说，很多内容不但出自个人的杜撰与臆测，而且含有强烈的舆论诱导意图，促使战后不少日本人对甲午战争、日俄战争不但不存在罪恶感，而且还引以为豪。司马所用的手法是把"明治史"和"昭和史"完全剥离，视明治史为"光明的年代"，昭和史为"黑暗的年代"。在此基础上，认定甲午战争和日俄战争是"公平的战争"，强调这是日本被迫而战的"祖国保卫战"，日本的变质是在日俄战争之后。司马辽太郎的历史小说，实际上是在美化侵略战争，否定明治时期的侵略历史。

一部战后日本政治总保守化的历史，就是一部为日本侵略战争"除罪化"的历史。"国民作家"司马辽太郎运用"历史小说"漂白了甲午战争与日俄战争，著名的"中国通"竹内好则利用太平洋战争的复杂性，否定太平洋战争为侵略战争。竹内是日本亚细亚主义的阐释者和研究者，五六十年代是个积极反对《日美安保条约》的知名人士，被誉为"开明派""自由派"的知识分子。1941年12月8日，竹内好曾经发表支持"大东亚战争"的公开声明，对此竹内好始终不认为有错。在战后总结日本的战争责任时，竹内好把日本对中国的侵略和对东南亚的侵略予以区分，认为前者是侵略战争，后者是帝国主义国家争夺殖民地的战争，说不清谁是与谁非。这种否定太平洋战争侵略性的思维，无疑是为日本政客找到另一否定侵略战争的突破口。1994年10月24日，时任通产大臣桥本龙太郎发表的"东南亚侵略战争微妙论"就是这种思维与逻辑的结晶。

桥本认为，日本对于中国可以说是"侵略行为"，对于朝鲜可以说是"殖民地支配行为"，但对于东南亚地区是否侵略，这是"很微妙"的。之所以如此，是因为当时东南亚地区是欧美的殖民地，日本发动战争的对手是美国、英国和荷兰等帝国主义国家。桥本这番大胆而出格的谈话，当时日本国内外的舆论界为之哗然。时任首相村山富市极力为之掩护，这场"失言"风波遂告平息，桥本遂成为战后日本第一位否定侵略战争而不必引咎辞职的大臣。值得注意的是，针对桥本当时的"失言"，中韩两国一开始是有所反应的，但在日本方面的工作下，采取了事不关己、高高挂起的态度。可以这么说，战后日本在历史问题上的分化策略是成功的。在日本侵略亚洲的历史问题上，亚洲各国没有相互呼应。中韩两国当时放弃了和日本针锋相对的机会，也失去了东南亚民众对中韩的信赖和信心。所以当领土问题卷进来的时候，历史问题也就不是东南亚各国人民看待中日、日韩关系的唯一考量因素。

如何看待"明治维新"？怎样吸取"甲午"教训？

1. "近代化万能论"的陷阱

"近代化"与否，是衡量一个国家的行为是否正当的重要标尺，是衡量一个国家是否有前途是否值得尊重的重要标准——这是支撑日本人"义战论"最强有力的思想武器之一。"近代化的国家是值得尊敬的，未开化的国家应当被否定……"日本的某些政客和媒体就是用这样的台词诱导人民，让其相信"日本是文明之国""大和民族优越论"，既然大和民族是优越的，那么优越的民族掠杀劣等的民族，文明国家侵占野蛮国家是正当的，所以甲午战争是理所当然的。这种"唯近代化论"，在当前的日本还有深刻影响。

当前中国的一部分知识分子也存在着类似的"近代化的迷思"。在中国，将近代化与否视为一切的始作俑者，就是民国时期的历史学家和时任外交官蒋廷黻（1895—1965）。1938年，蒋廷黻的代表性著作《中国近代史》出版，之后多次再版，对中国知识界影响深远。

作者把"中国近代史"界定为"中国近代化的历史",中国能否近代化以及如何近代化,于是就成为该书论述的主线。"中国能否近代化?""日本能,为何中国不能?""中日关系能否前进,就是看是否有助中国的近代化,近代化就行,不近代化怎么说都没有用。"……这已成为今天一部分中国知识分子谈论与衡量中日关系的准绳。

当前中国的媒体在纪念甲午战争时,主流派声音是要警惕日本军国主义,强调落后就要挨打的道理。但是在纪念反思过程中,也有一部分论者把"近代化"和民族主义对立起来,将矛头对准所谓绊脚石的"民族主义",指责它可能断送了中国第三次近代化的机会。这种论述,表面上看似乎十分"客观"与"冷静",但认真分析,却难免有掉入日本人所推崇的"近代化万能论""近代化一切论"陷阱的危险性。翻开近现代史,民族主义其实并不是一个贬义词,不论是中国还是东南亚,在反对帝国主义、殖民主义的侵略压迫的进程中,在争取独立和主权领土完整的过程中,民族主义始终起着正面的、正义的作用。大型交响音乐《黄河大合唱》吹响了中国民众抗日救亡的号角就是明证。当然,如果民族主义超过了底线,成了排外的国家主义、国粹主义,我们是应该坚决反对的。把国粹主义跟民族主义等同来看待,显然是在偷换概念。

2. 明治维新百年纪念的论争及其焦点

有鉴于此,如何看待日本明治维新的"富国强兵",也就是如何看待日本的"近代化",这是谈论甲午战争不能绕开的问题。1968年在纪念明治维新一百周年的时候,日本知识界、传媒界引发了一场大辩论,争论的主题就是如何纪念明治维新。当时一部分人持肯定态度,一部分人持否定立场。这场大论争,影响深远。那时主流观点认为,日本的近代化是顺应历史潮流的,明治维新的"富国强兵"让日本成为亚洲国家的一个典范。这个论断得到当时美国驻日本大使,也是日本史专家赖肖尔有力的支持与肯定。

批判明治维新的人士则认为,明治维新是带领日本迈向战争的一个起点,其结局是"大东亚圣战"和日本的无条件投降;明治维新固然有其可取之处,但是它的负面影响、反面影响也不可忽视。这是大多数反思派人士的共识。可惜的是,由于中国正处于"文化大革命",那时候的中国人对这场论争似乎不太关心,也不了解。当时反对《日美安保条约》的竹内好是最早主张"明治维新百年纪念"的倡议者之一（尽管后来未参与其事），但遭到不少知识分子的批判。竹内好则引述另一著名学者的谈话辩称，社会主义国家苏联的一些历史学家比日本那些马克思主义者还高度评价明治维新，所以对明治维新应该予以正面评价。他同时援引自己接触的中国的一些专家学者对明治维新的肯定评价，为他的"明治维新肯定说"当挡箭牌。实际上，苏联、中国的学者未必就真的了解明治维新的本质和真相，把责任推给外国学者是十分不公平的。

3. 如何向日本取经？怎样看待"是非论"与"强弱论"？

20 世纪 70 年代末，受傅高义《日本名列第一》一书的影响，新加坡和马来西亚分别提出"向日本学习""向东学习"的口号。向日本取经是没有错的，但是应当学习正面的东西，把负面的东西当作反面教材，两者应该同时受到重视。如果全面肯定日本的近代化路线，特别是黩武的"富国强兵"国策，那么我们就容易陷入了无法分辨正义与非正义战争的矛盾。如果我们一方面谴责日本穷兵黩武路线，另一方面又羡慕其黩武路线成功，这是不可思议的。

当前"和平崛起"的中国在纪念甲午战争 120 周年之际，中国要强军、要富国，这应当没有问题；但是中国的"富国强军"跟日本明治维新时期的"富国强兵"究竟有何本质上的差异，中国的官方也好民间也罢，似乎还说得不够清晰与具体。尤其是当今一些青年知识分子，在谈起国际关系的时候，往往以"强弱论"代替"是非论"，其中有的还在媒体上大谈"如何经营东南亚"的问题。殊不知所谓"经营"，是殖民统治者为自己支配他国而使用的隐语，正如"经营满蒙"一般，无非是为其侵略作合理化的解释。"中国威胁论"为什么在东南亚会有市场？这是一个值得思考的问题。这不完全是因为西方媒体和日本媒体渲染的结果，中国的部分媒体和知识分子似乎对此也应有所反思。为此，在纪念甲午战争的时候，崛起中的中国也许还有必要把政策和理念的重点放在为何"富国强军"，为谁"富国强军"的诠释与行动上。

"东方影响了西方":8 至 14 世纪海上丝绸之路的跨文化传播考察*

毛章清 郑学檬

海上丝绸之路如何影响西方对东方的认知,这是一个宏大的学术课题,每个学科都有独特的问题意识和分析视角去研究、去解答。那么传播学视野下的海上丝绸之路研究又将是一幅怎样的学术图景?15—17 世纪的地理大发现是西方认知东方的一道分水岭,在此之前,更多的是"想象"的东方,在此之后是逐渐"真实"的东方。本文试图运用马克思主义交往理论,从媒介与信息的视角初步考察 8—14 世纪(唐宋元时期)地理大发现之前的海上丝绸之路,经由跨文化互动的机制,传统中国在观念和行为方面如何影响西方社会(欧洲、北非和中亚),有助于我们理解传统中国走向海洋的传播过程和传播效果。

海上丝绸之路的传播媒介与传播信息

马克思和恩格斯在《德意志意识形态》中指出,人类的生产活动可以分为两类:一类是物质生产,即必需的物质生活资料的生产,与此相应的是人与人之间的物质交往活动;一类是精神生产,即表现在某一民族的政治、法律、道德、宗教、形而上学等的语言中的生产,与此相应的则是人与人之间的精神交往。物质生产和精神生产构成了人类生产活

---

* 本文根据厦门大学历史系教授郑学檬先生于 2016 年 11 月 26 日在"厦大新闻学茶座"第 23 期所作的《东方想象:海上丝绸之路的边际效应》主题报告重构而成,全文刊载于《厦门大学学报》2017 年第 7 期。

动的总体，而物质交往和精神交往则构成了人类交往活动的总体。① 那么海上丝绸之路的物质交往和精神交往状况如何？交往的媒介与信息又是什么？

这里的"海上丝绸之路"，概而言之是指从 8 至 14 世纪中国大陆沿海经过南海，再经过印度洋到波斯湾或红海，然后延伸到北非、东非，16 世纪以后经过好望角到欧洲的海上贸易之路。此外欧洲也经大西洋到达北美洲，开辟了移民美洲的新航路。我们所说的海上丝路实际上分为西段、中段和东段三段，从海上贸易、文化传播来讲彼此有很大的区别。②

海上丝路西段，指从地中海到印度西南的马拉巴尔海岸（卡利卡特），自公元世纪初，即有希腊船只航行到印度，其后因阿拉伯人掌握了季风航行技术、驾驶三角帆船，控制了西段的航线和阿拉伯—印度的贸易垄断权，用中亚的药材、马匹、铜和金交换印度的胡椒、糖和纺织品，然后把胡椒转卖给欧洲。

海上丝路中段，指从马拉巴尔海岸到马来半岛南端东侧雕门岛，阿拉伯人、犹太人、亚美尼亚人以印度为据点，掌握了季风气候，航行到东南亚的苏门答腊、马来半岛、爪哇群岛购买香料，用来自中亚、印度的货物，连同胡椒、豆蔻、丁香等一起，交换中国的犀角腰带、铁器、瓷器、丝绸、漆器、药材等。

海上丝路东段，指从雕门岛经泰国湾、金瓯角，在越南中部沿海穿过西沙群岛西北部（即"南中国海"），从海南岛东面进入广东沿海至广州（早期则经北部湾沿岸至广州），再从广州北上泉州、福州、明州（宁波）和扬州，直至胶东半岛，跨海航行到辽东半岛、朝鲜或日本。这段航线上，早期（8—10 世纪）中国船舶多在占城、暹罗湾沙府、诃陵、苏门答腊的室利佛逝等地的港口停泊贸易。

中国商人利用东北风南下，夏季的爪哇海流北上，还有南海各国的朝贡贸易频繁，中国人陆续迁往占城、真腊、暹罗、三佛齐等地（今越南中南部、柬埔寨、泰国、苏门答腊东南与爪哇东部），中国商人带来

---

① 《马克思恩格斯全集》（第 3 卷），人民出版社 1960 年版，第 28—30 页。参见郭庆光《传播学教程》，中国人民大学出版社 1999 年版，第 14 页。
② 郑学檬：《唐宋元海上丝绸之路和岭南、江南社会经济研究》，《中国经济史研究》2017 年第 2 期。

了药材、丝绸、瓷器、漆器和铁器等,从东南亚买走了很多土产,最主要的是象牙、犀牛角、丁香、药材和胡椒等。

无论是物质生产和交往,还是精神生产和交往,人始终是交往的主体,"以一定的方式进行生产活动的一定的个人,发生一定的社会关系和政治关系"①。为此马克思、恩格斯提出了三种与人的物质和精神交往关系密切的社会形态——交往的人的依赖形态,交往的物的依赖形态,还有交往的人的全面发展的形态。②"交往的物的依赖形态"是指资本主义的商品社会,它的最初起点是伴随着世界地理大发现开始的世界贸易,但形成比较完整的社会形态则是在 18—19 世纪;在此之前是"交往的人的依赖形态",之后是"交往的人的全面发展的形态"。8—14 世纪海上丝绸之路,主要经历了"交往的人的依赖形态"这个社会形态。人,就是媒体,既是介质又是信息。

就"交往的人的依赖形态"而言,谁又是海上丝绸之路的先行者呢?据记载,征服中东各国的阿拉伯帝国倭马亚王朝时期(661—750),在当今伊朗一带,一批从事下等职业的琐罗亚斯特教徒背井离乡,长途跋涉,冒险航海抵达波斯湾讨生活。③ 作为波斯帝国时期的国教,在伊斯兰教诞生之前,琐罗亚斯特教是西亚最有影响的宗教。尽管被征服,但其教徒是伊朗居民的多数派,尤其是文化上的优势令征服者胆寒。更有甚者,一部分琐罗亚斯特教徒已到过遥远的阿秦尼(Al-Sin 中国)。"倭马亚王朝哈里发末期之前(749),在呼罗珊,一些什叶派穆斯林(Shi'ah Moslems)为了逃避迫害,居住到中国的一条大河港口对面的一个岛上。"④ 这条河我们的蠡测应该是广州的珠江。

由此可知,在阿拉伯帝国倭马亚王朝、阿拔斯王朝时期,从中亚、北非、亚美尼亚等地来到印度、东南亚(今苏门答腊、马来半岛、泰国湾、越南)等地的穆斯林商人、移民数量相当可观。我们可以发现,一些陆上丝路的中亚、北非、亚美尼亚商人、探险家、旅行家,有的也是

---

① 《马克思恩格斯全集》(第 3 卷),人民出版社 1960 年版,第 28—29 页。
② 陈力丹:《精神交往论——马克思恩格斯的传播观》,开明出版社 1993 年版,第 530 页。
③ George F. Hourani, *Arab Seafaring: Indian Ocean in Ancient and Early Medieval Times*, Princeton University Press, 1995, p. 62.
④ Shaozafat-ZamĀn TĀhin Mazvazī China, The Turks and India: Arabic text (circa A. D. 1120) /with an English translation and commentary by V. Minorsky, London: The Royal Asiatic Society, 1942, p. 16.

8—10世纪海上丝路的先行者。

海上丝路不仅是海上贸易之路，还是宗教传播之路，可以说宗教与贸易同行。伊斯兰教在东南亚的传播就是通过阿拉伯商人的贸易来实现的。海上丝绸之路开通之日，就是东西方文化交流开始之时。具体来说佛教、琐罗亚斯特教（祆教、拜火教）、摩尼教、伊斯兰教相继经陆上或海上丝绸之路来到中国，随之而来的是阿拉伯、印度、南海各国的音乐、绘画、雕塑、文化习俗，也渐渐浸染中国南方，融入江南、岭南等地的社会生活。①

需要指出的是，航海技术的进步为海上丝绸之路物质交往的广度和精神交往的深度提供了可能。马克思认为："交通工具的增加和改良……建立了精神与贸易的发展所必需的交往。"② 由于掌握了季风知识，利用了天文导航，使用了三角风帆，加之水手经验丰富等，阿拉伯人控制了红海、波斯湾至西印度洋的航海和贸易权，从短途贸易到长途贸易，由转口贸易而抢劫贸易，尤其是指南针的使用，对近海贸易更是如虎添翼。阿拉伯人的航海经验深刻地影响了早期海上丝绸之路的物质交往和精神交往。

从跨文化传播的角度看，海上丝绸之路的传播媒介，不仅有以物为媒介的人与人的社会交往关系，还有在此基础上以"语言"为媒介的人与人的精神交往关系，后者尤其重要。加拿大传播学者麦克卢汉则旗帜鲜明地表示，"媒介是人的延伸""媒介即讯息"。③ 由此我们认为，在海上丝绸之路所发生交往关系的人和物，都是传播媒介；借此传播媒介所承载的反映交往关系的风云变幻、风土人情，导致不确定性减少的状况，都是传播信息。这些信息，因其模糊性和变幻性，而引发双方的无限想象，此类"无限想象"本身又成为传播的信息。

"东方形象"：海上丝绸之路引发的观念变革

"得意忘言"源自《庄子·杂篇·外物》："筌者所以在鱼，得鱼而

---

① 郑学檬：《唐五代海上丝路研究的若干问题补论》，《历史教学》2016年第24期。
② 《马克思恩格斯全集》（第47卷），人民出版社1979年版，第584页。
③ ［加拿大］马歇尔·麦克卢汉：《理解媒介：论人的延伸》，何道宽译，译林出版社2011年版，第16页。

忘筌；蹄者所以在兔，得兔而忘蹄；言者所以在意，得意而忘言。"①"筌"是捕鱼的鱼篓，"蹄"是捉兔的兔网，是形而下之物；"意"是形而上的抽象，得到了形而上的"意"后，就把形而下的"物"忘掉了。从"得意忘言""得意忘形"这样的经典成语可知，海上丝绸之路的贸易，会在物质上的交易之外，带来精神上的交流。

换而言之，形而下的"物"经过信息传播后就会产生形而上的"意"，"意"即观念、认知和想象。在这里传播的模式是多层的。那么在8—14世纪海上丝绸之路跨文化互动过程中所发生的交往关系，所传播的交往信息，建构了西方对东方怎样的认知和想象？所谓西方人"东方形象"的想象，就是对在丝绸之路里所发生的人、事、物的描述与建构，在西方人脑子里形成具有哲学高度、思维高度的"意"，然后这种"意"又转变成为一种政治行为，甚至战争行为。

海上丝绸之路引发的"东方形象"，根据欧洲学者的观点，主要有两种途径，一种源于欧洲的文学界，一种源于欧洲的学术界。"在16世纪，东方作为浪漫传奇的背景也吸引了富有想象力的诗人和小说家，而且东方从纯粹想象中的国度逐渐变得真实可感，那里的人民智慧勤劳，品德高尚。尤其是中国，中世纪的欧洲谓之契丹，更是成为欧洲各国文学盛赞的对象，认为中国有着当时世界上最悠久的历史，是一个楷模。"② 从中世纪开始，东方异域便进入了英国文人的审美视野，特别是从19世纪的浪漫主义文学开始，伴随英国在世界范围内影响的扩大，英国文学一跃成为东方形象创造的主导力量。③

在学术上，文艺复兴后期，欧洲对古希腊所爆发的热情开始向东方转移，东方的消息不断地传到欧洲，由此带来半真实半想象、半悲剧性半喜剧性的"研究结果"，成了一种新形式的东方学话语。成书于12世纪初的著作《马尔瓦兹论中国、突厥和印度》，反映了当时阿拉伯人对中国物质文明和精神文明极富有想象力和诱惑性的描述。当代美国历史

---

① 《庄子今注今译》，陈鼓应注译，中华书局1983年版，第725页。
② [美]唐纳德·F. 拉赫：《欧洲形成中的亚洲》（第二卷奇迹的世纪第二册文学艺术），周宁总校译，人民出版社2013年版，第109页。《欧洲形成中的亚洲》（中译本共3卷10册），分别为第一卷发现的世纪、第二卷奇迹的世纪、第三卷发展的世纪。
③ 杜平：《想象东方——英国文学的异国情调和东方形象》，上海外语教育出版社2011年版。

学家唐纳德·F. 拉赫的《欧洲形成中的亚洲》，以宽广深厚、丰富细致的历史资料和思想素材，为千年以来欧洲社会所呈现出的"东方形象"提供了历史场景和学术脉络，详细描述了现代欧洲文化形成中的亚洲知识状况，试图讨论亚洲知识对欧洲所产生的影响。

无论是海上丝绸之路还是陆上丝绸之路，客观上推进了亚欧大陆的文明一体化进程，"旅行与贸易、观念与知识，都开始了一场革命。其意义主要表现在两个方面：一是世界市场的雏形出现；二是世界地理的观念开始形成。旅行和器物的交流带来了观念的变化，中世纪基督教狭隘的世界观念被大大扩展，世界突然之间变得无比广阔"，而在这个广阔的世界中，中国是最诱人的地方。①

值得注意的是这类想象、建构出来的"东方形象"并不都是正面的，其中地理大发现是一道分水岭，在此之前西方人的"亚洲故事"里，东方是一个若有若无、似真似幻的"神奇的亚洲"；在此之后西方人开始逐渐接受一个真实的亚洲，而17世纪欧洲的亚洲知识视野，恰好处在模糊与清晰之间。这种借由海上丝绸之路所引发的物质交往和精神交往，是导致西方人对传统中国认知的观念变革的重要原动力。我们可以发现，西方一直按照自身的文化认知来建构"东方形象"。这种认知范式，恰好也是跨文化传播研究的课题。

由于丝绸之路引发了欧洲人对东方的物质、思想、美术、工艺和医药的迷恋，从而产生种种想象，这类想象出来的"东方形象"，对东西方文明交流起着触发并引导作用。文明交流有半真半假的成分，但有一点是共同的，就是非常有诱惑力，让人迷恋并产生强烈的交流欲望。"心有灵犀一点通"，人有与人相通的本能，人与人相通是一种不可抑制的传播潜能。可以说欧洲想象中的"东方形象"，作为一种潜能萌发的思潮，在16世纪之前是一种促进海上冒险和贸易的动力，并助力欧洲启蒙运动的兴起；之后它伴随着欧洲的工业革命，伴随着资本主义的全球扩张。

---

① 周宁：《天朝遥远：西方的中国形象研究》（上卷），北京大学出版社2006年版，第13页。

"东方影响了西方"：海上丝绸之路引发的社会变革

如果说观念是组成思想体系或意识形态的基本要素的话，那么"繁荣""富裕""文明""神秘"和"异国风情"诸如此类的固定的关键词所表达的思想，就是8—14世纪西方人认知东方——特别是遥远的中国的核心观念。"因观念比思想具有更明确的价值（行动）方向，它和社会行动的关系往往比思想更直接。"① 这种被激发出来的想象的"东方形象"，可以说是西方社会变革的一股重要的外部力量。那么在海上丝绸之路发生的跨文化互动交往关系中，如何增进西方对东方的认知，从而引发西方某些观念、行为的变化呢？

1. 海上丝绸之路的物质交往及其影响

任何器物都蕴涵着独特的信息符号和价值体系。器物的交换与使用，意味着信息的交往与分享，从而引起观念和行为的变革。8—14世纪海上丝绸之路，就中国而言，当时最能激发西方的东方想象，引发社会变革的器物分别是丝绸、瓷器、麝香、大黄和朱砂，还有指南针、道教、佛教、茶叶和漆器。在东方想象的这十剂"诱惑"中，有物质享受之用的丝绸、瓷器和漆器（家具），有化妆治病之用的麝香、大黄和朱砂，有航海技术之用的指南针，还有触及中国儒、道、佛的心学，从物质生活到精神生活再到审美情趣，一应俱全又颇具代表性。在此择要略加说明。

丝绸，这是激发东方美好想象最重要的一种器物。当时欧洲的上层人士以得到它为荣耀，柔软、鲜艳、精美又昂贵，代表着东方（中国）的技术、文明和富裕。从海上贸易来说，在欧洲人东来以后，也就是蒸汽轮船取代帆船运输之前，中国大量出口的是瓷器和药材，由于气候潮湿、运输时间长（自广州至里斯本帆船的航行时间为15—18个月），丝绸很难是主要的商品，以丝绸来命名海上贸易之路名不符实，这实质上就是欧洲人东方想象下的一个产物。

瓷器、麝香和茶叶，这是激发西方人的东方想象最特殊的三种器

---

① 金观涛、刘青峰：《观念史研究：中国现代重要政治术语的形成》，法律出版社2009年版，第4页。

物。瓷器姑且不说，成了欧洲人所称"中国"的由来。《马尔瓦兹论中国、突厥与印度》对中国的丝绸、瓷器在阿拉伯世界的传播有详细地描述，作者马尔瓦兹是伊朗尼斯巴族人。中国的瓷器在波斯湾的尸罗夫、巴士拉，也门，红海沿岸，埃及，东非各地，均是宫廷的珍品，富豪的象征。对于那些只会制作简单器皿的欧洲陶工而言，中国陶器似乎来自另一个世界。柔软艳丽的丝绸和美轮美奂的瓷器所传播的文化意蕴远大于其实用价值，这会让人联想到它的制作技术；对中国人技术的崇拜，也会对中国人的智慧敬仰莫名。

麝香既是特殊的香料又是药品，为中国西藏等地的特产，被西方视为"天国所赐""人间极品"，具有刺激性欲和解毒功效。中国的麝香经陆路和海路运销阿拉伯、波斯，因为"事实上，中世纪的穆斯林亚洲对麝香的需求量确实很大……麝香在当时是一种常见的消费品。富翁使用的是真正的吐蕃麝香。不大富裕的人无法购买这种商品，仅满足于通过海路进口的'汉地'麝香"。还有，"人称麝香是黑色的，而樟脑则为白色。大家认为它们如同日夜一般。麝香的这种起源在中国中世纪的哲学中与樟脑是对立的，同样也是由于其药性相反"。① 吐蕃麝香和《蛮书》所记的南诏麝香皆为品质上乘，所谓"汉地"麝香应即邕州（今广西南宁市）麝香，邕州"土麝，气臊烈，不及西香（指藏麝香、滇麝香）"。②《旧唐书》记载说，袄教"皆波斯受法焉。其事神，以麝香和苏涂须点额，及于耳鼻，用此为敬，拜必交股"。③ 这可能是伊斯兰教的风俗。除了宗教因素，穆斯林特别重视麝香的另一个原因是药用。"操着阿拉伯语的商人将他们从中国携带的麝香、沉香、樟脑、肉桂及各地的商货返回红海。"然后运到地中海港口，转卖给罗马人、法兰克人。④ 黑色热性麝香和白色凉性樟脑，诱发欧洲人对中国阴阳、黑白辩证思维的崇尚，从而引发对东方神秘哲学的迷恋。麝香是制作香料的添加剂，为中亚、欧洲人所青睐。但是对穆斯林来说，最重要的是麝

---

① ［法］阿里·玛扎海里：《丝绸之路：中国波斯文化交流史》，耿昇译，中华书局1993年版，第530页。
② 周去非：《岭外代答校注》，杨武泉校注，中华书局1999年版，第363页。
③ 《旧唐书》卷198《波斯传》，中华书局1975年版。
④ ［阿拉伯］伊本·胡尔达兹比赫：《道里邦国志》，宋岘译注，中华书局1991年版，第164页。

香能提升宗教意识。麝香对欧洲人来说,也是美容之物,因为它是制作香料的原料之一。麝香的西传,放大了东方宗教冥想的空间,升华了穆斯林的静思意识,软化了他们的野性崇拜。这是东方文明对中亚穆斯林的影响之一。

在此特别介绍茶叶对西方社会的影响。17 世纪开始,欧洲形成了一股饮茶的风气。"17 世纪早期,荷兰东印度公司把中国茶引入欧洲,创造了一个全球市场,一直继续存在到现今。"① 第一个茶的样本到达英格兰是在 1652 年至 1654 年间。第一次在伦敦 Garway 咖啡屋出售茶叶是在 1657 年。欧洲人研究发现,茶是"足够的令人着迷的有价值的商品,世界因为它而被中国所吸引;足够的令人着迷的激动去尝试在不同的殖民地种植它们。英国、荷兰和俄国消费的饮料中,茶的数量最大。他们所有的消费者均无一不如此。"② 欧洲饮茶风气形成之后,舆论上出现中国茶的崇拜,"茶叶是上帝,在它面前其他东西都可以牺牲。"③ 因为崇拜茶叶,饮茶成为一种时尚的生活方式,茶馆应运而生。茶在荷兰首都海牙,变得非常时尚。16 世纪的茶叶很贵,在荷兰每磅需要 100 盾以上;在英国一个工人一个月的工资只能买一磅茶叶,茶成为富豪阔人享受的领地。时尚的表现为家庭专用茶室。不仅仅是欧洲人着迷饮茶,中亚等地的穆斯林也了解饮茶,"穆斯林教徒从公元 10 世纪起就熟悉了茶叶的中国北方名字 tcha(在阿拉伯文中作 shah),而不是仅仅在西方才为人所知的 the' 这种南方名称。"④

饮茶还改变了欧洲人的体质,有助于提高其健康指数。在荷兰、英国,医生和市民经过十年的辩论,承认饮茶有益健康,1657 年,英国的 Garway 咖啡屋提供茶水,为治疗如洗肾(cleaning kidneys,应指利尿)和瞌睡就是一个例子。⑤ 17 世纪,欧洲人已认识到茶对健康的作

---

① Rare Photos Capture China's 19th Century Tea Trade, by Robert Gardella, from Wikipedia, the free encyclopedia, 2014.9.20 下载。

② Tea Consumers, Tea Trade, and Colonial Cultivation, by Thomas Breed, from Wikipedia, the free encyclopedia, 2014.11.29 下载。

③ Earl H. Pritchard, *The Crucial Years of Early Anglo-Chinese Relations*: *1750 - 1800*, Washington, 1936(台北:虹桥书店影印本 1970 年版)。

④ [法]阿里·玛扎海里:《丝绸之路:中国波斯文化交流史》,耿昇译,中华书局 1993 年版,第 452 页。

⑤ The History of Tea, Tea Arrives in England, from Wikipedia the free encyclopedia, 2014.10.13 下载。

用。尽管欧美传统上喜用红茶,但他们知道绿茶有益健康。16—17世纪,就是哥伦布、达伽马发现新大陆、东方航线之后200年间,欧洲人的身高和东南亚人差不多,所以欧洲人称东南亚人属"中等身材"。到了19世纪初,东南亚人的身高依然约为1.57米,中国人约为1.59米,欧洲人则约为1.67米。20世纪中叶,欧洲人平均身高已然增至1.77米。[①] 这150年恰好是中国茶叶出口量最大的时期,因为饮茶有利骨骼生长。茶里的茶多酚除了改善消化、泌尿系统外,红茶的茶黄素有利体内破骨细胞减少,促使骨骼量增长。[②] 茶里的黄烷醇(儿茶素)还有唤醒记忆力的功能。[③]

英国的下午茶,常常加些烧烤的东西,既增添英国式生活乐趣,又可以以茶会友。茶馆和下午茶引起的社会效应出人意料。在英国,妇女进咖啡馆喝茶促成了妇女自由恋爱,导致了妇女解放思潮的涌现。沙拉·亚历山大·亚勒格罗贝尔在《茶:五千年以来的热饮》一文中写道:"一位妇女在英格兰经营着一间面包店,坚信她的监管者允许她为喜爱的顾客提供茶,以致她的买卖越来越好。1864年,店里只有几张桌子,妇女们迅速来抢座位喝茶。这样,茶店是年长妇女作陪娘的妇女们会朋友早期场所,并且为妇女的摆脱束缚助一臂之力。"[④] 也就是说,饮茶开启了英国妇女社交序幕,有助于上层妇女摆脱闺蜜生活,进入自由交友社会。

但是,欧洲人的茶崇拜却导致改变英国人的对华贸易政策,"英语区大部分人对茶已经成瘾。可敬的公司继续供应对中国茶上瘾的人;而另一方面,在印度,它的商品鸦片在增长。这类毒品在中国并不出名,直到1600年,荷兰居中介绍最邪恶的文化之一——来自中东的鸦片,以及美洲土著的烟草卷给中国。"由于中国人对鸦片的需求愈来愈多,英国人"甚至不计代价";"(东印度)公司能够以在中国销售鸦片赚来

[①] [澳] 安东尼·瑞德:《东南亚的贸易时代:1450—1680》(第一卷季风吹拂下的土地),吴小安、孙来臣译,商务印书馆2010年版,第56页。

[②] 《中国科学报》2015年2月26日第2版,关于日本大阪大学科学家西川惠三等人的研究报告。

[③] 《中国科学报》2015年3月10日第2版,关于美国哥伦比亚大学神经生物学家斯毛尔的实验报告。

[④] The History of Tea, Europe Learns of Tea, from Wikipedia, the free encyclopedia, 2014.10.13下载。

的银两，转一圈，支付买茶的同等数量银两。"① 最后发生了鸦片战争，从此也改变了中国的历史走向。

17世纪的饮茶习惯，改善欧洲人的体质，改变了欧洲人的生活方式，促使了欧洲妇女解放，引发了社会变革，但最重要的是，西方从饮茶中发现其不可名状的"意"蕴，在生命的精华里，饮茶就是它的部分禅悟。茶叶还一度是东西方贸易的主要商品，由于购买中国的茶叶需要支付大量的白银，这让英国和欧洲商人陷入困境，为此不惜向中国兜售鸦片，导致中国禁烟运动，断了财路，从而发动了鸦片战争，让近代中国滑入殖民地半殖民地万劫不复的深渊。

丝绸、瓷器、麝香、茶叶的传播，作为传播的介质是物，一种高技术制作的，或特定环境里天然生成的产品，它外在的内容是使用价值，丝绸用于穿着，瓷器用于装盛食物饮料，麝香用作香料，茶用作饮品，但这只是受众感受的一方面。另一方面则是蕴藏在丝绸、瓷器、麝香和茶里的美学意义与价值，如丝绸的色彩、花纹、质感，给人带来不可名状的美感；瓷器造型和瓷器画所表现的东方异国情调的美；麝香香气沁人心扉的宗教意蕴，茶香带来的清爽美感等等。后一种美感，是一种精神交往，是进入默想禅悟状态的思绪，是一种东方哲学的体验。它所产生的"东方想象"是我们这一代人难以想象的。这种难以想象的"东方形象"，只有体验者知道。因此，17世纪以后欧洲出现的、19世纪风行的中国风格，应该是丝绸、瓷器、麝香和茶的外在价值和内在价值的交互作用结果，这是丝绸、瓷器、麝香和茶叶传播过程产生的双重效果、多重意境，令欧洲人心悦诚服，改变自己的生活方式，哪怕是一部分。

2. 海上丝绸之路的精神交往之一宗教的影响

19世纪，在工业革命基础之上的西方社会，发生了一场世界性的交通和通讯革命，这就是所谓的"交往革命"；人类的交往趋势是由民族交往到世界交往；语言、文字、报刊和印刷技术是人类的交往媒介；还有宗教、文艺、舆论、宣传和新闻则是人类的交往形态。② 在此着重

---

① Trading Tea for Opium, By James Norwood Pratt, from Wikipedia, the free encyclopedia, 2014.10.11下载。

② 陈力丹：《精神交往论——马克思恩格斯的传播观》，中国人民大学出版社2008年版，第100页。

介绍海上丝绸之路重要的精神交往形态之一——宗教。

海上丝路的畅通，改变了强大而桀骜不驯的穆斯林征服者。约翰·伊尔范斯各克（Johan Elverskog）在《丝路上的佛教和伊斯兰教》中讲道："穆斯林清楚地遇到并注意到佛教徒，不仅仅在南亚，而且诸如西藏和中国等地。其实，在介绍中注意到佛教—伊斯兰教相互作用的历史。对次大陆来说，虽然佛教和伊斯兰教都受限制，但在印度，却十分频繁地讨论佛教—伊斯兰教相互作用的历史。实际上，作为哈里发帝国（caliphate）穆斯林商人，驱使他们去扩张经济权力的一部分，冒险跨越亚洲沿海的海域，从南印度到斯里兰卡，通过东南亚，穆斯林商人甚至直到中国沿海。据8世纪的某一记载，他们已到达朝鲜。依据多次这些记录是小规模的远航，但是齐心的努力，建立起穆斯林的贸易网络，它获得了东方的财富。"[①] 伊尔范斯各克提出的观点很重要。

13世纪末，北苏门答腊建立的须文答剌—巴塞苏丹国，是东南亚的一个伊斯兰教国家，以后是马六甲也成为伊斯兰教国家。毋庸讳言，东南亚伊斯兰化过程中，有过暴力征服行为，但多数是"和平转型"的。这种"和平转型"的因素很复杂，有一方面是伊斯兰教和其他宗教的"相互作用"。俞亚克在论及东南亚佛教、印度教国家为什么挡不住伊斯兰教攻势时指出，有一种看法可供参考，"当时流行的苏菲派神秘主义能在当地社会上引起共鸣"，苏菲派神秘主义吸取了印度—波斯神秘论和哲学思想，它和接受印度教影响、沉迷原始宗教（崇拜泛神论，主张神人合一）的当地人民容易一拍即合。[②]

伊斯兰教是否也接受佛教的影响呢？有一个例子可以作为旁证。旧港华人穆斯林社区的形成则始于郑和下西洋。旧港华人伊斯兰化的关键是郑和捕杀海盗陈祖义，此事《明史》有记载。旧港华人穆斯林社区的形成使旧港成为印尼伊斯兰教传播的中心，伊斯兰教从这里迅速传入爪哇，甚至东南亚各地。《三宝垄华人编年史》记载，加里曼丹岛的三发（Sambas）出现的哈纳菲教派华人穆斯林社区，在马来半岛、爪哇、

---

① Johan Elverskog, *Buddhism & Islam on the Silk Road*, First published in Singapore in 2013 by ISEAS Publishing, pp. 90 – 91.
② 俞亚克：《伊斯兰教在东南亚的早期传播》，《学术探索》2001年第4期。

菲律宾群岛等地，都出现了哈纳菲教派华人穆斯林社区。① 郑和既是伊斯兰教徒，又受传统的儒家思想熏陶，而中国的儒家思想又早与佛教思想冶于一炉，所以东南亚的伊斯兰化与中亚的伊斯兰化，从意识形态的纯度上说是不可同日而语的，印度教和儒家思想、佛教思想，令伊斯兰教潜移默化。这一点恰好证明伊斯兰教从中亚向东传播过程中由于"相互作用"的因素，改变了自身的某些特性。

东南亚的伊斯兰教传播，是跨文化互动作用的典型案例，向我们展示了传播境界的易位。我们知道，伊斯兰教苏菲派的神秘主义哲学到了左农·米斯里（？—860）提出神智论（Ma'rifah）的观念后，其教义趋于完善。他沉思冥想，一心向安拉，使个人纯净的灵魂与安拉精神合一。而以波斯神秘主义者比斯塔米（？—875）为代表，提出"万有单一论"（Wahdat al-Wujud）的泛神论观点，认为安拉的本体包容万有，人可以通过不同阶段的修炼，达到"无我"（fana'）的最高精神境界。②

对照佛教的理论，我们可以发现，苏菲主义的"沉思冥想"和佛教的"禅""无我"（fana'）与中国庄子的"无中生有"理论、佛学的"无我"，其意境颇为相似，有"异质同质化"之可能。这种传播过程中不同理论的契合与同质化，不是原有信仰的背离，而是一种传播境界的变化，因而引发其行为的改变。伊斯兰教能流传东南亚，不能不说与传播境界的变化有关，从另一角度看则是东方印度教、佛教，还有中国传统道、儒影响西亚伊斯兰教的结果。

传播过程的研究不能只重视"过程"的故事叙述，而忽略逻辑分析。让受众选择听故事，因为故事能打动人心，但传播的故事里包含着非常重要的思维触觉，让受众在听故事中得到前所未有的启发，展开逻辑推理分析，从现象和不同文字的记载里看世界，悟出深层意蕴。佛门有言："机缘万途，化迹非一"，说的是种种机缘引发的醒悟难以胜数。如上述丝绸和瓷器所传递的中国人的创造精神和美学智慧，麝香所传递的宗教意识，茶香所传递的沁人心脾的美感与想象。这类逻辑分析既是

---

① 廖大珂：《从〈三宝垄华人编年史〉看伊斯兰教在印尼的早期传播》，《世界宗教》2007年第1期。

② "苏菲派"，参见360百科（http://baike.so.com/doc/5398994-5636465.html）。

传播境界的探索，也是一种传播学的科学分析方法。正如欧洲启蒙思想家利用传教士汉学的成果，用逻辑分析方法挖掘中国文化精神特质，"用精神之火来烧欧洲中世纪的城堡，抨击中世纪的神学"①，那样，就是把问题作为新的问题来阐述。他们之所以伟大，就因为他们有惊人的逻辑分析本领。

综上所述，8—14世纪的海上丝绸之路，既体现了东西方的物质生产和物质交往，还体现了东西方的精神生产和精神交往。经由海上丝绸之路的物质交往和精神交往，传统中国在西方认知体系中，主要以想象的、建构的"东方形象"呈现，在不同历史阶段扮演不同角色，以特有的方式影响着、改变着西方社会，哪怕是最终的殖民征服与殖民统治。所谓"东方想象"，是东方改变西方的形而上的反映，这类"意境""意念"激发了穆斯林和欧洲人为寻找财富而来东方的冒险精神，助成东方航路的开辟，促进了地中海—印度洋—太平洋贸易带（即海上丝绸之路）的形成发展。就跨文化传播而言，本文尝试揭示西方的文化认知对构建"东方形象"的具体影响，还试图阐释海上丝绸之路从形而下到形而上，又从形而上到形而下传播活动的变化过程。

---

① 张西平：《应重视对西方早期汉学的研究》，《中华读书报》2000年11月8日。

世间宁有公言？从"萍水相逢"悲剧到新记《大公报》的新生[*]
——以林白水的办报与言论为中心

曹立新

引言：从中国新闻言论独立化的角度重思"萍水相逢"

1926年4月26日，军阀张宗昌以"宣传赤化"名义枪杀《京报》社长邵飘萍，8月6日，又以同样名义枪杀《社会日报》社长林白水。"萍水相逢百日间"，后人常将邵飘萍和林白水的罹难相提并论。无独有偶，这两位名报人在北京开始办报的时间也基本相同——这一点巧合的意义，却为新闻史家所忽视。

1916年6月6日，一代枭雄袁世凯在众叛亲离中一命呜呼，结束83天的皇帝梦。8月1日，林白水辞去北洋政府议员之职。几天后，《申报》驻京特派记者邵振青（飘萍）从上海乘火车北上赴任，创办"北京新闻编译社"。9月1日，林白水创办《公言报》。此后十年，两位不同时代的报人，面对相同的报业环境，各自奋斗，留下两条方向相同、轨迹却不完全一样的道路。

邵飘萍和林白水在北京办报的十年，是北洋军阀混战的十年，也是中国新闻事业由政党报向专业报过渡的十年。这十年，维新变法、辛亥革命时期的许多报人还很活跃，以笔作枪，依然是许多报人秉承的办报理念；与此同时，北京城头变幻大王旗，政治波云诡谲，军人干政，报人容易以言论贾祸，加上各政党报纸多互相丑诋，向来为各报重视的政

---

[*] 本文全文刊载于《兰州大学学报》2017年第6期。

论声誉陡降。于是，如何从各种政治势力的纠缠中努力突围，寻找独立采写新闻与立言论政的专业地位，从政党报人转向专业报人，便成为当时报人必须面对的紧迫任务。

大过渡时代的中国报业，在规避政治风险和追求专业成长的双重动力下，许多报纸逐渐少发政论，彼此间的竞争也因此由政论转向新闻。邵飘萍敏锐洞察到这一新闻趋势，首创"北京新闻编译社"，自编本国新闻，翻译重要外电，每天19时左右准时发稿。1918年10月5日，又辞去《申报》之职，独自创办《京报》，以"探求事实、不欺阅者"为第一信条。对于其不凡的新闻敏感和高超的采访技巧，同为上海《时事新闻》报驻北京特派记者的张季鸾曾表示由衷赞佩。此后，邵飘萍与蔡元培、徐宝璜一起创立了"北京大学新闻学研究会"，亲自撰写了我国新闻学的两本开山之作《实际应用新闻学》和《新闻学总论》，成为名副其实的新闻学"一代宗师"。

邵飘萍是公认的新闻全才，既是优秀记者，又是出色的报业经营家。相比之下，林白水虽然是国人中第一位到国外学习新闻的留学生[①]，并且也独立创办过多家报纸，但其一生在报业经营和新闻采写方面并无突出特色，主要成就乃在于大胆辛辣的新闻评论。所谓"谠言刺语，传诵一时"，是一位著名政论家，并且"极其浓厚地拥有中国文人的传统气习"[②]。

从政党报向专业报过渡的角度看，林白水更偏向于梁启超一代人，以政论见长，带有较浓厚的传统文人习气；而邵飘萍则更接近成舍我一代人，以新闻为主业，带有较明显的职业专业特征。[③] 两代人之间的联系与区别，体现于中国现代新闻史上不同类型报纸的嬗变之中。

在中国第一部重要新闻史著作中，戈公振首次将中国报纸分为官报、外报和民报三种。[④] 多年以后，曾虚白重撰中国新闻史时，根据办报者办报目的的不同，将中国报刊也分为三种：以政论为目的的报纸、

---

① 方汉奇：《林白水的评价问题》，《新闻记者》1983年第9期。
② 成舍我：《林白水传》序，《传记文学》1969年第11期。
③ 曹立新：《世界变了，何以立报：新闻史上的"成舍我方案"之研究》，《中华传播学刊》2012年第21期。
④ 戈公振：《中国报学史》，中国新闻出版社1985年版，第18—19页。

以企业为目的的报纸、企业报与政论合流的报纸。① 在此基础上，赖光临进一步将报纸分为政治报、商业报和独立报，第一次提出了独立报概念。赖光临认为，独立报是指政治、经济上均能独立，以商业经营作手段，仍保持文人论政的面目，与政治性与商业性报纸不同而兼有两者特色的报纸。② 与此相似，李金铨将中国报刊分为政党报刊、民营商业报刊和专业报刊三种。③ "企业报与政论报的合流"、独立报、专业报，名异而实同，因此，三位学者所标举的代表性报纸不约而同地指向了1926年9月成立的新记《大公报》。

　　从时间上看，新记《大公报》的成立离"萍水相逢"不到一个月。除了时间上的巧合，"萍水相逢"与中国独立报的诞生之间是否还存在更多更深的关联？如果说邵飘萍、林白水的牺牲是中国报人言论史上最惨痛的一页，而新记《大公报》"四不"主张揭开了中国报业发展史上的新篇章，那么，从中国新闻专业成长的角度看，"萍水相逢"是否具有更沉重与更丰富的意涵？虽然林白水和邵飘萍的职业取向有明显差异，但他们都处在中国报业由政党报向独立报过渡的时代中；他们在北京办报的10年，更是这一过渡的关键时期。本文尝试对林白水一生的言论经历特别是其晚年在北京办报时的政论风格作初步检讨，探析其与新记《大公报》宗旨的内在联系。

言论的激进化：从"中国白话报先驱"到"新闻界刽子手"

　　在中国现代新闻史上，作为政论家的林白水，是一位个性鲜明、富有传奇色彩的人物。这位"独角怪兽"曾被冠以"中国白话报先驱"、"新闻界的刽子手"、民国"骂人王"等诸多称号。④

　　1905年5月，林白水到日本早稻田大学主修法政，兼修新闻，比徐宝璜1912年到美国密歇根大学学习新闻学整整早了七年，算是我国第一个到国外学习新闻的。但是，从1901年任《杭州白话报》主笔开

---

① 曾虚白：《中国新闻史》，台北：三民书局1989年版，第8—12页。
② 赖光临：《中国新闻传播史》，台北：三民书局1983年版，第169页。
③ 李金铨：《文人论政：民国知识分子与报刊》，台北：政治大学出版社2008年版，第18—19页。
④ 庆斌：《"独角怪兽"林白水》，《新疆新闻界》1987年第3期。

始，成为他 20 多年间创办 10 多家报纸指导思想的，与其说是西方的现代新闻理论，不如说是由王韬、梁启超等国人开启的文人论政的理念。

从社会转型的角度看，文人论政可视为中国传统士人不甘于在向现代知识分子转型的过程中不断被边缘化，而试图以报刊为中心重构社会重心。① 文人论政的"文人"，一般特指报人。"报人"这个称呼，因此含有极崇高的意义。② 从王韬、梁启超到孙中山、陈独秀，中国近现代知识分子中的优秀人物，几乎都做过报人。报人用以报国的"文章"，主要是论说文，特别是政论。国人办报的最早代表王韬就明确主张"办报立言"，《循环日报》也被公认为中国第一份政论性报纸。从王韬确立"办报立言"开始，到新记《大公报》成立以前，国人所办主流报纸，多半"意"多于"事"，其社会影响力往往依赖言论胜于新闻。戊戌变法时期，梁启超在北京创办的《中国纪闻》，"只有论说一篇，别无记事"。此后，无论是《时务报》《新民丛报》的一纸风行，还是《民报》、"竖三民"等报刊的洛阳纸贵，黄钟大吕式的政论和匕首投枪般的时评都是报纸产生巨大影响力的主因。

林白水 1874 年出生于福州，比梁启超年轻 1 岁，比邵飘萍年长 12 岁。幼年时曾跟随父亲在福州船政局生活，对船坚炮利的洋务颇有感性认知。马江海战一役，亲朋长辈牺牲不少。此后受业于福州名士高啸桐，由此接触到高啸桐同科严复、林纾等人的思想。家仇国难，欧风美雨，使得林白水很早就有了民族危机感和救亡意识。像王韬、梁启超等先贤一样，林白水选择了文章报国、办报救亡的道路。1901 年担任《杭州白话报》主笔，1903 年创办《中国白话报》，1904 年主编《警钟日报》，无不是为国家危急情势所迫。他曾这样自述办报的目的：

> 我兄弟整日家里事体忙得很，如今无缘无故做出这张报纸给你列位看，到底是为了什么呢？讲起来不由人不哭啊。看中外日报的大半都是念书人，我们中国还有许多男男女女却不能够个个都会看，现在挨不过，所以握着一把眼泪做这段白话给列位通知一下

---

① 李金铨：《文人论政：知识分子与报刊》，广西师范大学出版社 2008 年版，第 4—6 页。
② 徐铸成：《报人张季鸾先生传》，生活·读书·新知三联书店 1986 年版，第 6 页。

子，好教你早些预备啊。……列位啊，你不要再睡觉啊，你也不要再瞎闹啊。……你各等的兄弟，到这时候应该怎样同心怎样协力，怎样预备，怎样动紧去想法，且等我一天一天慢慢地告诉你列位，你听了千万不要丢在耳朵后头啊。①

眼看"一场大祸已进了门"，却可怜中国民众还是一点不晓得，林白水像所有睁了眼看世界的国人一样，"急的要死，又死不来，没法可想"，于是乎，"不免做个支更的更夫，敲着一面大锣向大家报火，希望大家得了这惊信，心里就有了斟酌"②；"握着一把眼泪，写期一张字，送把列位，好教你列位兄弟们赶紧设法自己救自己；甚至"巴不得我这本白话报变成一枚炸弹，把全国的种种腐败社会炸裂了才好"③。

支更的更夫，就像报警的烽火台、大海上船头的守望者，都是新闻人的生动形象。救亡与启蒙，无疑是林白水办报的主要动因。但是，与同时期其他报人相比，林白水办报最为人关注的特色莫过于提倡白话。用他自己的话说：

> 我朋友们商量想开报馆，又怕那文绉绉的笔墨，人家不大耐烦看，并且孔夫子也说道，动到笔墨的事情，只要明明白白，大家都看得懂就是。

不要文绉绉，要明明白白，不用文言，用白话。林白水自称这种办法得自于日本人贝原益轩的启发。据他介绍，贝原益轩一生"专门做粗浅的小说书把人家看"，不过几年，日本风气大开，国势也渐渐强起来了。在他看来，"日本维新的根基，大家都说是贝原益轩一个人弄起来的"④。

中国需要变革，也需要大开风气。因此，林白水办《中国白话

---

① 林白水：《告知大众》，林伟功主编：《林白水文集》，福建省历史名人研究会林白水分会刊行（2006），第 105—107 页。
② 林白水：《论国民不可不知外情（政治意见）》，福建省历史名人研究会林白水分会刊行（2006），第 165 页。
③ 林白水：《大祸临门》，福建省历史名人研究会林白水分会刊行（2006），第 99 页。
④ 林白水：《论看报的好处》，福建省历史名人研究会林白水分会刊行（2006），第 4 页。

报》，便开始模仿贝原益轩，做起粗浅的小说，并借用中国传统白话演义的方式，向读者介绍中外史事，传播民权思想：

> 用中国外国正史小说，各种样子参加起来，拿通行的话演成书，又浅又显又简捷，就是妇女小孩子们，一看也明白，不识字的一听也知道。①

因为创办《中国白话报》，林白水被誉为"中国白话报先驱"。事实上，报纸作为普通大众读物，本来就应该通俗易懂。这一点，外国人办的商业报一开始就有明确意识。1876 年 3 月 30 日，《申报》发行了我国第一份使用白话文和标点符号的通俗报纸《民报》。20 年后，部分维新人士也开始认识到报纸文章通俗易懂对于启蒙的重要性，提出了白话报主张。1898 年 5 月，裘廷梁和同乡顾述之、吴荫阶等人创办了《无锡白话报》。用白话办报，乃是维新以后相当普遍的现象。②

虽然"中国白话报先驱"之前还有白话报先驱，但是，比起后人看重他采用白话的办报方式，林白水本人更强调自己办报的内容独特，特别是他认为超越其他维新白话派的地方。林白水宣称，《中国白话报》要克服"草头新党各种的弊病"，以区别已有的几种"程度可以合着妇女孩童的报"，譬如《杭州白话报》《安徽俗话报》《江西新白话》。此外，林白水还自称是"用白话报纸来做革命宣传"的第一人。从《俄事警钟》《警钟日报》开始，林白水已从杭州时期的维新活动走向上海时期的革命活动。③ 不过，仔细检视《中国白话报》的内容，既有启蒙与洋务的倡导，也有民权与革命的呼吁，可以说带有从维新到革命过渡的性质。④ 真正大张旗鼓地用报纸宣传革命，在舆论上超过《新民丛报》等维新报的影响，则是《苏报》《民报》创办之后的事。

---

① 林白水：《论做百姓的责任（其二）》，福建省历史名人研究会林白水分会刊行（2006），第 102 页。
② 黄新宪：《林白水的社会启蒙思想探略》，《河北师范大学学报》（哲学社会科学版）2006 年第 4 期。
③ 黄嘉康：《启蒙与革命——论辛亥革命时期的林白水》，《深圳大学学报》（人文社会科学版）2011 年第 6 期。
④ 吴廷俊、阳海洪：《白话启蒙的先行者：对林白水辛亥革命前白话报刊活动的考察》，《当代传播》2007 年第 1 期。

在利用报纸宣传革命的事业中，林白水最为著名的言论莫过于提倡暗杀。与此相关，林白水办报另一个常被人评论的风格便是言论激烈。然而，即使在言论激烈这一点上，林白水的个人风格，也像他用白话办报一样，同样是当时报人普遍具有的特征。从根本上说，无论是维新报人还是革命报人，他们的身份主要还是党人。对于党人而言，报纸只是用来鼓动舆论、推动维新和革命事业的工具。为了实现维新和革命目的，至少从梁启超提出"变骇为习"策略开始，党人办报，就采取了与《申报》等商业报的平实理性迥然不同的急进夸张的修辞方式。梁启超曾明白宣示：

> 报馆者，救一时明一义者也。故某以为业报馆者既认定一目的，则宜以极端之议论出之，虽稍偏稍激焉而不为病，何也？吾偏激于此端，则同时必有人焉偏激于彼端以矫我者，又必有人焉执两端之中以折衷我者，互相倚，互相纠，互相折衷，而真理必出焉；若相率为从容模棱之言，则举国之脑筋皆静，而群治必以沉滞矣。夫人之安于所习而骇于所罕闻，性也，故必变其所骇者而使之习焉，然后智力乃可以渐进。①

梁启超试图借用西方真理自由市场的观点，为"变骇为习"的策略辩护，但是，中国近代报人言论激烈的风格，主要还是本土现实语境下的产物。因为政治现实太混乱，民族危亡的情势太急迫，"激进"，既成为大多数知识分子在价值上的选择，也成为他们在实现各自价值上的策略主张。林白水就曾表示："不筹个速成的法子，哪能够济急呢？"② 诚如余英时所言，"一部中国近代思想史就是一个激进化（radicalization）的过程。"③ 这种"激进"在新闻事业上的表现，就是政论报成为报业主体，极端与偏激之论不绝如缕。对于报人而言，激烈化意味着宣传效果最大化，自然也意味着风险最大化，因此，晚清民初报人有所谓

---

① 梁启超：《敬告我同业诸君》，张之华主编：《中国新闻事业史文选》，中国人民大学出版社1999年版，第48页。

② 林白水：《刺客的教育（社会意见之一）》，林伟功主编：《林白水文集》，福建省历史名人研究会林白水分会刊行（2006），第169—170页。

③ 余英时：《中国近代思想史上的激进与保守》，余英时：《钱穆与中国文化》，上海远东出版社1994年版，第200页。

"报馆不封门,不是好报馆,主笔不入狱,不是好主笔"的说法。

言论激烈化,在报人立言风格上的典型体现便是"骂人"。现代新闻史上,有许多"骂人"名家和"骂人"名篇,像章太炎骂光绪皇帝为"载湉小丑,不辨菽麦",张季鸾著名的"三骂"——骂吴佩孚、骂汪精卫、骂蒋介石等。然而,在名"骂"迭出的民国新闻界,林白水却独享了民国"骂人王"的称号。①

林白水是文章高手,往往信手拈来,借成妙谛,"其见诸报章,每发端于苍蝇臭虫之微,而归结及于政局,针针见血,物无遁形"。在某种意义上,林白水的言论便是骂人。林白水的精彩骂人,不是偶然得之,而是一路骂来,办报不息,骂人不止。从清末到民初,林白水纵横舆论场二十多年,不仅将各色政客骂了个遍,"污吏寒心,贪官打齿",就连各时代的领袖人物,也几乎骂了个遍。② 他骂维新党为"草头新党","梁启超的屁,有什么好吃?"③ 又骂孙中山是全中国"顶会捣乱的"④;骂国会议员为"猪仔"⑤,又骂议长吴景濂是"大头儿子","塞外的流氓,关东的蛮种"⑥;他骂慈禧的名联曾传诵一时;最后,他骂潘复为自己惹来了杀身之祸。

林白水骂人的原因很复杂。首先,文人论政难免骂人。在政论报上,论政往往就是论战,议事便是议人,评骘即丑诋。其次,如前所述,为了争取言论效果最大化,赢得更大的读者市场,政论家往往不惜以言论搏出位,语不惊人死不休。在这一点上,林白水更像章太炎,颇有名士风流,而与张季鸾完全不同。林白水骂人,不留情面。孙中山、张弧都算是他的熟人和朋友,张弧更是有恩于他,他也照骂不误。如此骂人,可以说是对事不对人,不为尊亲者讳,铁面无私,也可以说是不近人情,狂傲不羁。容庚曾因此将林白水比作东汉狂士祢衡(正平):

---

① 陈龙:《书生报国——民国那些大记者》,湖北人民出版社2011年版,第167页。
② 《东方杂志》第32卷第13期,转引自余暇编《一代报人林白水》,《读写天地》2011年增刊,第218页。
③ 林白水:《论做百姓的责任(其二)》,林伟功主编:《林白水文集》,福建省历史名人研究会林白水分会刊行(2006),第101页。
④ 林白水:《最高问题与统一》,福建省历史名人研究会林白水分会刊行(2006),第62页。
⑤ 林白水:《赶猪运动》,福建省历史名人研究会林白水分会刊行(2006),第612—613页。
⑥ 《吴大头之进项》,福建省历史名人研究会林白水分会刊行(2006),第685页。

（其人）豪迈轩举，人有一艺之长，辄屈己下之，而视权贵蔑如也。其所办日报，抨击军阀，笔锋犀利，如挝渔阳之鼓……其身世与祢正平略同。①

林白水敢骂善骂，无疑是他的报纸吸引读者的重要原因。早在《中国白话报》时期，就有读者批评他的报纸"宗旨太偏"，说话太激烈，规劝他"说话平和些"②。对于这些意见，林白水同样以读者的观点作了答复。他曾刊登了一篇作者为"激烈派第一人"、题为"论激烈的好处"的"来稿"，称赞"激烈"可以无所顾忌、实行破坏、鼓动人民。③《公言报》创刊后，林白水曾先后发表《青山漫漫七闽路》《靳内阁的纪纲，原来这样》等时评，独家揭露交通总长许世英贪赃等舞弊案。一年之内，"颠覆三阁员，举发二赃案，一时有刽子手之称"④。

不幸的是，因骂人而被称为"舆论界刽子手"的林白水，最终也因为骂人而被真正的刽子手所害。不能说林白水成也骂人，毁也骂人；也不能以"后见之明"简单地将现代"隐私权""名誉权""人身攻击"等罪名加到他头上。⑤ 但是，"萍水相逢"，两位报人因言贾祸，除了增加民众对于军阀的痛恨，也引发了新闻界同业的深思："文人论政"究竟该如何"论"法，才不会被称为"刽子手"，才能避免被真正的刽子手杀害？"论政"的权利边界和专业规范在哪里？

迈向言论公正：从"完全政论家"到"报馆记者"

事实上，对于"新闻界刽子手"的称号，林白水本人并非没有保留。仿佛是对于读者质疑作必要的回应。1917年6月，他在《敬告读

---

① 转引自林慰君《我的父亲林白水》，福建省历史名人研究会林白水分会编：《纪念林白水文集》（内部交流本）（2005），第138页。
② 林白水：《答常州恨无实学者来函》，林伟功主编：《林白水文集》，福建省历史名人研究会林白水分会刊行（2006），第183页。
③ 林白水：《论激烈的好处》，福建省历史名人研究会林白水分会刊行（2006），第149—150页。
④ 林白水：《不堪回首集（一）》，福建省历史名人研究会林白水分会刊行（2006），第1037页。
⑤ 顾土：《历史是复杂的——重读林白水之死》，《书屋》2009年第1期。

本报者》中对报纸的主张作了全面详细的申说,其中他特别提到:

> 吾报出世已近一年,所有政治上之记载及其主张咸以公平为主,以偏激为戒。……世人当知报馆记者非完全政论家之比。完全政论家之论政也,可以不问时势与潮流之如何而发挥其独立的纯理之论断,报馆记者要不能不随时势之潮流而遇事匡救,有时容有所指导为前驱之旗牌,而有时则追逐后尘,不免为应时之小卖。故当事实未发现之时所持之论调如是,及至事实变更则不能不弃前日之主张而别谋其救护之策,此非反复也,亦非矛盾也。潮流所趋,记者不能持空论相与支拒其间,斯固无如何者也。①

在这篇《敬告读本报者》中,林白水首先刻意强调《公言报》"以公平为主,以偏激为戒",显然有为其"言论偏激"辩白的意思。但他并没有敷衍塞责,而是试图将这一问题的思考引向深入。

值得注意的是,在为其报纸言论偏激作出辩解时,林白水敏锐地提出了"报馆记者非完全政论家之比"的新见解。将"报馆记者"与"完全政论家"作明确区分,林白水是中国新闻史上第一人。虽然林白水这种旨在为自己的言论不一致寻找理由的观点明显具有很强的狡辩意味,但他从职业本身特性而不是从个人道德操守的新角度提出这一区分仍然具有重大意义:它表明中国报业成长环境上的悄然变化,促使林白水对新闻职业有了更清晰的专业意识;揭示了当时中国新闻事业出现的进步趋势——"文人论政"的"文人"已然出现"完全政论家"和"报馆记者"分化。也就是说,随着政治环境和新闻业本身的发展,报纸的价值从维新革命派的宣传工具逐渐走向了自身独立——一方面,报纸从言论纸转向新闻纸;另一方面,报纸言论从政论转向新闻评论。与此相应,以往那种新闻与政论不分、政论与宣传不分的情形开始改变,"文人论政"因而逐渐由政治本位转身新闻本位。林白水看得很清楚,"报馆记者"立论应以变化着的新闻事实为标准,而不能以自己的政党或个人好恶作标准。从此,梁启超式的"完全政论家"将逐渐让位于

---

① 林白水:《敬告读本报者》,林伟功主编:《林白水文集》,福建省历史名人研究会林白水分会刊行(2006),第307—308页。

张季鸾式的"报馆记者"了。

这一区分也坦诚地透露了林白水在报纸言论立场上的困惑——这一点在以往办报论政过程中不曾出现过。从来以文才横溢、政论犀利著称的林白水重返报坛一年时,竟然遭遇前所未有的职业焦虑。他已意识到不能再用《中国白话报》时代的那种"完全政论家"的方式痛快"骂人"了。事势推迁,情形万变,理致无穷,"报馆记者"的言论不能不与时俱进,因此难免予人以"矛盾反复"之嫌,但这正是胜出完全政论家的地方。

公正,公言,《公言报》所追求的是超出政党立场的公正言论,所谓"以公平为主,以偏激为戒"。然而,《公言报》一周年时,林白水在周年纪念词中表示:

> 夫世间宁有公言邪,于无量劫中得一贤劫,于大地中得托邦为国家,于万千年中得数十年以代俯仰,以陈迹为鉴而议是非,以居域为限而殊好尚,迫于运会,局于智慧,挟持于利害,乃复轩眉抗声昭昭。然揭日月而行曰公言,公言此匪唯违者所嗤,反于吾心亦终馅然,无以自足也。①

世间宁有公言耶?林白水痛彻地领悟到影响言论公正的三大原因:"迫于运会,局于智慧,挟持于利害"。林白水不能说没有智慧,在外界看来,也许他过于智慧。然而,个人的智慧却难以抵制时代的"运会"和业界的"利害"。

首先是"运会"变了,新闻业生态变了。林白水的职业困惑与角色尴尬主要缘于此。如前所述,像维新党人和革命党人一样,林白水办报与从政,是一体两面,办报是为了从政,从政是办报的继续。1916年,他在北京办报,是因为政治仕途的中断。从此,办报对于林白水而言,毕竟多了一份职业的意味。而此时的北京,维新与革命已成为明日黄花,论政的对象已然变化;报业的发展,又已今非昔比。他本该像"报馆记者"一样立论公正,却依然带有太强烈的"完全政论家"式的偏

---

① 林白水:《公言报周年纪念词》,林伟功主编:《林白水文集》,福建省历史名人研究会林白水分会刊行(2006),第361页。

激习性。北京时代的报人林白水，因此显得有些时代错位。[①]

　　除了"运会"，让林白水感到公言之难的另一个因素是"挟于利害"——与各种政治经济势力的利益纠葛。这一点林白水没有展开分析，也许是因为有难言之隐：《公言报》的出版受到安福系的资助。众所周知，《公言报》的创刊得到了他的同乡、早年的同事林纾的帮助，办报资金来自段祺瑞的心腹，有着"北洋军师"之称的徐树铮。

　　早在1912年，徐树铮就曾创办《平报》，为段祺瑞造势，林纾担任该报编纂。后来，段祺瑞、徐树铮受到袁世凯猜忌，《平报》停刊。四年后，林白水提出办报时，正值黎元洪和段祺瑞之间发生"府院之争"，通过林纾，徐树铮出巨资支持《公言报》，自然有重建本派言论阵地之意。时人评论说：

> 黎党为之策划，谓徐多智，必须以多谋善断者与之抗，公荐山东黄县丁佛言接任公府秘书长，丁系议员，霸气纵横，恒以"表同情于弱者"自诩，既抱"打不平"之成见而来，与徐更相水火，府院风潮，竟成新闻上每日重要资料。其时京内报纸，因丁为"报界三杰"之一，声气应求，不知不觉多袒黎责段，徐悟其计，创《公言报》以敌之。[②]

　　在这种背景下，《公言报》创刊后，自然为安福系制造舆论环境，"出版之后，每日以骂孙伯兰为日课，嬉笑怒骂，无微不至"。林白水寄人篱下，受人庇护，受于掣肘，委曲求全，不得不替安福系说了一些话。

　　不过，《公言报》虽为安福系所支持，林白水依然在报上发表过"有吏皆安福；无官不福安"的讽刺对联，发表过《民国六年北京之所有》《印之蒙尘》《便宜不得》《无血之杀人》《渔人得利》《青山漫漫七闽路》等批评政府的辛辣时评。他甚至给段祺瑞出过难题。1917年春，他首先披露政客陈锦涛贿赂议员拉选票的丑闻，独家披露了原交通

[①] 阳海洪：《乱世文人：从林白水之死看近代报人的职业化困境》，《湖南工业大学学报》（社会科学版）2009年第3期。

[②] 吴虬：《北洋派之起源及其崩溃》，中华书局2007年版，第23页。

总长许世英在津浦租车案中贪赃舞弊的丑闻，京都舆论一片哗然。结果陈锦涛锒铛入狱，许世英畏罪辞职。

因为接受安福系资助而不能不为之说偏颇话，出于报人天职又不能不讲公道话，"挟持于利害"的林白水，无疑处于极为艰难的挣扎之中。没有安福系，他难以创办《公言报》，"公言"说多了，他与安福系的裂痕也越来越大，最终不得不离开《公言报》。此后，虽然又创办了《平和日报》《新社会报》《社会日报》，可谓屡仆屡起，不断突围，但林白水终究难以成就"报馆记者"的独立地位，难以突破那种恶劣污浊的报业环境，难以做到"无私无党，直言不讳"。在运会、利害、智慧的纠结中，报业难以独立，报人难以独立。在通往报业独立的道路上，不期然洒下了许多报纸和报人的生命的血迹。

晚清时期，维新派与革命派办报，均为各自政党事业的一部分，办报经费均出自该党经费。民国初年，政局动荡，各种政治势力除了自办报纸，还争相拉拢民营报刊，收买舆论。而民营报纸，由于经济落后，发行收入和广告收入难以支撑一张报纸，也半推半就地接受来自各方的资助。和章士钊、邵飘萍、成舍我、胡政之等名报人一样，林白水也未能免。曾任财政总长的李思浩忆及民国十年左右的报业，称财政部要给各报馆"以相当数目的资助"。仅1925年，北洋政府就以"宣传费"名义给全国125家报馆和通讯社配发津贴，分作四等，分别是超等者、最要者、次要者、普通者。其中"超等者"的6家每月可得津贴至少300元。①

比拿"津贴"更甚者，是借报纸敲笔杆。林白水对这种乱象曾有生动描述：

> 租一房子，一半作住室，一半作报馆，门悬一块之招牌，日出百张之烂报。日夜奔走于大人先生之门，用半吓半巴之手段，以骗得多寡之津贴，先图度日，再想慢慢之进取，此第一步竹杆之办法也，诗曰敲之不得，寤寐思服。
>
> 报馆既开，立脚定矣，乃日寻大人先生之弊窦，既得把柄，须格外珍惜之，不可尽情披露也，其先则示意于大人先生，以丐其余

---

① 傅国涌：《一代报人林白水之死》，《文史精华》2004年第4期。

沥，不济，则将其弊窦披露之。其披露之法，必须慎之又慎。凡姓名数目，属于实质之物者，皆以某字代之，或多作 XX 方式之圆。盖必示以方式之圆，而后乃能饵得圆周之洋饼也。彼不善敲者，往往接洽未有眉目，而遽行揭开其内幕，大人先生见其一点不留面子也，怒而听其自然。则竹杆未敲而先折矣。诗曰靡不有初，鲜克有终。

今之政府，不比从前之政府也，故欲求上万之竹杆，在势有所不能。夫积少可以成多，钱贵于多取，斯则最后亦不失为小康之新闻家矣。虽然，大人先生有硬亦有软，有好侍候有不好侍候者，且以政府之穷，总长虽同，而贫富不一，吾人须择肥而噬，注意于其阔者，则应酬省，而交情专矣。诗曰夙夜匪解，媚兹一人。①

同业的作为，令林白水深感耻辱。他甚至主张："在这种社会现状之下，要人们意志清明，心虑澄澈，惟有提倡不看报，或少看报之一法。"因为报纸并非为主张公道，无论是抨击当局，还是替当局辩护，"两下里都是为着姓孔名方的先生"，新闻背后，"无一事没有内幕，无一内幕可以告人"。②

多少不怕关门、不怕坐牢的报人，却败在了金钱手上。无党易，无私难，风气所致，连邵飘萍和林白水也难独善其身。今天看来，与其说是他们个人职业操守上的污点，不如说是他那一代报人在中国新闻事业向现代化转型过程中必经的过程。从中国新闻事业专业化的角度看，"萍水相逢"的真正悲剧乃在于此。林白水从一生言论得失中洞察到的"报馆记者非完全政论家之比"的意义在于此。

余论：从"萍水相逢"到新记《大公报》"四不"主张

逝者已逝，来者犹可追。"萍水相逢"的悲剧逼迫此后的中国报人必须思考报人报业的真正立身安命之道：如何真正做到言论公正，避免像邵飘

---

① 林白水：《竹杆教科书》，林伟功主编：《林白水文集》，福建省历史名人研究会林白水分会刊行（2006），第591页。
② 林白水：《看报之上当》，福建省历史名人研究会林白水分会刊行（2006），第592页。

萍、林白水一样因言论贾祸？如何避免像邵飘萍、林白水那样始终在报道立言方面受制于政治经济等方面的制约而难以完全独立的窘境？

在中外新闻史上，独立报都是新闻事业发展到一定历史阶段的产物。日本学者小野秀雄按时间发展顺序，将世界报业史上的报纸分为论文报、政党报和大众化三种。① 美国学者派克（Robert E Park）则将美国新闻史上的报纸区分为政党报纸、黄色报纸和独立报纸三种类型。② 独立报之所以能够称为独立，是因为它既独立于政党利益，也独立于商业利益；体现在新闻言论方面，就是它不仅具备了专业规范与标准，而且有了专业伦理自觉——与自由相随的责任意识与专业自律。

如前所述，林白水对于言论公正的追求，以及对于"完全政论家"和"报馆记者"之不同的意识，都是中国报业自身独立性发展过程中的自然表现。不无巧合的是，就在资助林白水创办《公言报》同年，徐树铮还支持王郅隆收购了天津《大公报》全部股权。直皖战争中段祺瑞失败后，王郅隆被列为"安福十凶"，遭通缉后逃亡日本，《大公报》声名扫地，一蹶不振，销量锐减，直跌到每天只印10份。1925年11月27日，《大公报》宣告停刊。1926年9月，林白水被害不到一个月，新记《大公报》在天津出版。它标志着由梁启超开启的中国政治性报刊开始走向与企业报刊合流的发展时代，也宣告了中国独立报刊的新使命。

由此可见，"萍水相逢"与新记《大公报》出版两者之间，除了时间上的接近，更有人脉和思想上的渊源：1916年，王郅隆接手《大公报》后聘任的经理、总编辑便是胡政之，胡政之聘请林白水任该报特约访员；1921年，林白水又与胡政之共同创办《社会日报》。邵飘萍、张季鸾两位名报人，更是惺惺相惜的老朋友。"萍水相逢"的悲剧，无疑为朋友们此后办报提供了血的教训：报人要真正维护职业的生存和尊严，必须在政治和经济两方面抵制外来干扰，走独立和专业化道路，真正做到无党无私、不卖不盲。虽然林白水和邵飘萍本人一直努力做到这一点，却"迫于运会、局于智慧，挟持于利害"，终究没能摆脱悲剧命

---

① ［日］小野秀雄：《中外报业史》，陈固亭译，台北：正中书局1984年版，第7—31页。
② ［美］派克：《报业发展史》，"中华民国新编人协会"编：《外国新闻史》，空谷译，台北：学生书局1979年版，第6—14页。

运。但是，他们牺牲之后，他们的朋友张季鸾、胡政之等人终于找到一条通往"无党无私"的独立报之路。由新记《大公报》开启的中国独立报，既是"政论报与商业报的合流"，也是对于以往维新革命政党报与沿海商业报的扬弃；走上了一条政治独立、经济自主为基础的文人论政之路。

从这一角度言，新记《大公报》公司提出著名的"不党、不私、不卖、不盲"方针，与其说仅仅是该报"同人之志趣"，不如说是那一时代中国报人共同之志趣，与其说是张季鸾妙笔偶得，不如说是"萍水相逢"鲜血浇成。1926年的"萍水相逢"因此多了一份象征意义。或者说，邵飘萍、林白水以及众多过渡时代的报人们倒下的身躯，恰恰奠成了中国新闻业走向成熟和独立的重要基石。

《教育敕语》复活声中看日本走向*

吕艳宏

日本天皇退位在现行法律中尚属空白，而现任天皇明仁已于去年（2016年）表示年迈无法履行职责。关于日本天皇明仁生前退位问题，日本政府组成专家会议制定了特别法案，"仅限当今一代天皇"的方案获得较多支持，预计将于今年4月下旬正式提交国会。

近来，继放置右翼图书否认南京大屠杀和韩国慰安妇的APA酒店事件之后，大阪塚本"右翼"幼儿园的诸多问题遭到媒体曝光。而就在安倍夫妇深陷"右翼小学"舆论漩涡的时刻，日皇开启了对越南和泰国的"悼念之旅"。据日本共同社等媒体报道，可以看到对本次天皇出访"象征性"与"亲善"的强调，也有华文媒体借机回顾明仁在位28载"象征式天皇"外访的意义。

森友学园旗下的塚本幼儿园问题，数月来被各方媒体追踪，然而保守政客却在这场"剧场政治"中，对历史教育的曲解变本加厉，日本国防部长稻田朋美甚至提出复活明治天皇颁布的军国主义教典《教育敕语》。应该如何看待日本天皇生前退位，以及接二连三发生的所谓"右翼"系列事件呢？

不一般的"神道热"

今年83岁高龄的明仁天皇，和蔼慈祥，自1989年登基以来就被赋予开展"新天皇外交"的重任，试图营造日本新形象。这回"退位"话题虽然未能掀起"天皇热"，但近十年来紧随日本神道文化加紧对外

---

* 本文全文刊载于新加坡《联合早报》2017年3月28日。

输出，非同寻常的"神道热"出现了方兴未艾的态势。现在连歌舞伎也要以国际交流的名义若隐若现地扯上神社，而最有代表性的，除却各国追剧年轻人要去《你的名字》动漫影片中实景拍摄地"神社"朝圣外，便是前殖民地台湾官员大力提倡复兴日本神社，重建鸟居（又称"天门""神门"，日本神社附属建筑，代表神域的入口）。

对以神社为象征建筑的神道文化毫无免疫力的人们来说，恐怕难以想象旅日华人导演花费10年拍摄的纪录片《靖国》，在日本初映时遭到电影院被划破屏幕的情景；更不会知道京都同志社大学电影上映交流会上，主办方临时将观众问答环节改为对谈方式，结束时安排导演从特殊渠道离开，以确保安全的"言论自由"意味着什么。

其实，在日本除了靖国神社，还有森永幼儿园牵涉到的大阪护国神社，以及乃木神社等纪念军神的神社。这些神社因为平素可以供人祈愿平安、健康、学业等，所以不知不觉地通过内容展示或纪念碑文，将其背后的思想渗透到了普通百姓生活的细枝末节当中。

明仁以象征性天皇的身份，对曾经在二战中占领的国家进行亲善访问，虽未像裕仁战后外游欧洲，遭到部分第二次世界大战受害者的游行抗议，实质上是既履行了外务省处心积虑推动的"新天皇外交"，旨在改善日本的海外形象，又提高了战后宪法未明文赋予的"元首"地位。

战后日本民主化不彻底，战前思潮在日本社会迅速复活。"象征性"天皇更不能满足部分怀旧的自民党人的政治愿望。这也是为什么皇室问题，在战后日本始终是敏感禁区的原因。战后首位率领阁僚公式参拜靖国神社的日本前首相中曾根康弘，高举"战后政治总决算"的旗帜，主张修宪，加强和提高天皇的政治地位。

他的检讨与"反省"颇具代表性，"从世界史来看，作为战争的结果，可以说以大东亚战争为导火线，在亚洲和非洲的独立国家都急速增加了……从结果的观点来看，或许也是在借日本之手使民族运动高涨，导致了独立国家的激增"。这种缺乏历史道义立场的逻辑，不但将战争正当化，鼓吹靖国史观等一系列右翼思想的温床，也成了战后日本改宪和行使集体自卫权等道路选择的引导方针。

事实上，尽管国际上反对、批判的声浪从未平息，改宪正在被提上日本的政治日程。"9·11"事件后，日本积极加入美国反恐联盟，在"人质事件"发生后，安倍不顾轻视人命的反对声音，发表强硬的声明，并试图借助国民恐慌讨论降低投票者年龄，使易于被诱导的年轻人充当修宪的垫背。

而安倍就森友幼儿园"低价门"问题的国会答辩，认为安倍夫人不再出任名誉校长，是为了避免造成麻烦，却并未明确指出其历史教育的错误。由此，可以看到神道文化热中的小清新，浪漫而又玄幻的生死观与现实中幼儿园唱军歌的儿童之间强烈的反差，并非极端的个别现象。这更进一步说明"神道重估与复兴论"只能为靖国神社辩护，重燃靖国史观。

变相的"尊皇"派

大阪府森友学园学校法人笼池泰典，不久前在日本外国特派员协会举行了记者会，意图转移各国媒体视线，从而促使与此有牵连的保守政客得以蒙混过关，而被特定秘密保护法掐住脖子的日本媒体，看上去也算是穷心尽智了。实际上，被各方媒体反复提及的"右翼"关键词和一系列右翼言论，已经不是涌动汇聚的"暗流"。明目张胆歪曲历史的书籍，在国民不知不觉中酝酿了不良的社会氛围，而背后是成员广泛存在于不同年龄层、职业和性别人群中的"在日不允许有特权市民会"（简称"在特会"），以及渗透了政权的中枢的"日本会议"等右翼组织。

从关系上讲，战后右翼中的绝大多数是战前右翼的因袭。从幕末到所谓"大东亚战争"终结的近百年中，右翼思想对日本的国家道路产生了决定性的影响。1945年，日本政府迫于国际的压力，在内阁会议上决定接受《波茨坦宣言》时，唯一的条件就是"国体护持"。

战后右翼的一个重要政治诉求，是反对雅尔塔—波茨坦体制，认为其破坏了日本国家"精神"特质的历史传统。本次国防部长稻田朋美借森友幼儿园事件，宣称"应该恢复教育敕语的核心精神"，使日本成为"道义国家"。

回顾近现代日本历史，明治政府将德川时代武家和武士间对藩主的"忠"，置换为对天皇（家）的"忠"，且一并配合了所谓"四民平等"。完成这种变换的正是《教育敕语》。1890年刊发的《教育敕语》，唱和万世一系皇室崇拜，并以此确定了国民教化指针。

《教育敕语》中的日本教育，以后期水户学形式的忠孝思想加国粹主义的传统主义为基础。从水户学的国体论经吉田松阴的国体论，《教育敕语》的国体论，直到明治末期的家族国家观，这一系列的发展位于一条线上。被保守政客倡导的家族国家观，主张整个日本社会是一大家庭，皇室是宗家，因而对双亲的孝和对天皇的忠紧密一致。

　　东京帝国大学法学部宪法学教授穗积八束在1897年曾提到："我们日本民族的固有体制是血统团体……吾人之祖先，即感激不尽的我之天祖。天祖乃国民之祖，皇室乃国民之宗教。"

　　明治维新是以武家政权回归古代天皇制的形式实现的。可以说，明治维新以来以古代天皇制为出发点的"国体"这种古代思想的产物，导致产生了明治宪法、《教育敕语》以及昭和法西斯的一系列结果。

　　日本虽然在甲午战争中战胜了中国，但由于其在战争中的暴行（旅顺大屠杀，领台大屠杀等），仍不见容于它所崇拜的西方列强，被视为野蛮国。所以，日本试图向国际社会解释日军的行为是"武士道"，是一种高尚的"美德"。曾有日本现代思想家将武士道看成"日本文化的古层"。

　　1970年11月25日，狂热的文化保皇派作家三岛由纪夫，在东京自卫队营地发表"檄文"演讲后切腹自戕。以此召唤武士道思想为主轴的"大和魂"，并通过艺术重新树立作为国家和民族统一象征的天皇的精神权威。

　　靖国神社里以靖国刀祭奠军魂，引发前殖民地皇民化受害者进行追还祖灵的不断声讨，但将日本国学家极力倡导的"物哀"传统作为纯粹美学理念，宣扬终极之美来熏染国民性格的隐蔽文化保皇，尊皇思想络绎不绝。太平洋战争时，"神风特攻队"队员驾驶"零式"战斗机，高呼"天皇万岁"，冲向美国军舰的"玉碎"悲剧，被动漫大师加工与再解读；近年来，幕末到明治积极鼓吹尊王攘夷思想的历史剧，以明治剑客为题材的漫画和影视剧大行其道。

　　前不久曾为日本殖民地的台湾，有高中生扮演纳粹遭到以色列和德国抗议。而实际上，又有多少缺乏辨别力的年轻人，为了填补内心文化空虚，陶醉于"今夕何世"的虚幻错觉中，成了历史暴力美学的推广者和买单人。

　　对外以"无害"的方式巧妙输出和宣扬神道文化，对内以变相的

"尊皇"思想复燃国家神道靖国史观，正是这种用温情主义包装的神道皇国史观，使得日本难以逾越"恶障"，成为邻国"遥远的近邻"。

而忽略了国家神道靖国祭祀在日本尚存的严峻现实，单方面消费以"个人信念"和"心灵问题"之名播散的日本文化，只会助长历史修正主义思潮，加速"和平宪法"修改，使日本成为可以发动战争的国家。如此的危险性有需重新认识与警惕。同时，日本走向何方恐怕仍然是各方的视线所在。

用马克思主义新闻观讲好"中国故事"*

蒋升阳** 赵 鹏

讲好中国故事,需要找到"好的中国故事",需要使用"好的叙述方式"表达,而这一切实际上又都离不开马克思主义新闻观作为思想基石,以此为指导、以此为出发点。

讲好"中国故事"须具备"国际视野"与"全球意识"

马克思主义理论从诞生起,便跳出了狭隘的国家界限,从解放全世界无产阶级、建立无产阶级政党入手,分析研究全球资本的发展,并由此提出了"世界交往"的概念。

马克思主义理论认为:随着资本的发展,人类已经不是地域性的、处于地方的、笼罩着迷信气氛的"市民社会",而是能够普遍交往、世界性交往的新的人类社会或社会化的人类。一百多年来人类的发展,充分证明了这个预言。互联网诞生、世界经济融合、地球村,全体人类已经不可逆转地进入到了世界性交往的时代。

在此基础之上的马克思主义新闻观,同样从诞生之日起,就用"世界交往"的概念阐释了对外传播活动所蕴涵的深刻意义。作为马克思主义政党的中国共产党,自成立以来也一直将全球意识作为分析中国国情与中国发展的立论之本。自改革开放以来,特别是实施深化改革的今天,中国的发展越来越融入全球,在承担着推动全球经济发展的同时,

---

* 本文作者之一赵鹏于 2016 年 5 月 31 日在"厦大新闻学茶座"第 21 期作《如何讲述中国故事》主题报告,全文刊载于《新闻战线》2017 年第 3 期。

** 蒋升阳:人民日报社福建分社社长。

作为全球最大的马克思主义政党的中国共产党，还同时肩负着为人类文明、为世界发展提供更多探索成果与答案的重任。

中国的发展既是自身发展的选择，也是世界发展的一部分；中国的深化改革既是对自身各种矛盾与困难的突破与创新，也是对全球发展难题的攻克与思考。2016年是"闽宁对口协作扶贫"20周年，《人民日报》进行了浓墨重彩的报道。人民日报采访组在杨振武社长的率领下，在宁夏、福建两省区驻地采访了近一个月，几度深入西海固等中国最贫困地区，用脚步丈量"解决贫困"这个老话题，重新理解了这个人类文明至今尚未完全解决的世界性难题以及中国政府为此作出的努力。

早在1982年，中国政府就成立了"三西"（甘肃定西、河西走廊、宁夏西海固）办公室。1992年，邓小平同志提出了"两个大局"的思想。1994年，中国政府决定实施"东西合作"战略，由东部沿海10省市对口扶贫西部10个欠发达省区，1996年"闽宁协作"由此开始。在这场漫长的协作中，福建省以高度的政治责任意识，在自身也面临着发展难题的情况下，调动省内5个经济相对发达的沿海市与宁夏西海固8个国家级贫困县区结成"一对一"对口扶贫模式，提出"不脱贫不脱钩"，动员、鼓励、帮助本省大量民资、人员到宁夏发展创业。

20年后的今天，拥有着曾被清末重臣左宗棠称为"苦瘠甲天下"的西海固地区的宁夏，正式宣布将比全国提前两年实现全面脱贫，而这一时间表恰与福建相同。不仅是步伐赶了上来，纵观整个东西合作战略，20年间，中国政府所解决的贫困人口脱贫的数量与人次，也是全球第一。这一成就不仅是千千万万个中国人为之奋斗、为之拼搏的结果，也同样是中国的执政党和中国政府向世界贡献的一份"中国答案"。

所以，与过往相比，"中国故事"既是"中国的发展故事"，也应该是"世界的发展故事"。"中国故事"是基于"中国梦""中国和平崛起"的时代主题下的"新闻故事"，因此这样的"中国故事"应该从国际视野的角度来讲述与表达，而不再像以往只是"自说自话"。表达的内容，应该是具有为世界文明、人类文明提供"中国式"的有益经验；表达的经验，应该是"中国与世界合作""中国与世界一起发展""中国与世界共同利益一致"。

在"全球意识"的国际视野下，"中国故事"中的"中国答案"，传递出来的不仅是中国声音,更是中国的思考、中国的担当和中国的选择。只有在这样的视野下,我们才能让读者真正建立坚持中国道路的自信。

讲好"中国故事"须兼顾"时代主题"及"个体命运"

马克思主义是无产阶级和全人类解放的科学,是人的解放学。在《共产党宣言》中也提到"每个人的自由发展是一切人的自由发展的条件"。把无产阶级和全人类的解放最终落实到每个人的自由解放,这是马克思主义的核心之一。

这一点,也恰恰是我们始终强调党报的党性与人民性相统一的理论基础。一方面,它源于党和人民在利益上的高度一致。中国共产党是全心全意为人民服务、代表中国最广大人民根本利益、来自人民为了人民的马克思主义政党。它是各族人民利益的忠实代表,人民的利益就是党的利益。另一方面,它源于党和人民在目标上的高度一致。党的十八大报告强调,全党要"把握时代发展要求,顺应人民共同愿望",实现"两个一百年"的奋斗目标。习近平总书记说:"人民对美好生活的向往,就是我们的奋斗目标。"党和人民群众有着一致的追求和共同的目标。党与人民群众奋斗目标的一致性,是我们党宝贵的政治优势和政治财富。

在党性与人民性相统一的原则中,还同时强调党性寓于人民性之中,人民性以党性为引领方向。党的先进性,是党生存和发展的根本依据,是党得到广大人民群众信任和拥护的根本条件。因为"先进",所以"引领",所以也决定了只有党才能站在时代潮流的前头带领人民前进,只有坚持党性才能更好更全面地反映人民的愿望。所以在中国故事中,个体的奋斗离不开党在时代中的引领与推动。

按照这一要求,与过往相比,在讲好"中国故事"的今天,"中国故事"应该既是一个"个体的中国人的奋斗故事",同样也是一个"中国共产党实现民族发展的奋斗故事",以此实现激励当代人奋发向上的效果。不可否认,在过往计划经济年代,中国的"个体"淹没在"集体"中,只有集体的奋斗,没有个体的成功。因此往往是千篇一律、千人一面;而在今天这样一个多元声音并存、多样诉求共举的深化改革时代下,讲好"中国故事"的目的,就是要激发个体的无限力量、引导无限的个体力量投身改革。

同时,汇集个体力量成为"中国力量",让"中国梦"成为每个个体的梦想、每个个体的梦想又是"中国梦"的组成,这是讲好"中国故事"与西方新闻中只强调个体奋斗的故事叙述间最本质的区别。

2011年12月,《人民日报》报道了福建省长汀县治理水土流失的故事。文中通过讲述"不认输的马大姐""不服老的黄老汉""不惧穷的沈支书"这三个小人物的治荒经历,紧扣时代发展背景,在文章最后部分向国家提出新时期水土流失治理的建议。也正因此,该报道立即引起中央和国家高度重视,时任国家副主席的习近平同志两次批示并派出调研组到长汀实地调查,最终推动国家对于全国水土流失治理的政策重新调整。不仅如此,自2012年,福建省对包括长汀县在内的全省22个负有水土流失治理任务的县,建立省级财政补贴制度,加快推进全省水土流失治理,还在全省全面实施生态文明示范省建设战略,由此成功推动全省绿色发展绿色转型。

在"个体与时代紧密相连"的视角下,"中国故事"要学习西方新闻中擅长从个体奋斗入手的方式,同时更要坚持党性与人民性相统一这一原则,传递出"脱离了时代推动,就没有个体奋斗;同样,没有了个体奋斗也就没有时代的发展"这一真理。

讲好"中国故事"须融合优秀传统文化和社会主义核心价值观

马克思主义中国化的过程,也是马克思主义同中国优秀传统文化互诠互释的契合过程。马克思主义的强大力量就在于它与中国实际的结合,其中包括与中国历史和优秀传统文化的结合。

中国优秀传统文化是社会主义核心价值观的民族根基和重要源泉。习近平总书记强调:"不同民族、不同国家由于其自然条件和发展历程不同,产生和形成的核心价值观也各有特点。一个民族、一个国家的核心价值观必须同这个民族、这个国家的历史文化相契合。"他强调要"四个讲清楚",即:"讲清楚每个国家和民族的历史传统、文化积淀、基本国情不同,其发展道路必然有着自己的特色;讲清楚中华文化积淀着中华民族最深沉的精神追求,是中华民族生生不息、发展壮大的丰厚滋养;讲清楚中华优秀传统文化是中华民族的突出优势,是我们最深厚的文化软实力;讲清楚中国特色社会主义植根于中华文化沃土、反映中国人民意愿、适应中国和时代发展进步要求,有着深厚历史渊源和广泛现实基础。"

因此与过往相比,"中国故事"应该既是中国优秀传统文化的传播载体,也是当下"社会主义核心价值观"的传播平台。在"中国故事"的这一平台上,应该让历史与现实实现共鸣。

2015年初,社长杨振武、时任地方部主任牛一兵亲率人民日报社福建分社再次采写谷文昌报道。谷文昌是一名被习近平总书记多次提及的"一线指挥官",同时又是一名被福建广大干部群众颂之为"谷公"的县委书记。谷公如神,每到一处,便留下一个奇迹:神仙难治的风沙,他治服了;从来靠船轮渡的海峡,他填平了;自古肆虐的台风海潮,他挡住了;种粮最多只够半年饱的农村,他来就成"谷满仓"了;迟迟不完工的水利工程,他来7个月就建成了……而且每项工程、每项建设、每项业绩,至今仍在久久为功、惠泽后人。

谷公生前逝后,媒体曾多次报道过他的事迹。而今,在他离开我们34年后的今天,《人民日报》再次聚焦,如何写好呢?

人民日报采访组白天采访,每晚召集开会。一方面整理汇总采访情况,另一方面不断相互探讨碰撞:要想让这样一名逝者依然能"鲜活"地展现在当下,就必须以他身上所集聚的优秀的文化品格为核心展开,不能仅仅就事论事、就人说人。在采访挖掘过程中,我们发现谷公身上所呈现出的优秀品质,恰恰也正是融合了中国优秀传统文化和当代社会主义核心价值观。所以在标题上,我们就对其定义为"四有书记":心中有党、有民、有责、有戒。在其后的长篇通讯里,也正是沿着这样一条"四有"的线索,用一个个故事讲述剖析了在这样一个典型人物身上何为有党、有民、有责、有戒?纵观全文,与其说故事感动,不如说是中国优秀传统文化与当代社会主义核心价值观的生动;与其说逝者鲜活,不如说是中国优秀传统文化与当代社会主义核心价值观的持久。

"中国故事"的实质是传播中国传统文化观、当代价值观。所以要讲好"中国故事",就得从优秀传统文化与当代社会主义核心价值观中,寻找到最终的答案,唯其如此才能真正把议题设置、话语掌控、价值定义，牢牢攥在自己的手里。

讲好"中国故事"须呈现"多元声音"与"理性真实"

新闻具有双重属性：一是新闻传播属性，二是意识形态属性。前者是一般属性，后者是特殊属性。西方新闻观刻意强调新闻的一般属性，竭力掩盖新闻的意识形态属性。马克思主义新闻观则相反，从来不隐瞒自己的政治立场和倾向，强调新闻的党性。

新闻是对事实的报道，事实本身并不是新闻，事实只有被媒体报道后才是新闻。新闻又是观念的产物，因为事实并没有价值特征，但新闻在报道事实时必然包含着对事实的评价，反映着价值观的差异。同样一件事，不同的媒体，报道可能很不相同。"用事实说话"是新闻最主要的特征，新闻把报道者的倾向寓于对事实的客观报道之中，表达的往往是一种"无形的意见"。

西方所谓的"独立媒体"可以独立于政府、独立于政党，却不可能独立于资本。资本主义制度，是资本家的真正"家园"。这就是为什么对近年这场国际金融危机，一向以"无所不在的监督"自诩的美国主流媒体居然既无揭露又无预警，致使这场危机为害美国、祸及全球；这就是为什么当"占领华尔街"运动的矛头指向资本主义制度深层弊端时，美国主流媒体居然认为这"没有新闻价值"，视若无睹、充耳不闻、轻描淡写、冷漠消极的原因。"占领华尔街"运动是"99%反抗1%"的运动。"占领"运动所反对的"1%"，正是掌控着所谓"独立媒体"的垄断资本集团，媒体只是他们的喉舌和工具。

在经典新闻理论中，新闻的真实被描述为具体的真实、现象的真实。在以传递思考重于传播信息的今天，这样的理论到了应该被重新认识的时候。"透过现象看本质"，这是我们在哲学中常见的理论，在今天的新闻传播中同样应该如此。从哲学中我们知道，现象与具体，只是规律和整体的一部分，都不可能是完全准确的。单从现象与具体入手，都不可能得到百分百的客观和真实。

今天的中国正在进入深化改革的阶段。在这个阶段中，不仅各种深层次的矛盾不断显露，这些矛盾背后的利益纠葛也会以多元声音的方式不断发声。声音不再是统一的、认知不再是统一的，原因就是利益不是一致的、目标也不是一致的。其带来的严峻挑战，同搞不好经济发展、搞不好反腐工作一样，都可以引发亡党亡国的危险。

所以与以往相比，讲好"中国故事"，就既要传达必要的新闻信息，更要传递"在这个时代下每个人的思考"；既要传达在"实现中国梦""和平崛起"的时代下所遭遇到的矛盾困难，同时更要反映为破解这些矛盾困难所历经的探索与创新。通过透析表象真实、感性真实，实现凝聚人心、凝聚共识的效果。

2016年2月26号，《人民日报》以"头版头条+整版记者调查"的形式，报道了福建省三明市医疗体制改革的深度报道。三明医改启动于2012年初，从治理药价入手进而形成了涉及全面医疗体制内容的深度改革。改革从一开始就备受争议，肯定者与反对者彼此立场鲜明，争论不休。其间，中央领导也多次关注此项改革，进行实地考察，给予了积极的认可。然而，即便如此，福建省内对此依旧有不同声音，省外报道频频，省内报道寥寥，形成了墙内开花墙外香的局面。2016年1月，人民日报社记者三访三明，历时近一个月，全面厘清了三明医改的来龙去脉和各种争议焦点。人民日报社总编辑李宝善批示："记者对问题情况了解透彻，驾驭得当，叙述脉络清晰，行文严谨流畅。"这篇报道之所以得到如此高的评价，与已往关于三明医改报道的最大不同，就是既详尽揭示了三明医改的背景、做法、效果，同时又没有回避各种争议，甚至是通篇以各种争论、各种质疑为问题导向，逐一剖析、逐一回应、逐一解答。在《人民日报》头版头条这样最具有风向标意义的位置上，依然保留了肯定者与反对者的多元声音。

理性的真实，从来都不回避矛盾冲突点、也不会屈于"动机至上"，相反，这些矛盾冲突点，恰是我们思考的出发点和构成思考逻辑的线索。我们经常玩的拼图游戏就如此。每张图片，彼此间看上去多有类似，但两两间接口与图案完全契合的，一定只有一张，哪怕你觉得另外一张特别像、另外一张更漂亮。矛盾就是接口，逻辑就是图案；动机再"漂亮"，可惜，没用。

在今天的中国，在今天的时代，讲好"中国故事"就必须要勇于触及矛盾、敢于直面问题，这是我们当下以及未来媒体工作的一个方向。我们的任务就是要通过触及矛盾来引导读者，而不是加剧矛盾；是用直面问题来澄清谬误，而不是陷入更大谬误；我们需要时刻保持怀疑的精神,而不是让怀疑左右我们的思想;我们要有深入基层的求实,更要有超越基层的视野。

讲好中国故事,核心就是要学好马克思主义新闻观、用好马克思主义新闻观。舍此,别无他法。

后　记

在厦大新闻研究所所长卓南生教授千叮咛、万嘱咐之下，"厦大新闻学茶座"文集终于付梓了。

2014年7月13日，厦大新闻传播学院创始院长张铭清教授宣告厦大新闻研究所成立，敦聘北京大学新闻学研究会副会长、日本龙谷大学名誉教授卓南生先生为客座教授，颁发所长聘书。卓教授在会上当即指令曹立新博士为副所长，我则忝列副所长兼秘书长。

"北大新闻学茶座"是北京大学新闻学研究会主办的重要学术活动，由研究会副会长兼导师卓南生教授、程曼丽教授一手创办。参照"北大新闻学茶座"模式，张铭清院长宣布"厦大新闻学茶座"正式开张，寄语形成"一南一北、遥相呼应"的新闻研究格局。之后，由张院长鸣锣开讲"两岸的新闻交流"。这是厦大新闻研究所端出的第一泡新闻"功夫茶"，颇有意义。

我们似乎在逆行中探索。当代中国新闻学术史上，随着传播学学科地位的确立，学术人才、学术资源和学术风向迅速地位移和嬗变，传统新闻学不仅没有得到提升和深化，反而快速地失范和失声。加之急剧变革的媒体环境，导致新闻学持续弱化和边缘化。我们似乎在媒介丛林中迷失了新闻。

但是我们主张，新闻学是新闻传播学科的根本，具有其特定的研究对象和存在意义，新闻理论、新闻历史和新闻伦理是支撑新闻学的三根支柱。当前马克思主义新闻观正强力回归和逐步落实到高校新闻传播教育的各个环节，传统新闻学能否向阳而生，还有待于观察。

卓南生教授于2003年开始就受聘于厦门大学新闻传播学院（系）客座教授。尤其是2014年担任新闻研究所创所所长开始，6年来卓老师以"日本龙谷大学名誉教授""厦大新闻研究所所长"名义，深度参与了学院的教学、科研和人才培养，为厦大新闻传播学科建设倾注了心力。仅在文章著作方面，作为新加坡《联合早报》专栏作家，卓教授一如既往地撰写了大量影响深远的时评文章；作为新闻史学家，他在《新闻春秋》《国际新闻界》和《新闻与传播评论》等新闻学界主流杂志上发表了不少有独到见解的学术文章，并出版了数册中文、日文的专著与合著。

可以说，厦门大学新闻传播学院有了卓南生教授，有了新闻研究所，既清晰又洪亮，既坚定又明确地在新闻学界发出了"南方之强"的声音。我们不仅希望厦大新闻研究所成为新闻学研究的"守望者"，还寄望是个"开拓者"。希望假以时日，在卓老师的带领之下，能够做实、做强、做大厦大新闻研究所，让其成为新闻学研究的重镇。

"厦大新闻学茶座"就是我们的一个支点，一项活动。接下来的5年时间，在郑树东书记、林升栋副院长的鼎力支持下，研究所陆续端出各种"好茶"让各位师生"茶友"品鉴。我们坚持举办一次茶座就是制作一次"功夫茶"的初心，小心约请，用心准备，精心写作，倾心奉献。作为一个学术品牌活动，"厦大新闻学茶座"以辞条形式收入《厦门大学年鉴（2015）》。

2019年5月，人民网前总编辑余清楚教授出任厦大新闻传播学院院长，宣布将重点打造"厦大新闻学茶座"；10月14日，余院长主讲了第35期茶座"正能量、主旋律的声音如何唱响网络"。这似乎是一个关乎厦大新闻传播学院发展方向的隐喻。作为一个资深报人，余院长将高擎"正能量""主旋律"旗帜，掌舵"南方之强"号新闻邮轮，向着新闻教育的主流方阵，向着新闻实践的主流媒体，向着新媒体的蓝海劈波斩浪、扬帆起航。

在前后两任院长的加持下，从2019年6月开始，我们觉得到了该给"厦大新闻学茶座"作一个小结的时候了。从张院长的第1期到余院长的第35期，尽管时间断断续续，但是风格精神一脉相承，于是就有了这部茶座文集的出版。从举办茶座、动议编辑到付梓出版，前后历时6年。

"厦大新闻学茶座"是各路学有专精的专家学者指点江山、挥洒智慧的舞台。前辈学者陈孔立教授、郑学檬教授、林念生教授、俞力工教授、薛凤旋教授诸位高贤大德的莅临，让小小茶座陡然提升了大大品位，平添厚重。以卓南生教授、陈培爱教授、吴廷俊教授、程曼丽教授为代表的新闻传播学界领军学者的赐教布道，口传身教，举重若轻，让各位师生茶友获益匪浅。以洪诗鸿教授、黄合水教授、单波教授、夏春祥教授、刘永华教授、吴光辉教授、胡翼青教授、林鸿亦博士、苏俊斌博士和杨仁飞研究员为代表的学界中坚力量，在茶座上四两拨千斤，向众多本科、硕士和博士生展现了学术魅力和学人风采。还有孙立川博士、李泉佃社长、赵鹏社长、年月主编等各位媒体人则为茶座吹来了一线新闻实践变革之风，发人深省。他们往往有备而来，在茶座之后或者本人公开发表系统长文，或者授权他人重构为学术论文发表，或者由研究所整理成茶座纪要推送。

这次文集主要分成两个部分：纪要篇和论文篇。"纪要篇"收录了总共35期茶座的学术性新闻报道，超过三分之二的篇幅，其中27期长短不一地在《国际新闻界》上刊载，6期在厦大新闻传播学院网站上登出，2期在人民网上刊登，不仅让主讲人的学术思想尽可能地推广与分享，还让厦大新闻研究所在新闻学界累积了一定的知名度和影响力。

"论文篇"以研究所核心成员为主，收录了8篇具有一定学术性的新闻文章，其中1篇是卓南生教授在2017年福建省传播学会年会上的主题发言，2篇是文集编著者吕艳宏和曹立新的，分别发表在新加坡《联合早报》和《兰州大学学报》上的时事评论和报人研究论文，其他5篇是茶座主题报告的产品，曾发表在《新闻与传播评论》《新闻战线》和《厦门大学学报》等刊物上。这次收录删除了文章的摘要、关键词。更多精湛的茶座专业论文，留待将来采撷串珠、结集出版。

这部文集是厦大新闻研究所全体成员、历次茶座主讲人和秘书处小伙伴集体劳动的成果。在卓老师的一手催生下，由毛章清、曹立新、吕艳宏三人集体编写、携手完成。曹老师是厦大新闻研究所的顶梁柱，专精中国近代新闻史研究，不为世俗流弊所左右。吕艳宏留学于日本龙谷大学，专注近代日本影像宣传研究。2015年归国后，她作为厦大新闻研究所特约研究员协助茶座的初期筹办工作，对茶座贡献良多。

茶座文集是厦大新闻研究所学术活动的阶段性总结，我们几乎按照公开发表的文字辑录，仅在格式上做了相应的统一调整。尤其是纪要文章署名，如果是新闻传播学院的学生，视为研究所当然的秘书和助理。

这是一部既薄且厚的文集。说其薄，只有区区20余万字，在砖块般的著作面前，相形见绌。但是，它是一块以集体的力量锻就的"小金砖"，含金量却一点不薄。这里凝聚了厦大新闻传播学院各位领导、同仁的支持，汇集了世界各地各学科历次茶座主讲人的智慧，倾注了所有参加茶座师生的情感。

在此特别感恩新加坡南洋大学香港校友会会长、马来西亚华人企业家林顺忠老先生。他珍视中华文化，热心社会公益，身在商海，心系学界，神往杏坛，不仅为茶座贡献了从商40余年的观察、体验和感悟，还为茶座能够顺利举办慷慨解囊，奉献爱心，诚乃后辈商海遨游者之楷模！

在此特别感念茶座的协办单位《国际新闻界》杂志社。作为我国新闻传播学术研究的"风向标"，杂志社为我们提供了一个让人艳羡的平台，使得厦大新闻研究所的学术活动，一开始就高入云端，声名远播，尤其是让茶座主讲人的思想观点有机会以最广泛、最深刻的方式与社会共享。当前厦大新闻研究所获取的荣耀，主要归功于它。讷言敏行、外惠内秀的编辑部主任刘小燕教授，严谨敬业，乐于助人，甘于奉献，让我们感受到学术的尊严和友情的温润。

在此特别致谢厦大新闻研究所的学术顾问北京大学程曼丽教授、华中科技大学吴廷俊教授。作为新闻传播教育界的两支"穿云箭"，循循善诱携后学，温文尔雅留丰碑，令人敬仰。尤其是与北大新闻学研究会联合举办的第14期茶座，面对来自全国各高校的青年才俊和各路茶友，程、吴、卓三位教授倾情相授中国近代新闻史研究之妙门，盛况空前，精彩纷呈，堪称厦大新闻学茶座浓妆重彩之笔。

在此特别怀念研究所的历任秘书和助理。这些本科生小伙伴，都是来自全国各地的优秀学子，尊师好学，冰雪聪慧，才思飞扬。每次茶座都一丝不苟，兢兢业业，不计得失。所幸滴水成河、功不唐捐，河北的张肇祺、新疆的张雪放飞中国人民大学，河南的张至谦投奔中山大学，湖南的邹文雪梦回武汉大学，辽宁的尤佳今年下半年也有可能拿到"保研"这艘大船的船票……让人欣喜的是2019年肇祺同学硕士毕业，顺利入职中央新闻媒体，用青春与才华践行新闻理想之梦。祝福各位学子人生之路越走越宽广，厦门大学永远是你们的精神港湾！

还有，卓老师的温情序言提醒了我，我跟卓老师、蔡史君老师相识相知、相望相处已经将近20年了，一时觉得莫名惊恐、黯然神伤——

对我而言，时间不是消逝了，而是凝固了，遗憾的是青春没有下半场。

如果说存在就有意义的话，那么这部文集就是厦大新闻研究所、"厦大新闻学茶座"最好的存在。

毛章清

2020 年 12 月 20 日